LES

RELIGIONS DE L'INDE

La présente notice est la reproduction, sans changements, d'un article rédigé pour l'*Encyclopédie des Sciences religieuses* qui se publie sous la direction de M. le professeur F. Lichtenberger. Elle a donc été écrite pour des lecteurs que nous devions supposer plus ou moins étrangers aux choses de l'Inde, et c'est à ce point de vue qu'elle doit être jugée. L'économie du recueil auquel elle était destinée n'admettant pas de notes, il a fallu supprimer beaucoup de détails impropres à être fondus dans le texte. Nous nous sommes efforcé cependant d'en retenir la substance et, peut-être, les spécialistes qui voudront bien nous lire, s'apercevront-ils qu'il se cache une certaine somme de travail minutieux sous les généralités de notre exposé. Les notes qu'on trouvera ici, n'ont pas été rédigées en même temps que le texte. Elles ont été ajoutées au dernier moment, pendant la correction des épreuves, pour un tirage à part que nous n'avions nullement prévu. De là, en partie, leur inégale répartition. Pour le bouddhisme, qui n'est qu'effleuré dans le texte, elles ont été réduites à dessein au strict nécessaire. Nous avons tâché de les rendre un peu plus complètes pour la partie védique, à cause de l'importance exceptionnelle qui s'attache à ces vieux livres, et aussi parce que le Véda est, dans l'état actuel des études, la seule partie de la littérature religieuse de l'Inde qui permette une vue d'ensemble. Dans notre pensée, ces notes ne sont pas destinées à changer le caractère de notre travail, qui, après comme avant, n'a pas la prétention de rien apprendre aux indianistes. Pour la transcription, nous avons choisi celle qui nous a paru la plus simple. Il suffira d'observer les conventions suivantes : *u* = ou, *ai* et *au* sont diphtongues, l'accent circonflexe indique la voyelle longue, *g* est toujours dur, *c* et *ch* = tch, *j* et *jh* = dj, *sh* = sh anglais. Les consonnes linguales, l'*r* voyelle et l'*anusvára* ne sont pas marqués. Nous ne nous sommes départi de ces règles, que pour quelques noms modernes, pour lesquels nous nous sommes conformé à l'usage dominant.

IMPRIMERIE D. BARDIN, A SAINT-GERMAIN.

LES
RELIGIONS DE L'INDE

PAR

A. BARTH

Extrait de l'*Encyclopédie des Sciences religieuses*.

PARIS

LIBRAIRIE SANDOZ ET FISCHBACHER

G. FISCHBACHER, Successeur

33, RUE DE SEINE, 33,

—

1879

LES

RELIGIONS DE L'INDE

L'Inde ne nous a pas seulement conservé dans ses Vêdas les documents les plus anciens et les plus complets pour l'étude des vieilles croyances n aturalistes qui, dans un passé extrèmement reculé, ont été communes à toutes les branches de la famille indo-européenne, c'est aussi la seule contrée où ces croyances, à travers bien des changements et des vicissitudes, il est vrai, se soient perpétuées jusqu'à nos jours. Tandis que partout ailleurs elles ont été, ou bien extirpées par des religions monothéistes d'origine étrangère, parfois sans laisser d'elles un seul témoignage authentique et direct, ou brusquement arrêtées dans leur évolution et réduites à se survivre entre les barrières désormais immuables d'une petite Église, c'est le cas du parsisme, dans l'Inde seule elles présentent jusqu'à l'époque contemporaine un développement continu, autonome, attesté par une riche littérature, et au cours duquel elles n'ont pas cessé de reculer leurs frontières. De cette longévité extraordinaire vient en grande partie l'intérêt qu'offrent les religions hindoues étudiées en elles-mêmes, quelque opinion du reste qu'on ait de leur valeur dogmatique ou pratique. C'est que nulle part ailleurs on ne peut observer dans des conditions en somme aussi favorables les transformations successives et, pour ainsi dire, la destinée d'une conception polythéiste. De toutes les conceptions semblables, nulle autre ne s'est montrée aussi vivace, aussi flexible, aussi apte que celle-ci à revêtir les formes les plus diverses, aussi ingénieuse à concilier tous les extrêmes, depuis l'idéalisme le plus raffiné jusqu'à l'idolâtrie la plus grossière ; nulle n'a su aussi bien réparer ses pertes ; nulle n'a possédé à un aussi haut degré la faculté de produire sans cesse de nouvelles sectes, voire de grandes religions, et, en renaissant ainsi perpétuellement

1

d'elle-même, de résister à toutes les causes de destruction, à l'usure interne comme aux agressions du dehors. Mais de là aussi la difficulté d'embrasser dans son ensemble et dans ses accroissements successifs cette vaste construction religieuse, l'œuvre de plus de trente siècles d'après les supputations les plus probables d'une histoire sans chronologie, vrai dédale de bâtisses engagées les unes dans les autres, où les premiers explorateurs se sont presque toujours égarés, tant l'histoire officielle en est menteuse, tant il s'y trouve de ruines d'un aspect vénérable et qui sont d'hier. Aujourd'hui, grâce à la découverte des Vêdas[1], qui en a mis à nu les premières assises, il est plus facile de s'y orienter ; mais il s'en faut encore de beaucoup que le jour ait pénétré dans toutes les parties de l'édifice et qu'on puisse en tracer un plan sans lacunes.

Pour nous, qui avons à décrire en un nombre restreint de pages cet ensemble compliqué, il faut nous résigner d'avance à ne présenter qu'une esquisse sommaire et cruellement incomplète. Bien des faits importants et caractéristiques, la plupart des *realia*, une énorme masse de mythes et de légendes, tout ce qui ne se résume pas devra être laissé de côté. De l'histoire de ces systèmes, qui n'ont pas été cependant de simples conceptions abstraites, mais qui ont vécu de la vie complexe et troublée de toute institution humaine, nous n'aurons le temps d'examiner que le côté interne et en quelque sorte idéal, le développement des doctrines et leur filiation. Nous ne pourrons pas davantage les étudier à la fois comme religions et comme mythologies. Nous nous proposons pourtant d'être plus complet en ce qui concerne les Vêdas, à cause de leur importance exceptionnelle, toute la pensée religieuse de l'Inde se trouvant déjà en germe dans ces vieux livres. Mais nous n'essayerons pas d'aller au delà ni de remonter, à l'aide des méthodes comparatives, à l'origine même des divinités et des conceptions védiques. Même circonscrite ainsi, la tâche reste encore assez vaste, et nous ne sentons que trop combien ce travail sera imparfait. Nous ne nous flattons nullement de réussir toujours à distinguer ce qui est essentiel, à démêler les lignes principales et à conserver à toutes choses dans notre exposé les proportions justes. Tout ce que nous pouvons promettre, c'est que nous n'essayerons d'y introduire ni des vues par trop personnelles, ni un ordre et une clarté factices.

1. La connaissance positive du Vêda date de la publication du célèbre essai de H. T. Colebrooke, *On the Vêdas or sacred writings of the Hindus*, inséré dans le t. VIII des *Asiatic Researches*, 1805 et reproduit dans les *Miscellaneous Essays* du grand indianiste. Immédiatement après ce travail fondamental, il faut citer les trois mémoires du fondateur de l'exégèse scientifique du Vêda, M. R. Roth, *Zur Litteratur und Geschichte des Weda*, 1846.

I

RELIGIONS VÉDIQUES

RIG-VÊDA

Les plus anciens documents que nous ayons des religions de l'Inde sont les recueils appelés *Vêdas*. On en compte tantôt quatre, tantôt trois, selon qu'on entend parler des recueils eux-mêmes ou de la nature de leur contenu, et, de ces deux façons de compter, c'est la seconde qui est la plus ancienne[1]. Une des plus vieilles divisions des *mantras* ou textes liturgiques est, en effet, celle qui les distingue en *ric*, en *yajus* et en *sâman*[2], ou, d'après une définition postérieure[3] mais qui peut être acceptée comme valable pour des temps bien plus anciens[4], en hymnes, plus exactement en vers d'invocation et de louange qui se psalmodiaient à haute voix, en formules relatives aux divers actes du sacrifice qui se murmuraient à voix basse, et en cantilènes d'une structure plus ou moins compliquée et suivies d'un refrain qui était chanté en chœur. Posséder la science des rics, des yajus et des sâmans, c'était posséder la « triple science, » le triple Vêda. Quand, au contraire, il est question de quatre Vêdas[5], il s'agit des quatre recueils actuellement existants : le *Rig-Vêda*, qui renferme la collection des hymnes ; le *Yajur-Vêda*, où sont réunies les for-

1. Aitar. Br. V, 32, 1 ; Taittir. Br. III, 10,11, 5 ; Çatap. Br. V, 5, 5, 10.
2. Atharva-V. VII, 54, 2 ; cf. Rig-V. X, 90, 9 ; Çatap. Br. IV, 6, 7, 1.
3. La définition officielle est donnée dans les *Mîmânsâ-Sûtras*, II, 1, 35-37, p. 128-129 de l'édition de la Bibliotheca Indica ; cf. Sâyana, *Commentaire du Rig-Vêda*, t. I, p. 23, et *Commentaire de la Taittiriya Samhitâ*, t. I, p. 28. éd. de la Biblioth. Indica.
4. AthV. XII, 1, 38 ; Aitar. Br.V, 32, 3-4 ; Çatap. Br. II, 3, 3, 17.
5. Chândog. Up. VII, 1, 2. AthV. X, 7, 20 ; Brihadâr. Up. II, 4, 10.

mules ; le *Sáma-Véda*, qui contient les cantilènes (les textes de ces cantilènes sont des vers du Rig-Véda), et l'*Atharva-Véda*, collection d'hymnes comme le Rig-Véda, mais dont les textes, quand ils ne sont pas communs aux deux recueils, sont en partie plus jeunes et ont dû servir aux pratiques d'un culte différent. Outre ces collections de mantras, c'est-à-dire de textes liturgiques et sacramentels, appelées *Samhitâs*, chaque Véda comprend encore, comme seconde partie, un ou plusieurs *Brâhmanas* ou traités sur le cérémonial, dans lesquels, à propos de prescriptions rituelles, nous ont été conservées de nombreuses légendes, des spéculations théologiques et autres, ainsi que les premiers essais d'exégèse. Dans la plus ancienne rédaction du Yajur-Véda, qui est le Véda rituel par excellence, dans le *Yajus Noir*, ces deux parties sont encore mêlées l'une à l'autre. Enfin, de chaque Véda, ii existait plusieurs recensions appelées *Çâkhâs* ou branches, qui présentaient entre elles des différences parfois très considérables [1]. De ces recensions, en tant qu'elles affectent les

1. De cette littérature, il y a de publié en éditions critiques : 1º Rig-Véda, *a*. Samhitâ : *The Rig-Veda-Sanhita, together with the Commentary of Sayanacharya*, ed. by Max Müller, 6 vol. in-4', 1849-1874. Réimprimé par le même, sans le commentaire : *The Hymns of the Rig-Veda in the Sanhita and Pada texts*, 4 vol. in-8º, 1873. — *Die Hymnen des Rigveda* herausgegeben, von Th. Aufrecht, 2 vol. in-8º, 1861-1863; forme les t. VI et VII des *Indische Studien*. Le même, 2º édition, 1877. Traductions : française, par A. Langlois, 1848-1851; réimprimée en 1872. Anglaises, par H. H. Wilson, continuée par E. B. Cowell, 1850-1868, réimprimée en 1868; par Max Müller (le 1er volume seul a paru) 1869. Allemandes, par A. Ludwig, 1876-1879 et par H. Grassmann, 1876-1877. Une édition du texte avec traduction anglaise et marhattî, *The Vedârtayatna*, par Shankar Pandit, est depuis 1876 en cours de publication à Bombay.

b. Brâhmana : *The Aitareya Brahmanam of the Rigveda*, edited and translated by M. Haug, 2 vol. in-8º, Bombay, 1863; une édition plus correcte vient d'être donnée par M. Th. Aufrecht : *Das Aitareya Brâhmana mit Auszügen aus dem Commentare von Sâyanâcârya*, Bonn, 1879. — *The Aitareya Aranyaka with the commentary of Sâyana âcharya*, ed by Râjendralâla Mitra, Calcutta, 1876 (Biblioth. Indica. Les Aranyakas sont des suppléments aux Brâhmanas).

2º Atharva-Véda, *a*. Samhitâ : *Atharva Veda Sanhita* herausgegeben von R. Roth und W. D. Whitney, 1855-56.

b. Brâhmana : *The Gopatha Brâhmana of the Atharva Veda*, ed. by Râjendralâla Mitra and Harachandra Vidyâbhushana, Calcutta, 1872 (Biblioth. Indica).

3º Sâma-Véda, *a*. Samhitâs : *Die Hymnen des Sâma-Veda*, herausgegeben, übersetzt und mit Glossar versehen von Th. Benfey, 1848. A fait oublier l'édition et la traduction anglaise antérieures de J. Stevenson, 1841-1843. — *Sâma Veda Sanhitâ with the commentary of Sâyana âchârya*, ed. by Satyavrata Sâmaçramî, Calcutta, 1874 (Bibliotheca Indica. Cette édition, parvenue au 5ᵉ volume, comprend *toutes* les collections liturgiques du Sâma-Véda, ainsi que les *Gânas*, c'est-à-dire les textes sous leur forme de cantilènes).

b. Brâhmanas : *The Tândya Mahâbrâhmana with the commentary of Sâyana âchârya*, ed. by Anandachandra Vedântavâgîça , 2 vol., Calcutta, 1870-1874 (Bibliotheca Indica). — La section finale du *Shadvinçabrâhmana* a été publiée et commentée par M. A. Weber, *Zwei Vedische Texte über Omina und Portenta*, dans les Mémoires de l'Académie de Berlin, 1858. — Des petits Brâhmanas de ce Véda, on doit à M. A. C. Burnell : *The Sâmavidhâna-Br.*, London, 1873.

recueils fondamentaux, les Samhitâs, un petit nombre seulement est parvenu jusqu'à nous : du Rig-Vêda et du Sâma-Vêda, une seule[1] ; deux de l'Atharva-Vêda[2] ; du Yajur-Vêda, par contre, cinq, dont trois du Yajus Noir[3] et deux du Yajus Blanc[4]. Tout cela réuni constitue la *Çruti*, « l'audition, » la tradition sacrée et révélée.

Si l'on excepte un certain nombre d'appendices que la critique n'a pas de peine à distinguer, nous avons dans l'ensemble de ces écrits une littérature authentique, qui se donne pour ce qu'elle est, qui n'essaie nullement de s'attribuer une origine surnaturelle ni de déguiser son âge en ayant recours aux procédés du pastiche. Les interpolations et les additions successives y abondent, mais elles ont été faites de bonne foi. Il n'en est pas moins difficile d'établir l'âge de ces livres, même d'une façon tout approximative. Les parties les plus récentes des Brâhmanas parvenus jusqu'à nous, ne paraissent pas remonter plus haut que le cinquième siècle avant notre ère[5]. Le reste de la lit-

— *The Vamça-Br.*, Mangalore, 1873. — *The Devatádhyáya-Br.*, ibid., 1873. — *The Arsheya-Br.*, ibid., 1876 ; le même, texte de l'école Jaiminîya, ibid., 1878. — *The Samhitopanishad-Br.*, ibid., 1877. Tous ces textes, excepté le dernier, sont accompagnés du commentaire de Sâyana. Le Vançabrâhmana avait été publié antérieurement par M. A. Weber dans ses *Indische Studien*, t. IV. — On doit de plus à M. Burnell la découverte du *Jaiminîya-Br.*, dont il a publié un fragment sous le titre : *A legend from the Talavokára or Jaiminîyabrâhmana of the Sâma veda*, Mangalore, 1878.

4° Yajur-Vêda, *a*. Yajus Blanc : *The white Yajur-Veda*, ed. by A. Weber, 3 vol. in-4°, 1849-1859; comprend : 1° la Samhitâ, *The Vájasaneyi-Sanhitá in the Mâdhyandina and the Kânva-Çâkhâ, with the commentary of Mahidhara*; 2° *The Çatapatha brâhmana*, avec extraits des commentaires ; 3° *The Çrauta-Sûtras of Kâtyâyana*, avec extraits des commentaires.

b. Yajus Noir : *Die Taittiriya-Samhitá*, herausgegeben von A. Weber, 1871-1872; forme les t. XI et XII des *Indische Studien*. — *The Sanhitá of the Black Yajur-Veda, with the commentary of Mádhava Achárya*, Calcutta, 1860 (Bibliotheca Indica ; la publication, parvenue au IV° volume, comprend à peu près la moitié du texte ; les éditeurs ont été successivement E. Roer, E. B. Cowell, Maheçachandra Nyâyaratna). — *The Taittiriya Brâhmana of the Black Yajur Veda, with the commentary of Sâyanâchârya*, ed. by Râjendralâla Mitra, 3 vol. in-8°, Calcutta, 1859-1870. (Bibliotheca Indica). — *The Taittiriya Aranyaka of the Black Yajur Veda, with the commentary of Sâyanâchârya*, ed by Râjendralâla Mitra, Calcutta, 1872 (Bibliotheca Indica). — Pour les *Upanishads*, qui sont rangées, quelques-unes avec raison, la plupart à tort, dans cette littérature, voir plus bas.

1. Celles des Çâkalakas pour le Rig-Vêda, et des Kauthumas pour le Sâma-Vêda. Pour une autre Çâkhâ de ce dernier Vêda, celle des Jaiminîyas, dont il subsiste des textes, vid. A. C. Burnell, *The Jaiminîya Text of the Arsheyabrâhmana*, Mangalore, 1878.

2. Outre la Vulgate éditée par Roth et Whitney, celle des Paippalâdis découverte récemment au Kashmîr, cf. R. Roth, *Der Atharvaveda in Kaschmir*, 1875.

3. Celles des Taittirîyas (publiée), des Kâthas (vid. A. Weber, *Indische Studien*, III, 451 ; *Indische Literaturgeschichte*, p. 97, 2° éd.), des Maitrâyanîyas (vid. Haug, *Brahma und die Brahmanen*, 1871, p. 31 ; A. Weber, *Indische Studien*, XIII, p. 117; L. Schrœder, *Zeitschr. der Deutschen Morgenland. Gesellsch.*, XXXIII, p. 177).

4. Celles des Mâdhyandinas et des Kânvas (publiées).

5. Les deux derniers livres de l'Aitaréya Aranyaka par exemple, sont attribués par la tradition à Çaunaka et à son disciple Açvalâyana ; Colebrooke,

térature védique devra être reporté au delà et réparti, en une succession impossible à déterminer d'une manière précise, sur une durée dont le premier terme nous échappe absolument. D'une façon générale, il faut admettre sans doute que les mantras sont plus vieux que les prescriptions qui en règlent l'usage ; mais il faut admettre aussi que toute la masse de ces livres s'est accrue plus ou moins simultanément et se représenter chacun d'eux, dans sa rédaction actuelle, comme le dernier terme d'une longue progression dont l'époque initiale aura été sensiblement la même pour tous. Une exception devra être faite cependant pour la très grande majorité des hymnes du Rig-Vêda. Cette Samhitâ se compose, en effet, de plusieurs collections distinctes provenant parfois de familles rivales et ayant appartenu à des clans souvent hostiles les uns aux autres. Or, dans la liturgie qui nous est présentée dans les parties les plus anciennes des autres livres, non seulement ces différences d'origine se sont effacées, non seulement on y puise indistinctement dans la masse des Hymnes, mais on le fait sans égard pour l'intégrité des anciennes prières, prenant un vers de ci, un tercet de là, et formant ainsi de toutes pièces des invocations d'un caractère nouveau. La liturgie de ces livres n'est donc plus la même que celle qui est représentée par les Hymnes, et le passage de l'une à l'autre a dû exiger un intervalle de temps assez long. D'une façon générale, on peut dire que ces livres supposent non seulement l'existence des chants du Rig-Vêda, mais celle d'un recueil de ces chants plus ou moins semblable à celui qui nous est parvenu.

On a essayé d'évaluer la durée nécessaire à la formation graduelle de cette littérature, et on a proposé le onzième siècle avant notre ère comme limite inférieure de l'époque à laquelle a dû fleurir cette poésie des Hymnes[1]. En tenant compte de toutes les circonstances, nous estimons que ce terme est encore trop rapproché et que la moyenne des chants du Rig-Vêda doit être reportée bien au delà. Contrairement à une opinion souvent émise, nous croyons aussi que bon nombre d'hymnes de l'Atharva-Vêda ne sont pas beaucoup plus jeunes[2]. Quelques formules du Yajur-Vêda sont probablement tout aussi anciennes. Quant aux autres textes liturgiques, quand ils ne

Miscellaneous Essays, t. I, p. 42 et 333, éd. Cowell; Max Müller, *Ancient Sanskrit Literature*, p. 235-239. Yâjnavalkya, qui dans le Çatapatha Br. appartient déjà au passé, n'est guère plus ancien, cf. Westergaard, *Ueber den ältesten Zeitraum der Indischen Geschichte*, p. 77. Dans le roi Ajâtaçatru de *Brihadâranyaka-Up.* II, 1 et de *Kaushîtaki-Up.* IV, 1, on a cru reconnaître le prince de ce nom contemporain du Buddha : Burnouf, *Lotus de la Bonne Loi,* p. 485; cf, cependant, Kern, *Over de Jaartelling der zuidelijke Buddhisten,* p. 119. Plusieurs des petits Brâhmanas du Sâma-Vêda, l'Adbhutabrâhmana du Shadvinça, une grande partie du Taittirîya âranyaka sont probablement bien plus modernes encore.

1. Max Müller, *Ancient Sanskrit Literature*, p. 572. cf. A. Weber, *Indische Litteraturgeschichte.* p. 2, 2ᵉ éd.

2. L'existence d'une collection du genre de notre Atharva-Vêda est impliquée dans des formules telles que *Taittir. Samh.* VII, 5, 11, 2, et probablement aussi dans Rig-V. X, 90, 9.

sont pas empruntés aux Hymnes, ils appartiennent à un âge plus
récent, ils forment avec les Brâhmanas la deuxième couche de la
littérature védique.

Voici maintenant, dans ses traits principaux, la religion qui nous
est transmise dans les Hymnes[1]. La nature entière est divine. Tout
ce qui impressionne par sa grandeur, ou est supposé capable de
nuire ou d'être utile, peut devenir un objet direct d'adoration. Les
montagnes, les fleuves, les sources, les arbres, les plantes sont invoqués comme autant de puissances[2]. Les animaux qui entourent
l'homme, le cheval qui le traîne au combat, la vache qui le nourrit,
le chien qui garde sa demeure, l'oiseau dont le cri lui révèle l'avenir, ceux, en plus grand nombre, qui menacent son existence, reçoivent un culte d'hommages ou de déprécations[3]. Dans l'appareil qui
sert aux sacrifices, quelques pièces sont plus que des objets consacrés, ce sont des divinités[4]; et le char de guerre, les armes
offensives et défensives, la charrue, le sillon qui vient d'être tracé,
sont l'objet non seulement de bénédictions, mais de prières[5]. Dès
le berceau, l'Inde est foncièrement panthéiste. Cependant, ce n'est
ni l'adoration directe des objets, même des plus grands, ni celle
des personnifications par trop transparentes des phénomènes de la
nature qui dominent dans les Hymnes. Ainsi, l'Aurore est certainement une grande déesse : ses chantres n'ont pas de couleurs assez
brillantes, ni de paroles assez émues pour saluer cette fille du Ciel,
révélatrice et dispensatrice de tous les biens, qui amène les jours aux
mortels et les leur prolonge. On célèbre et on implore ses bienfaits,

---

1. Cf. J. Muir, *Original sanskrit texts*, t. IV, 2e éd. 1873, et t. V, 1870.
Nous renvoyons une fois pour toutes à cet exposé, le plus complet et le plus
sûr que nous ayons des religions védiques. — Max Müller, *Ancient Sanskrit
Literature*, p. 525 ss. Le même, *Lectures on the origin and growth of religion
as illustrated by the religions of India*, 1878, p. 193 ss., 224 ss., 259 ss. —
A. Ludwig, *Die philosophischen und religiösen Anschauungen des Veda in ihrer
Entwicklung*, 1875. Le même, *Die Mantralitteratur und das Alte Indien* (t. III
de sa traduction du Rig-Vêda) 1878, p. 257-415. — M. A. Bergaigne soumet
les conceptions mythiques et religieuses du Rig-Vêda à une pénétrante
analyse dans un ouvrage en cours de publication : *La Religion védique
d'après les Hymnes du Rig-Veda*, t. I (Bibliothèque de l'Ecole des Hautes
Etudes, fascic. XXXVI), 1878.
2. RV. VII, 35, 8; VIII, 54, 4; X, 35, 2; 64, 8. II, 41, 16-18; III, 33; VII,
47 ; 95; 96; VIII, 74, 15; X, 64, 9; 75; VII, 49; I, 90, 8; VII, 34, 23-25; VI,
49, 14; X, 17, 14; 97; 145.
3. RV. I, 162; 163; IV, 38; I, 164, 26-28; III, 53, 14; IV, 57, 4; VI, 28;
VIII, 101, 15; X, 19; 169; AthV. X. 10; XII, 4; 5; RV. VII, 55; II, 42;
43; X, 165; I, 116, 16; 191, 6; VII, 104, 17-22; Ath.V. VIII, 8, 15; 10, 29;
IX, 2, 22; X, 4.
4. RV. III, 8; X, 76; 175, et en général les Aprî-sûktas. Cf. encore I,
187; I, 28. 5-8; IV, 58; AthV. XVIII, 4, 5; XIX, 32, 9. Le Rig-Vêda, consacré au culte des grands dieux, est relativement pauvre de renseignements
au sujet de ces déifications imparfaites et parfois purement métaphoriques.
Par contre, plus de la moitié des morceaux propres de l'Atharva-Véda sont
consacrés à ces religions inférieures.
5. RV. III, 53, 17-20; VI, 47, 26-31; VI, 75; IV, 57; 4-8.

mais sa part dans le culte est relativement petite, et ce n'est pas à elle
que vont les offrandes. Il faut en dire presque autant du Ciel et de la
Terre, bien qu'on révère encore en eux le couple primordial qui a
engendré les dieux. Dans le culte, ils s'effacent devant des dieux plus
personnels ; dans la spéculation, ils sont remplacés peu à peu par des
conceptions plus abstraites ou par des symboles plus enveloppés. Des
étoiles, il est à peine question. La lune n'a qu'un rôle subordonné[1].
Le soleil lui-même, si prépondérant dans le mythe, ne l'est plus au
même degré dans la conscience religieuse, ou du moins on l'adore de
préférence en ses doublets d'une personnalité plus complexe et d'une
signification plus voilée. Les deux seules divinités de premier ordre
qui aient conservé franchement leur caractère physique, sont *Agni* et
Soma. Ici, les objets visibles et tangibles étaient trop rapprochés,
trop saints surtout, pour s'effacer plus ou moins derrière des personnifications. On n'en arriva pas moins par d'autres voies à atténuer ce
qu'auraient eu de trop cru un dieu flamme ou un dieu breuvage ; on
les entoura d'un symbolisme subtil et compliqué, on les pénétra
pour ainsi dire de toutes les énergies mystiques du sacrifice, on
étendit leur empire bien au delà du monde sensible et on les conçut
comme des agents cosmiques, des principes universels.

Agni, en effet, n'est pas seulement le feu terrestre et le feu de
l'éclair et du soleil[2] ; sa véritable patrie est le ciel invisible, mystique,
séjour de l'éternelle lumière et des premiers principes de toutes
choses[3]. Ses naissances sont infinies, soit que, germe impérissable et
renaissant sans cesse de lui-même, il jaillisse chaque jour sur l'autel
d'un morceau de bois d'où on l'extrait par friction (l'*arani*), et dans
lequel il dort comme l'embryon dans la matrice[4], soit que, « Fils des
Ondes, » il s'élance avec le bruit du tonnerre du sein des Rivières
célestes où l'ont découvert les Bhrigus (personnifications de l'éclair),
où les Açvins l'ont engendré avec des aranis d'or[5]. En réalité, il est
toujours et partout le même, depuis les jours antiques où, l'aîné des
dieux, il naquit dans sa plus haute demeure, au sein des Eaux primordiales et que naquirent avec lui les premiers rites et le premier
sacrifice[6]. Car de naissance il est pontife, au ciel comme sur terre[7],
et il officia dans la demeure de Vivasvat[8] (le ciel ou le soleil), bien
avant que Mâtariçvan (un autre symbole de l'éclair) l'eût apporté aux
mortels[9] et que Atharvan et les Angiras, les anciens sacrificateurs,
l'eussent institué ici-bas comme le protecteur, l'hôte et l'ami des

1. RV. I, 24, 10 ; 105, 1, 10 ; X, 64, 3 ; 85, 1-5, 9, 13, 18, 19, 40.
2. X, 88, 6, 11.
3. X, 45, 1 ; 121, 7 ; VI, 8, 2 ; IX, 113, 7-8.
4. X, 5, 1 ; III, 29 ; I, 68, 2 ; X, 79, 4 etc. Naissant ainsi chaque jour, il
est appelé « le plus jeune des dieux ».
5. II, 35 ; III, 1 ; II, 4, 2 ; X, 46, 2 ; I, 58, 6 ; III, 2. 3 : X, 88, 10 ; 184, 3.
6. I, 24, 2 ; III, 1, 20 ; X. 88, 8 ; 121, 7, 8 ; IV, 1, 11-18.
7. I, 94, 6 ; X, 110, 11 ; 150.
8. I, 58, 1 ; 31, 3.
9. I, 93, 6 ; III, 9, 5 ; VI, 8, 4.

hommes[1]. Les légendes postérieures, dans lesquelles la naissance de l'éclair ou la première génération du feu sacré sont représentées directement comme un sacrifice, ne sont à cet égard que le développement légitime de ces vieilles conceptions. Maître et générateur du sacrifice, Agni devient le porteur de toutes les spéculations mystiques dont le sacrifice est l'objet. Il engendre les dieux, il organise le monde, il produit et conserve la vie universelle; en un mot, il est puissance cosmogonique[2]. En même temps, l'observation sans doute aidant, il est une sorte d'*anima mundi*, de principe subtil répandu par toute la nature; c'est lui qui rend fécond le sein des femmes, qui fait naître et croître les plantes et tous les germes de la terre[3]. Mais, au sein de toutes ces magnificences, il ne cesse pas un instant d'être le feu, la flamme matérielle qui dévore le bois sur l'autel, et, de tant d'hymnes qui le célèbrent, il n'est pas un seul où ce côté de sa nature soit mis en oubli.

Soma est à cet égard l'exact pendant d'Agni. Au propre, c'est un breuvage fermenté, extrait de la tige macérée et pressurée d'une plante; c'est aussi la plante elle-même. Le breuvage est enivrant[4] et on le verse en libation aux dieux, surtout à Indra, dont il exalte les forces dans le combat que ce dieu soutient contre les démons. Mais ce n'est pas seulement sur terre que coule le soma: il s'épanche partout où se célèbre le sacrifice. C'est dire que, comme Agni, il a, outre ses existences terrestre et atmosphérique, une existence mystique. Comme lui, il a beaucoup de demeures[5], mais sa résidence suprême est dans les profondeurs du troisième ciel, où Sûryâ, la fille du Soleil, l'a filtré, où les femmes de Trita, un doublet ou du moins un très proche parent d'Agni, l'ont broyé sous la pierre, où l'a trouvé Pûshan, le dieu nourricier[6]. C'est de là que le Faucon, un symbole de l'éclair, ou Agni lui-même ont été le ravir à l'archer céleste, au Gandharva, son gardien, et l'ont apporté aux hommes[7]. Les dieux l'ont bu et sont devenus immortels; les hommes le deviendront à leur tour quand ils le boiront chez Yama, dans le séjour des heureux[8]. En attendant, il leur donne ici-bas la vigueur et la plénitude des jours; il est l'ambroisie et l'eau de jouvence. C'est lui qui

1. RV. I, 83, 4-5; 71, 2-3; VI, 15, 17; 16, 13; X, 92, 10; VII, 5, 6; II, 1. 9; 2, 3. 8; 4. 3-4; X, 7, 3; 91, 1-2. Il est appelé lui-même le premier des Angiras.

2. V, 3, 1; X, 8, 4; I, 69, 1; cf. Taitt. Samh. I. 5, 10, 2; RV. VI, 7, 7; 8, 3; X, 156, 4.

3. III, 3, 10; X, 51, 3; I, 66, 8; III, 26, 9; 27. 9; VIII. 44, 16; X, 21, 8; 80. 1; 183, 3. Dans l'Atharva-Véda il est identifié avec Kâma, le Désir, l'Amour; AthV. III, 21, 4. Dans le rituel il porte les surnoms de Patnîvat, de Kâma, de Putravat : Taitt. Samh. I, 4. 27; II, 2, 3. 1; II, 2, 4, 4; cf. VI, 5, 8, 4.

4. RV. VIII, 48, 5, 6; X, 119.

5. I. 91, 5.

6. IX, 32, 2; 38, 2; 1, 6; 113, 3; I. 23, 13-14.

7. IV. 26, 6 7; 27; 18, 13; VIII. 82, 9; I, 71, 5; IX, 83, 4.

8. VIII. 48, 3; IX, 113, 7-11; VIII, 48, 7; 79, 2, 3, 6; I, 91, 6-7.

rend les eaux fécondes, qui nourrit et pénètre de vertus salutaires les plantes dont il est le roi, qui vivifie la semence des hommes et des animaux, qui inspire le poète et donne l'élan à la prière[1]. Il a engendré le Ciel et la Terre, Indra, Vishnu. Avec Agni, avec lequel il forme un couple étroitement uni, il a allumé le soleil et les étoiles[2]; Il n'en est pas moins la plante que l'acolyte broie sous la pierre et le liquide jaunâtre qui dégoutte dans la cuve[3].

Chez les autres divinités, le caractère physique est plus effacé. Parfois, il ne s'est conservé que dans le mythe ou dans un petit nombre d'attributs et, là même, il n'est pas toujours facile de le déterminer avec précision. Pour la conscience religieuse ce sont des dieux personnels et, en général, la personnalité est d'autant plus accentuée et plus complexe, que le dieu est plus grand. *Indra*, celui de tous qui est invoqué le plus souvent, est le roi du ciel et le dieu national des Aryas[4]. Il donne la victoire à son peuple et il est toujours prêt à prendre en main la cause de ses serviteurs. Mais c'est au ciel, dans l'atmosphère, qu'il livre ses grandes batailles pour la délivrance des Eaux, des Vaches, des Epouses des dieux retenues captives par les démons. C'est là qu'ivre de soma, il frappe de sa foudre Vritra l'Enveloppeur, Ahi le Dragon, Çushna le Dessécheur et une foule d'autres monstres ; qu'il brise les forteresses d'airain de Çambara, le démon à la massue, la caverne de Vala le Recéleur, et que, guidé par Saramâ, sa chienne fidèle, il vient, enflammé par le chant des Angiras, arracher leur larcin aux rusés Panis[5]. Ces combats, représentés tantôt comme des faits d'un passé lointain, tantôt comme une lutte permanente qui se renouvelle chaque jour, il les livre parfois avec l'aide d'autres dieux, de Soma, d'Agni, de son camarade Vishnu ou de ses gardes du corps les Maruts[6]. Mais plus souvent il combat seul[7] et, en effet, il n'a pas besoin qu'on le secoure, tant sa force est immense et la victoire peu disputée[8]. Une seule fois, il est parlé de la terreur qui le saisit après la mort de Vritra, « quand, semblable à un faucon effrayé, il s'enfuit jusqu'au fond de l'espace par-dessus les quatre-vingt-dix-neuf rivières[9], » et encore, dans cette fuite, la littérature postérieure qui en a gardé le souvenir, ne voit-elle

---

1. RV. I, 91, 22; X, 97, 22; VI, 47, 3; IX, 95, 2; 96, 6; 88, 3.

2. IX, 96, 5; 86, 10; 87, 2; I, 93, 5.

3. M. A. Kuhn a poursuivi très loin la ramification des principaux mythes relatifs à Agni et à Soma dans son beau mémoire : *Die Herabkunft des Feuers und des Göttertranks*, 1859.

4. I, 51, 8; 130, 8; II, 11, 18; IV, 26, 2; VIII, 92, 32, etc.

5. Des innombrables passages relatifs à ces luttes, nous ne citerons que I, 32 et X, 108. Pour le fond de ces mythes et pour l'expression qu'ils ont trouvée chez d'autres peuples, voir le beau mémoire de M. Bréal, *Hercule et Cacus; Etude de mythologie comparée*, 1863.

6. IV, 28, 1; IX, 61, 22; III, 12, 6; I, 22, 19; IV, 18, 11; VIII, 100, 12; III, 47, etc.

7. I, 165, 8; VII, 21, 6; X, 138, 6, etc.

8. I, 165, 9-10.

9. I, 32, 14.

qu'un effet du remords[1]. C'est qu'entre le dieu et le démon la lutte, dans l'Inde, est et restera inégale. Elle donnera naissance à une infinité de mythes, mais il n'en sortira pas, comme dans l'Iran, le dualisme. Indra est donc avant tout un dieu belliqueux : debout sur son char de guerre traîné par deux coursiers fauves, il est en quelque sorte le type idéal d'un chef de clan arya. Mais ce n'est là qu'un des côtés de sa nature. Comme dieu du ciel, il est aussi le dispensateur de tous les biens, l'auteur et le conservateur de toute vie[2]. De la même main il met le lait tout cuit dans le pis de la vache et il retient la roue du soleil sur la pente du firmament, il trace leurs cours aux rivières et il affermit sans poutres la voûte des cieux[3]. Il est immense, la terre tient dans le creux de sa main[4] ; il est souverain et démiurge[5].

Autour de lui se groupent des divinités qui semblent se partager son empire. D'abord ses fidèles compagnons les *Maruts*, probablement les Brillants, dieux de l'ouragan et des éclairs[6]. Quand leurs troupes s'ébranlent, la terre tremble sous leurs chars attelés de daims et les forêts s'inclinent sur les montagnes[7]. On aperçoit au passage l'éclat de leurs armes, on entend le son de leur flûte, leurs chansons, leurs cris d'appel et les claquements de leur fouet[8]. Si turbulents qu'ils soient, ils sont bienfaisants. Ils sont les dispensateurs des pluies, et du pis de Priçni, la Vache tachetée leur mère, ils font couler le lait des ondées[9]. De leur père *Rudra*, ils tiennent la connaissance des remèdes[10]. Celui-ci, dont le nom a probablement signifié le Rutilant avant d'être interprété comme le Hurleur, est, comme ses fils, un dieu de l'orage. Dans les Hymnes, qui certainement ici, comme ailleurs, ne disent pas tout, il n'a rien du sombre aspect sous lequel il deviendra plus tard si fameux. Bien qu'il soit armé de la foudre et qu'il inflige les prompts trépas[11], il est représenté avant tout comme secourable et bienfaisant. Il est le plus beau des dieux avec sa chevelure blonde ; comme Soma, il possède les meilleurs remèdes, et sa fonction spéciale est de protéger les troupeaux[12]. Il est

---

1. Le remords du brâhmanicide, car l'adversaire d'Indra est devenu un brâhmane : Mahâbhar. V, 228-569. Le fond de ce récit est du reste ancien : Taitt. Samh. II, 5, 1 ; II, 5, 3 ; cf. VI, 5, 5, 2. Taitt. Samh. II, 4, 12, Indra ne tue pas Vritra, mais conclut un pacte avec lui.

2. RV. IV, 17, 17 ; VII, 37, 3. Il est le Maghavan, le Libéral par excellence.

3. I, 61, 9 ; III, 30, 14 ; IV, 28, 2 ; II, 15, 2-3.

4. I, 100, 15 ; 173, 6 ; VI, 30, 1 ; III, 30, 5.

5. II, 12 ; I, 101, 5 ; IV, 19, 2 ; III, 46, 2 ; II, 15, 2 ; 17, 5 ; VI, 30, 5 ; VIII, 96, 6.

6. Douze hymnes du 1er livre adressés aux Maruts forment le 1er volume (le seul paru) de la traduction du Rig-Vêda entreprise par M. Max Müller.

7. V, 60, 2-3 ; VIII, 20, 5-6 ; I, 37, 6, 8.

8. I, 64, 4 ; VIII, 20, 11 ; I, 85, 2, 10 ; 37, 3, 13.

9. I, 37, 10, 11 ; 38, 7, 9 ; 64, 6 ; V, 53, 6-10 ; II, 34, 10.

10. I, 38, 2 ; II, 34, 2 ; VIII, 20, 23-26 ; II, 33, 13.

11. II, 33, 3, 10 14 ; VII, 46.

12. II, 33, 3-4 ; I, 43, 4 ; 114, 5 ; II, 33, 2 ; VI, 74 ; I, 43 ; 114, 8 ; X, 169.

proche parent de *Vâyu* ou *Vâta*, le Vent, avec lequel on le confond
parfois[1], dieu guérisseur comme lui et maître d'une vache merveil-
leuse qui lui donne le meilleur lait[2]. Il l'est aussi de *Parjanya*, la personnification la plus immédiate de l'orage, le dieu au chant retentis-
sant, qui abat les forêts et fait trembler la terre, qui terrifie même
l'innocent quand il frappe le coupable, mais qui répand aussi la vie
et à l'approche duquel la végétation épuisée se relève. La terre se
pare, quand il vide sa grande outre ; il est son époux, et c'est par
lui que les plantes, les animaux, les hommes sont féconds. Enfin,
comme cela est toujours possible à un dieu de l'orage qui, sous
la forme de l'éclair et de la pluie, dispose d'Agni et de Soma, il
a un rôle cosmogonique[3].

Par une de ces rencontres caractéristiques des religions védiques,
presque tous les traits qui viennent d'être relevés chez Agni, chez
Soma, chez Indra, se retrouvent chez un autre personnage divin d'une
origine en apparence bien différente, *Brihaspati* ou *Brahmanaspati*, le
Seigneur de la prière. Comme Agni et Soma, il naît sur l'autel et monte
de là chez les dieux. Comme eux il a été engendré dans l'espace par
le Ciel et la Terre. Comme Indra, il combat les ennemis terrestres et
les démons de l'air[4]. Comme tous les trois, il réside au plus haut des
cieux, il engendre les divinités et ordonne l'univers. Sous son souffle
ardent le monde est entré en fusion et a pris forme comme le métal
dans le creuset du fondeur[5]. A première vue il semble bien que ce
soit là un produit tardif de la réflexion abstraite, et il est probable en
effet, d'après la forme même du nom, qu'en tant que personne distincte, le type est relativement moderne : en tout cas il est spécialement indien. Mais, par ses éléments, il se rattache aux conceptions
les plus anciennes. Comme il y a une force dans la flamme et dans la
libation, de même il y en a une dans la formule, et cette formule, le
prêtre n'est pas le seul à la prononcer, pas plus qu'il n'est le seul à
allumer Agni ou à verser Soma. Il y a une prière dans le tonnerre, et
les dieux qui savent toutes choses, n'ignorent pas la puissance des
paroles sacramentelles. Ils ont d'irrésistibles formules demeurées
cachées aux hommes et contemporaines des premiers rites, par lesquelles le monde s'est formé et par lesquelles il se conserve[6]. C'est ce
pouvoir ommi-présent de la prière que personnifie Brahmanaspati,
et ce n'est pas non plus sans raison qu'il se confond parfois avec
Agni et surtout avec Indra. En réalité chaque dieu et le prêtre lui-
même sont Brahmanaspati au moment où ils prononcent les mantras

1. RV. X, 169. Il est, comme lui, père des Maruts : I, 134, 4 ; 135, 9.
2. X, 186 ; I, 134, 4.
3. V, 83 ; VII, 101 ; IX, 82, 3 ; 113, 3.
4. II, 24, 11 ; VII, 97, 8 ; II, 23, 3. 18, II, 24, 2-4 ; X, 68.
5. IV, 50, 4 ; II, 26, 3 ; 24, 5 ; IV, 50, 1 ; X, 72, 2.
6. I, 164, 45 ; VIII, 100, 10, 11 ; X, 71, 1 ; 177, 2 ; 114, 1 ; II, 23, 17 ; X,
90, 9. L'arme de Brihaspati est la prière, II, 24, 3, etc. C'est aussi celle des
Angiras. Le brahman, le Verbe efficace, est *devakrita*, l'œuvre des dieux,
VII, 97, 3 ; cf. le mugissement d'Agni, de Varuna, du Taureau céleste, le
chant de Parjanya et celui des Maruts.

qui leur donnent puissance sur les choses du ciel et de la terre. La même conception, sous une forme plus abstraite, a abouti à *Vâc*, la Parole sainte, représentée comme une puissance infinie, supérieure aux dieux et génératrice de tout ce qui existe[1].

Qu'on réunisse tout ce qu'il y a chez les autres dieux de grandeur et de puissance souveraine, et on aura *Varuna*[2]. Comme l'indique le nom, identique au grec Οὐρανός, Varuna est le dieu du ciel immense, lumineux, qui embrasse toutes choses, source première de toute vie et de tout bien[3]. Indra aussi est un dieu du ciel, et ces deux personnalités se couvrent en effet réciproquement en bien des points. Il y a toutefois cette différence entre eux qu'Indra a surtout attiré à lui la vie active et pour ainsi dire militante du ciel, tandis que Varuna en représente mieux l'immuable majesté. Rien n'égale la magnificence des descriptions que font de lui les Hymnes. Le soleil est son œil, le ciel est son vêtement, l'ouragan est son souffle[4]. C'est lui qui a établi sur des fondements inébranlables le ciel et la terre et qui les maintient séparés, qui a placé les astres au firmament, qui a donné des pieds pour la marche au soleil, qui a tracé leur route aux aurores et leur cours aux rivières[5]. Il a tout fait et il conserve tout : rien ne saurait porter atteinte aux œuvres de Varuna. Nul ne le pénètre ; mais lui, il sait tout et voit tout, ce qui est et ce qui sera[6]. Des sommets du ciel, où il réside en un palais aux mille portes, il distingue la trace des oiseaux dans l'air et celle des navires sur les flots[7]. C'est de là, du haut de son trône d'or aux fondements d'airain, qu'il veille à l'exécution de ses décrets, qu'il dirige la marche du monde et qu'entouré de ses émissaires, d'un regard qui ne sommeille jamais, il contemple et juge les agissements des hommes[8]. Car il est avant tout le mainteneur de l'ordre dans l'univers et dans la société, et sa souveraineté est l'expression la plus haute de la loi physique et de la loi morale[9]. Il a des châtiments terribles, des maladies vengeresses pour le coupable endurci[10] ; mais sa

---

1. RV. X, 125.

2. Le mythe de Varuna et tout l'ensemble des conceptions qui s'y rattachent, sont l'objet d'une étude aussi profonde que brillante dans le beau livre de M. J. Darmesteter : *Ormazd et Ahriman, leurs origines et leur histoire*, 1877. Cf. aussi l'intéressante monographie de M. A. Hillebrandt, *Varuna und Mitra, ein Beitrag zur Exegese des Veda*, 1877, et R. Roth, *Die höchsten Götter des arischen Volkes*, ap. Zeitschr. der Deutsch. Morgenlënd. Gesellsch., t. VI, 70.

3. RV. VII, 87, 5 ; VIII, 41, 3.

4. I, 115, 1 ; 25, 13 ; AthV. XIII, 3, 1 ; RV. VII, 87, 2.

5. VII, 86, 1 ; VIII, 41, 10 ; 42, 1 ; I, 24, 8 ; V, 85, 5 ; I, 123, 8 ; II, 28, 4 ; V, 85. 6 ; VII, 87, 1.

6. IV. 42, 3 ; I, 24, 10 ; 25, 14.

7. I, 25. 10 ; VIII, 88, 5 ; I, 25, 7-11.

8. V, 62, 8 ; I, 25, 13 ; IX, 73, 4 ; VII, 49, 3 ; AthV. IV, 16, 1-5.

9. De là ses surnoms de *Ritasya gopâ*, gardien de l'ordre, *Dhritavrata, Satyadharman*, dont les décrets sont inébranlables efficaces.

10. Ce sont ses *liens*, RV, I, 24, 15, etc. Il est souvent question de son courroux, I, 24, 11, 14 ; VII, 62, 4 ; IV, 1, 4 ; VII, 84, 2. L'hydropisie surtout était considérée comme une punition infligée par Varuna : VII, 89 ; AthV. IV, 16, 7.

justice distingue entre la faute et le péché, et il est miséricordieux à l'homme qui se repent. Aussi c'est vers lui que s'élève le cri d'angoisse du remords ; c'est devant sa face que le pécheur vient se décharger du poids de sa faute par la confession[1]. Ailleurs la religion védique est ritualiste, parfois hautement spéculative ; avec Varuna elle descend dans les profondeurs de la conscience et réalise la notion de la sainteté.

On a prétendu parfois que Varuna est dans les Hymnes un dieu en décadence[2]. Nous ne saurions partager cette manière de voir. Qu'à l'époque où ces vieux chants ont été réunis, sa place dans le culte était fort restreinte, cela ressort déjà du petit nombre d'hymnes à Varuna conservés dans la collection. Mais, outre que la fréquence des invocations n'est pas toujours la mesure exacte de l'importance d'un dieu, il suffit de se reporter à ces quelques hymnes pour se convaincre que, dans la conscience de leurs auteurs, la divinité de Varuna était intacte. Nulle part ailleurs le sentiment de la majesté divine et de l'absolue dépendance de la créature n'est exprimé avec la même force, et il faut aller jusqu'aux Psaumes pour trouver de pareils accents d'adoration et de supplication. Il y a d'ailleurs deux hymnes[3] dans lesquels est établi un parallèle formel entre Varuna et le dieu qui doit l'avoir détrôné, Indra, et, dans l'un et dans l'autre morceau, c'est à Varuna somme toute que demeure la suprême majesté. Il est un troisième hymne[4], il est vrai, où les choses paraissent se présenter autrement. Agni y déclare qu'il quitte le service de Varuna pour celui d'Indra, le seul vrai maître et seigneur, et on a voulu voir là un témoignage authentique de la substitution du culte d'Indra au culte de Varuna. Ce serait là un morceau bien étrange, s'il contenait en effet un chapitre d'histoire religieuse, d'autant plus étrange qu'il paraît être extrêmement ancien. Mais ce n'est pas une page d'histoire qu'il y faut chercher, c'est une page de mythologie. Le ciel n'est pas toujours clément, et il fut un temps où Varuna n'était pas uniquement juste et bon, où, à côté de mythes se rapportant à sa nature divine, il y en avait d'autres exprimant sa nature démoniaque. Dans ceux-ci le ciel ou Varuna était vaincu. Le sentiment religieux à beaucoup d'égards si élevé qui se fait jour dans les Hymnes, a écarté la plupart de ces mythes-là, ainsi que beaucoup d'autres qui le choquaient ; mais il ne les a pas écartés tous, il n'a surtout pas pu faire qu'ils n'aient survécu en quelque sorte à l'état latent. Dans le morceau en question, qui est un de ceux qui ont passé en dépit de la consigne, Varuna est, non pas un dieu qui s'en va, mais un dieu méchant, et c'est là un côté de sa nature dont on se souvient encore fort bien dans les Brâhmanas.

Varuna est le premier d'un groupe de divinités à noms abstraits,

---

1. RV. I, 25, 1-2 ; II, 28, 5-9 ; V, 85, 7-8 ; VII, 86 ; 87, 7 ; 88, 6 ; 89.
2. Voir les opinions réunies ap. J. Muir, *Original Sanskrit Texts*, t. V, p. 116, cf. Hillebrandt, *Varuna und Mitra*, p. 107.
3. IV, 42 ; VII, 82.
4. X, 124.

Mitra l'Ami, *Aryaman* le Fidèle, *Bhaga* le Libéral, *Daksha* le Fort, *Ança* le Répartiteur, qui ne sont qu'un dédoublement et en quelque sorte le reflet de son propre être. Ils n'ont pas d'existence bien distincte et, à une exception près en faveur de Mitra [1], ils ne sont jamais invoqués seuls. On remarque déjà chez eux une certaine tendance au rôle de divinités solaires, particulièrement chez Mitra, le plus éminent d'entre eux et qui, de même que son frère le Mithra des livres zends, est devenu plus tard directement le Soleil. Aussi Savitri, un dieu décidément solaire, leur est-il souvent associé et, dans un mythe certainement ancien, le soleil est leur frère, né d'un œuf avorté que leur mère rejette et envoie rouler dans l'espace [2]. Cette mère est *Aditi*, l'Immensité [3], d'où leur nom d'*Aditya* ou fils d'Aditi, appliqué parfois aussi à Indra et à Agni [4]. Quand les Hymnes essaient de définir Aditi, ils se consument en laborieux efforts et se perdent dans le vague. En elle semble avoir trouvé une de ses premières expressions la notion confuse et grandissante d'une sorte de matrice commune, de *substratum* de tous les êtres: dans un passage elle est « ce qui est né et ce qui naîtra [5] ». — Dans un autre ordre d'idées un rôle tout semblable est parfois dévolu aux *Eaux*, qui ne sont pas seulement les diverses manifestations de l'élément liquide, sources, rivières, pluies, nuées, libations, mais qui sont conçues aussi comme le milieu primordial au sein duquel s'est formé tout ce qui existe [6].

Des dieux Adytias aux dieux solaires, le passage, comme on vient de voir, est insensible. De ceux-ci les plus importants sont : *Sûrya*, le Soleil conçu directement comme un être divin ; il surveille les hommes et dénonce leurs fautes à Mitra et à Varuna [7] ; *Savitri*, le Vivificateur, qui, soir et matin, élevant ses longs bras d'or, éveille les êtres et les replonge dans le sommeil [8] ; *Vishnu*, l'Actif, qui fera plus tard une si grande fortune, le camarade d'Indra, le marcheur aux grandes enjambées, qui, en trois pas, parcourt les espaces célestes [9]. *Pûshan*, le Nourricier, qui, de son aiguillon d'or, dirige le tracé du sillon, le bon pasteur qui ne perd pas une tête de son bétail. Il connaît tous les chemins, qu'il parcourt sans cesse sur son char attelé de boucs ; il est le guide des hommes et des troupeaux dans leurs pérégrinations ; il est aussi celui des trépassés sur les routes qui mènent au séjour des heureux [10]. Il est inutile d'insister sur les caractères de clairvoyance, de sagesse, de puissance ordonnatrice naturellement

1. RV. III, 59.
2. X, 72, 8-9.
3. Cf. Max Müller, *Translation of the Rigveda*, p. 230-251, et A. Hillebrandt, *Ueber die Göttin Aditi*, 1876
4. VII, 85, 4 ; VIII, 52, 7 ; X, 88, 11 (*âditeya*).
5. I, 89, 10.
6. Comparer des passages tels que VII, 47 ; 49 avec X, 82, 5-6 ; 109, 1 ; 121, 7-8 ; 129, 1-3 ; 190, 1.
7. I, 50 ; 115 ; VII, 62, 2, etc.
8. II, 38 ; etc.
9. I, 22, 16-21 ; 154.
10. I, 42 ; VI, 53 ; IV, 57, 7 ; X, 17, 3-6.

communs à toutes ces divinités en leur qualité d'êtres lumineux et solaires. On remarquera cependant qu'elles sont conçues et surtout traitées d'une façon très personnelle, ne rappelant que très indirectement l'astre qu'elles représentent, et dont on les distingue parfois expressément[1]; enfin qu'elles n'en expriment que les côtés bienfaisants. Le mauvais soleil, destructeur et dévorant, celui par exemple dont Indra brise la roue[2], a fourni des mythes; il n'est pas devenu dieu comme dans les religions sémitiques.

Auprès du soleil se place naturellement *Ushas*, l'Aurore, la création la plus gracieuse des Hymnes, image brillante et légère qui flotte sur les confins indécis de la poésie et de la religion, tant la personnification est transparente et tant on demeure incertain si c'est bien à l'objet évoqué que le poète s'adresse, ou si ce n'est pas plutôt Dieu qu'il adore en ses œuvres[3]. Le cas est tout autre pour les deux *Açvins*, les cavaliers. On ne s'explique bien ni la raison de leur nom, ni leur signification physique. On voit bien que ce sont des divinités matinales : ils sont les fils du Soleil et les fiancés de l'Aurore. Sur leur char à trois roues, ils font tous les jours le tour du monde; leur fouet distille le miel de la rosée; ils ont révélé aux dieux l'endroit où était caché le soma, et une partie au moins des mythes où on les voit secourir chaque fois un personnage en détresse, semble bien s'expliquer par la délivrance, c'est-à-dire par le lever du soleil[4]. Mais tout cela, aussi peu que le rapprochement qu'on a fait d'eux et des Dioscures, ne rend pas leur origine beaucoup plus claire. Ils n'en comptent pas moins parmi les divinités souvent invoquées. Ils sont dispensateurs de biens, possèdent de précieux remèdes et président à la génération[5]. Par ce dernier côté, ils se rapprochent de leur aïeul maternel, *Tvashtri* le Façonneur, qui a fabriqué le foudre d'Indra, la coupe du sacrifice, et dont la fonction spéciale est de former le fœtus dans la matrice[6], un des personnages les plus curieux du panthéon védique au point de vue de la mythologie, mais d'assez mince valeur religieuse. Il a d'étroites affinités avec Agni, dont il est parfois le père[7]. Il a d'autres enfants encore, *Saranyu*, la Nuée rapide, qui s'unit à Vivasvat, le soleil, et *Viçvarûpa* le Multiforme, monstre à trois têtes, qui est également une personni-

---

1. RV. Cf. X, 149, 3, où le soleil est dit l'oiseau de Savitri; I, 35, 9, Savitri guide le soleil; V, 47, 8. le soleil est appelé une pierre brillante placée au ciel; VII, 87, 5, il est la balançoire d'or fabriquée par Varuna.

2. IV, 28, 2, etc.

3. La poésie lyrique descriptive d'aucun peuple n'a rien produit de plus ravissant que ces hymnes à l'Aurore, I, 48; 113; 123; 124; III, 61; VI, 64; VII, 77; 78.

4. I, 34, 10; III, 39, 3; VIII, 9, 17; I, 118, 5; IV, 43, 6; I, 157, 3-4; V. 76, 3; I, 116, 12; 119, 9. Cf. L. Myriantheus, *Die Açvins oder arischen Dioskuren*, 1876.

5. I, 34, 3-6; 157, 5; X, 184, 2-3; AthV. II, 30, 2. cf. Taitt. Samh. II, 3, 11, 2.

6. RV. I, 32, 2; 20, 6; 183, 9; X, 10, 5; 184, 1.

7. I, 95; 2; X, 2, 7.

fication de l'orage et qui expire sous les coups d'Indra[1]. Lui-même, il est en lutte avec Indra qui vient dans sa demeure lui ravir le soma. Il est à la fois créateur et méchant[2], et il est la seule puissance vraiment invoquée qui tienne autant du démon que du dieu. Comme artisan des dieux, il a pour rivaux les *Ribhus*, génies d'ordinaire au nombre de trois, à qui leurs œuvres ont valu l'immortalité. Ils ont notamment partagé en quatre la coupe du sacrifice que Tvashtri avoit faite une[3]. Ici encore, on a pris parfois pour de l'histoire ce qui n'est qu'un mythe, et on a parlé des réformes religieuses opérées par les Ribhus et de leur apothéose[4]. En dépit de leur nature vague et peu explicable, on les invoque fréquemment, et ils ont part chaque jour à l'offrande du soir.

Les mythes solaires nous conduisent naturellement à ceux qui se rapportent à la vie d'outre-tombe ; car dans l'Inde, comme ailleurs, c'est un héros solaire qui règne sur les trépassés. *Yama* est en effet fils de *Vivasvat*, le Soleil[5]. Il eût pu vivre immortel, mais il a choisi de mourir, ou plutôt il a encouru la mort, car sous ce choix se déguise une chute[6]. Le premier, il a parcouru le chemin sans retour, le frayant aux générations futures. C'est là-bas, aux extrémités les plus lointaines du ciel, séjour de la lumière et des eaux éternelles, qu'il règne désormais en paix, uni à Varuna. C'est là qu'au son de sa flûte, sous les rameaux de l'arbre mythique, il rassemble autour de lui les morts qui ont bien vécu. Ils lui arrivent en foule, convoyés par Agni, guidés par Pûshan, sévèrement examinés au passage par les deux chiens monstrueux qui sont les gardiens de la route. Revêtus d'un corps glorieux, abreuvés du soma céleste qui les rend immortels, ils jouissent désormais avec lui d'une félicité sans fin, commensaux des dieux et dieux eux-mêmes, adorés ici-bas sous le nom de *Pitris* ou de Pères. A leur tête sont naturellement les premiers sacrificateurs, les chantres d'autrefois, Atharvan, les Angiras, les Kavis, les Pitris par excellence, égaux aux plus grands dieux, qui, par le sacrifice, ont tiré le monde du chaos, fait naître le soleil et allumé les astres[7]. Peut-être croyait-on les voir eux-mêmes la nuit briller dans les étoiles, car l'Inde a aussi connu le vieux mythe qui fait des étoiles les âmes des trépassés[8]. Il s'en faut cependant de beaucoup que ce soient là les seules représentations qu'on se faisait de la vie future. Comme le mort n'était pas toujours brûlé, on se le figurait aussi reposant en te:re comme l'enfant au giron de sa mère

1. RV. X, 17, 12 ; 8, 8-9.
2. III, 48, 4 ; IV. 18. 3 ; X, 110, 9 ; IX, 5, 9 ; II, 23, 17.
3. IV, 35, 8 ; I, 20, 6.
4. Cf. Fr. Nève, *Essai sur le mythe des Ribhavas, premier vestige de l'apothéose dans le Véda*, 1847.
5. X, 14, 1 ; 17, 1.
6. X, 13, 4.
7. IX, 113, 7-11 ; X, 135 ; 154 ; 14 ; 15 ; 16, 1-2 ; 17 ; cf. AthV. IV, 34, 2 ; RV. I, 125, 5 ; 154, 5 ; X, 56, 4-6 ; 68, 11 ; 107, 1.
8. I, 125, 6 ; X, 107, 2 : cf. Mahâbhâr. III, 1745-1752.

et résidant à perpétuité dans la tombe, « l'étroite maison d'argile[1]. »
On s'imaginait encore que l'individu venant à se dissoudre et à retourner aux éléments, son âme allait habiter les eaux, les plantes[2].
Cette dernière conception, où il y a déjà comme une première ébau-
che de la théorie de la métempsychose, ne se trouve qu'exception-
nellement dans les hymnes du Rig-Vêda. Elle semble appartenir à
des croyances plus basses, que cette collection dédaigne et dont nous
aurons encore occasion ailleurs de signaler l'existence. Du reste, le
fait seul que l'usage de l'incinération devint général, suppose une conception très spiritualiste de la mort. — Les Hymnes nous renseignent
moins bien sur le sort réservé aux méchants. Ils périssent, ou ils vont sous
terre dans des trous profonds et ténébreux, où sont précipités avec
eux les démons, les génies de la fraude et de la destruction[3]. L'Atharva-Vêda connaît un monde infernal[4]; mais il n'y a pas de description
des enfers, et nous n'apprenons rien de leurs supplices.

Cet aperçu bien incomplet des mythes qui se rattachent aux divinités principales, suffira peut-être pour montrer de quels éléments
l'Inde a dégagé les objets de son adoration. Nous ne poursuivrons pas
le même travail pour les autres figures du panthéon. Outre que l'énumération seule en serait fort longue, chaque objet du monde visible et
chaque conception de l'esprit pouvant passer à l'état de dieu, elles
appartiennent plutôt à l'histoire des mythes qu'à celle de la religion.
Ce sont, ou des personnifications abstraites souvent très anciennes, il
est vrai, telles que *Purandhi* l'Abondance, *Aramali* la Piété, *Asuniti* la
Béatitude, *Mrityu* la Mort, *Manyu* le Courroux (ces deux derniers sont
masculins), ou des objets divinisés, tels que *Sarasvati* et *Sindhu*,
à la fois fleuves et déesses, ou de purs symboles, tels que les
diverses formes de l'Oiseau ou du Coursier solaires, ou enfin de
vieilles représentations à peine émergées de la pénombre du mythe,
telles que le *Gandharva*, *Ahi Budhnya*, le Dragon de l'abîme,
Aja Ekapâd le Bondisseur ou le Bouc unipède, *Gungü*, *Sinîvali*,
Râkâ, déesses qui président à la génération et à la naissance
et qu'on a identifiées de bonne heure avec les phases de la lune,
toutes figures indécises qu'on invoque encore parce que leurs
noms font partie de vieilles formules, mais qui ne disent plus
grand'chose au sens religieux. Des expressions désignant les dieux
en général ont aussi fini par devenir les noms propres de certaines
classes d'êtres divins : tels sont les *Viçvedevas*, proprement « Tous les
dieux » et les *Vasus*, les Brillants, dont Indra est le chef. Sur un petit
nombre de conceptions plus essentielles nous aurons à revenir plus bas.

Parmi cette foule de dieux (il est souvent question de 33 ou de
3 fois 11 dieux[5], une fois de 3,339[6]; dans l'Atharva-Vêda, ce dernier

1. RV. X, 18, 10-13; VII, 89, 1.
2. X, 58; 16, 3.
3. IV, 5, 5; VII, 104, 3; IX, 73, 8.
4. AthV. XII, 4, 36.
5. RV. I, 45, 2; 139, 11. Il y en a 35, X, 55, 3.
6. III, 9, 9.

chiffre est encore grossi, les Gandharvas seuls y sont au nombre de
6.333)[1], il en est qui font plus grande figure que les autres ; mais il n'y
a pas à proprement parler de hiérarchie. Les rangs varient sans cesse
et les rôles se confondent. C'est là un trait jusqu'à un certain point
commun à toute religion reposant directement sur le mythe. Les
mythes, en effet, se forment indépendamment les uns des autres, ils
considèrent le même objet sous des aspects différents et entre objets
différents ils saisissent les mêmes rapports ; ils se pénètrent ainsi réciproquement en rayonnant de centres divers, et ils aboutissent forcément à un certain syncrétisme. On peut affirmer par exemple que, si
la Grèce nous avait transmis ses vieilles liturgies, on y trouverait
tout autre chose que la belle ordonnance introduite par la main
légère et profane de la Muse dans l'Olympe classique. Mais, dans les
Hymnes, il y a plus qu'un simple manque de classification. Non seulement parmi ces dieux qui se commandent les uns aux autres, qui
naissent les uns des autres « il n'y a, comme il est dit quelque part ,
ni grands ni petits, ni vieux ni jeunes ; tous ils sont également
grands », mais la suprême suprématie appartient à plusieurs, et du
même dieu on affirme tantôt l'absolue souveraineté, tantôt la subordination la plus explicite. Indra et tous les dieux sont soumis à
Varuna, et Varuna et tous les dieux sont soumis à Indra. Il y a des déclarations semblables pour Agni, Soma, Vishnu, Sùrya, Savitri, etc[3].
Il est assez difficile de se représenter au juste la façon de penser
et de sentir que ces contradictions supposent. Ce ne sont pas de
simples exagérations échappées dans le feu de la prière, car elles
n'auraient pas été recueillies ni conservées si nombreuses ; elles ne
paraissent pas non plus pouvoir se ramener à des différences
d'époque ni à des diversités de culte. Elles sont vraiment un des
traits fondamentaux de la théologie védique. Du moment qu'un dieu
est évoqué, tous les autres s'effacent ; il attire tout à lui, il est le Dieu,
et la notion tantôt monothéiste, tantôt panthéiste qui se trouve à
l'état latent au fond de tout polythéisme, vient ainsi, comme une
sorte de quantité mobile, s'ajouter indifféremment aux diverses personnalités fournies par le mythe. Un autre procédé par lequel se
traduit souvent ce vague besoin d'unité, est celui de l'identification
d'un dieu avec plusieurs autres. Il n'est peut-être pas une seule
figure marquante qui n'ait donné lieu à quelque fusion semblable.
C'est ainsi qu'Indra est identifié avec Brihaspati, avec Agni, avec
Varuna ; que d'Agni on déclare qu'il est Varuna, Mitra, Aryaman,
Rudra, Vishnu, Savitri, Pûshan[4]. Il n'y a pas jusqu'à la formule si fréquente dans les Bràhmanas, « Agni est tous les dieux », qui ne se rencontre déjà dans les Hymnes[5]. Sans doute cette intuition supérieure

---

1. AthV. XI, 5, 2.
2. RV. VIII, 30, 1. Le contraire est dit I, 27, 13.
3. V, 69, 4 ; I, 101, 3 ; III, 9, 9 ; IX, 96, 5 ; I, 156, 4 ; VIII, 101, 12 ; II,
38, 9.
4. Cf. un choix de passages ap. Muir, *Sanskrit Texts*, t. V, p. 219.
5. Avec une légère variante, V, 3, 1.

du divin ne se trouve pas à un égal degré chez tous les poètes
védiques ; pour plusieurs, tout revient à dire à leurs dieux :«Voici du
beurre, donnez-nous des vaches. » Mais elle existe chez beaucoup
d'entre eux, et quelques-uns ont su l'exprimer en un langage admirable.

Dans ces conditions, le mythe n'est plus qu'un élément secondaire, le simple support d'une réalité plus haute. Il tend à redevenir
ce qu'il était à l'origine, un pur symbole. Ses traits les plus précis
s'émoussent ou ne persistent plus que dans des allusions isolées,
dans des locutions toutes faites. Sous une forme développée et concrète il devient embarrassant, soit qu'il offre des dieux une conception qui paraît mesquine, matérielle ou même odieuse, soit que simplement il les représente sous un aspect trop humain, trop épique et
en quelque sorte trop rapproché pour la conscience religieuse devenue plus exigeante. Les auteurs des Hymnes ont ainsi écarté ou du
moins laissé dans l'ombre une grande quantité de légendes qui existaient bien avant eux, celles par exemple qui se rapportaient à l'identification de Soma avec la lune [1], ce qu'on se racontait des familles
divines, de la naissance d'Indra, de son parricide [2], etc. On ferait
ainsi une longue liste de ce qu'on pourrait appeler les réticences du
Vêda. Sous ce rapport, il est particulièrement intéressant de voir
comment ils ont traité les mythes qui relatent l'hymen multiple qui
fait le fond de toutes les mythologies, l'union d'un dieu mâle et d'un
être femelle conçue presque toujours comme irrégulière, très souvent comme incestueuse. Cette union est également au fond d'une
infinité de représentations du Vêda. Tous ces dieux sont des engen-
dreurs, des mâles, des taureaux ; ils sont les amants des *Eaux*, des
Mères, des *Gnâs* (genetrices), de l'*Apsaras* l'Ondine, de l'*Apyâ Yoshî* la
Femme des eaux, capricieuse et lascive, et ils sont à la fois leurs fils
et leurs époux. Il serait cependant difficile de tirer des Hymnes un
chapitre intitulé les Amours des dieux. A bien peu d'exceptions près,
tout s'y réduit à des indications rapides, à des traits isolés, à de purs
symboles. A part l'Aurore, les déesses n'y ont qu'une physionomie
effacée, et les dieux les plus en évidence y sont à peine effleurés par
ces histoires. Une seule fois, *Indrâni*, la femme d'Indra, est la Vénus
impudique [3] ; une seule fois il est fait mention des rapports de
Varuna avec l'Apsaras [4], dont il est pourtant, par son origine,
le véritable amant. En cette qualité, il a cédé la place au Gandharva, être purement mythique [5]. Il y a là certainement un trait
de délicatesse morale qu'il serait injuste de ne pas reconnaître :
dans le dialogue de *Yama* et de sa sœur *Yamî* [6], par exemple,

1. Le mythe qui place l'ambroisie dans la lune paraît être indo-européen.
Soma est identifié avec la Lune, X, 85, 2-5.
2. IV, 18.
3. X, 86, 6. Et encore le passage est-il interpolé.
4. VII, 33, 11.
5. X, 10, 4 ; 11, 2 ; 123, 5.
6. X, 10.

l'inceste offert est repoussé, et cependant il est à peu près certain qu'à l'origine Yama succombait à la tentation. Mais, en présence de la crudité de langage que montrent parfois les Hymnes, il est permis d'affirmer que ce scrupule n'a pas été le seul qui a déterminé les chantres védiques à passer rapidement sur ces mythes et que là aussi il faut tenir compte de leur répugnance à parler des dieux en termes trop précis. Parfois, il semble même que ce soit là leur principale préoccupation, et ce n'est pas sans un certain malaise qu'on les voit souvent s'évertuer à se rendre inintelligibles et à étouffer en quelque sorte eux-mêmes leurs conceptions sous un amas d'identifications incohérentes. Sous ce rapport, l'Inde est déjà dans le Vêda ce qu'elle est restée depuis. Dès ses premières paroles, nous la surprenons aspirant au vague et au mystère. Il serait injuste de ne pas reconnaître souvent dans cette aspiration le sentiment très vif de l'obscurité qui nous dérobe le fond des choses et un effort parfois anxieux pour la pénétrer. Il est tel de ces vieux chants où, sous la confusion des pensées et des images, on croit saisir encore le trouble d'une âme émue qui cherche et qui adore. Mais on ne saurait non plus se déguiser que très souvent il n'y a dans cette recherche de l'obscur que jargon et paresse d'esprit et que déjà dans le Vêda, la pensée hindoue est profondément atteinte du mal qui ne la quittera plus, celui d'affecter d'autant plus le mystère qu'elle a moins à cacher, d'étaler des symboles qui au fond ne signifient rien et de jouer avec des énigmes qui ne valent pas la peine d'être devinées.

Si maintenant nous essayons de résumer cette théologie, nous trouvons qu'elle flotte entre deux termes extrêmes, d'un côté le polythéisme pur et simple, de l'autre une sorte de monothéisme à plusieurs titulaires et dont le centre, si j'ose dire, se déplace. Évidemment l'esprit spéculatif des poètes védiques ne pouvait en rester là. Il leur fallait fixer cette notion errante et, pour cela, il leur restait bien peu de chose à faire. Depuis longtemps ils l'avaient entrevue en la personne d'Indra, d'Agni, de Brihaspati, de Savitri, et ils en avaient eu la vision splendide en Varuna. Au lieu de l'attacher tour à tour à des personnalités profondément engagées dans le mythe et dans le culte et, par conséquent, irréductibles, il leur suffisait de la transporter sur des noms plus abstraits, pour réaliser de la conception monothéiste personnelle tout ce que l'Inde devait être jamais capable d'en concevoir. Ainsi naquirent *Prajâpati* « le Seigneur des créatures [1] », *Viçvakarman* « l'Ouvrier de l'univers [2] », le *Grand Asura* « le Grand Esprit [3] », *Svayambhú* « l'Être existant par lui-même » (Atharva-Vêda) [4], *Parameshthin* « celui qui occupe le faîte » (ibid.) [5], autant de noms du Dieu des dieux. En même temps on arrivait à la solution panthéiste par une autre voie, par des spé-

1. RV. X, 121, 10.
2. X, 81 ; 82.
3. X, 177, 1 ; V. 63 3, 7.
4. AthV. X, 8, 43, 44.
5. X, 7, 17 ; XIX, 53, 9.

culations sur l'origine des choses. Varuna et ses pairs avaient fait le monde, c'est-à-dire qu'ils l'avaient organisé. Mais d'où avaient-ils tiré les matériaux pour le façonner [1] ? A ceci il y avait une très vieille réponse, puisqu'elle est indo-européenne : le monde a été formé du corps d'un être primitif, d'un géant, le *Purusha*, dépecé par les dieux [2]. Evidemment cette réponse ne pouvait toujours satisfaire ; car ce Purusha et ces dieux d'où venaient-ils eux-mêmes ? et qu'y avait-il avant leur naissance ? Ici il faudrait citer en entier l'hymne célèbre où la substance en soi, supérieure à toute catégorie et à toute antinomie, est posée comme le premier terme avec une profondeur de pensée et une hauteur de langage qu'aucune école n'a jamais dépassées [3]. En elle naquit le Désir, *Kâma*, et ce fut là le point de départ du développement successif des êtres. Dans cette conception, le Dieu personnel ou, comme on dira plus tard, le *Ka*, le Qui? est un des termes, parfois le premier terme de l'évolution de l'Absolu, du *Tat*, du Ce. Il est *Hiranyagarbha* « l'Embryon d'or [4] », qui fut la première forme. Mais déjà l'analyse tend à intercaler entre lui et la notion ultième un certain nombre de principes ou d'hypostases tels que les Eaux, la Chaleur, l'Ordre, la Vérité, le Désir, le Temps [5]. Ces deux derniers surtout sont devenus, dans l'Atharva-Vêda, le centre d'un vaste symbolisme [6]. — En présence de ces spéculations d'une part, et d'autre ·part en présence des doctrines finales si arrêtées et si concordantes de la Perse et de la Scandinavie, on est étonné de l'absence de toute eschatologie. Ces hommes qui ont tant médité sur l'origine des choses, ne paraissent pas s'être demandé si et comment elle doivent finir, et le Vêda ne sait rien des Derniers temps.

On voudrait avoir quelques données sur la chronologie de toutes ces spéculations ; mais ici tout devient extrêmement incertain. De ce qu'elles sont postérieures logiquement et que, à l'état formulé, elle se trouvent presque toutes dans un livre du Rig-Vêda qui ne ressemble pas aux autres, le dixième, on conclut généralement qu'elles appartiennent à la dernière période de la poésie védique. Il se peut que cette supposition soit juste, bien que nous ne soyons pas aussi rassuré à cet égard qu'on paraît l'être d'ordinaire. Les seules preuves positives, celles qui peuvent se tirer de la langue, sont très rares, et encore, dans le cas précisément où elles fournissent la démonstration la plus complète d'une composition récente, dans celui de l'hymne au Purusha, on se trouve en présence d'idées extrêmement anciennes. Un point, toutefois, peut être tenu

---

1. RV. X, 81, 2, 4.
2. X, 90.
3. X, 129.
4. X, 121.
5. X, 190; 82, 5; 129, 3-4.
6. AthV. IX, 2; XIX, 53; 54. Pour ces personnifications et d'autres semblables, cf. la riche collection de passages ap. Muir, *Sanskrit Texts*, t. V, p. 350 ss.

pour certain, c'est que ces conceptions plus hautes n'ont pas fait tort immédiatement aux vieilles divinités. Bien après l'époque où furent composés les hymnes les plus récents, Agni était toujours encore l'hôte et le frère des hommes, Indra le dieu qu'ils invoquaient dans les batailles, Varuna le justicier dont ils redoutaient le lacet, et, quand peu à peu ces figures s'effaceront dans les consciences, ce ne sera pas devant Prajâpati. La coëxistence des choses qui semblent devoir s'exclure, est l'histoire même de l'Inde, et la formule radicale qui se trouve déjà dans les Hymnes : « les dieux ne sont que l'Être unique sous des noms différents[1] », est une de celles qu'elle a le plus répétées, sans parvenir jamais à bien la croire.

Il ne nous reste plus, avant de quitter les Hymnes, qu'à examiner ce qu'ils nous apprennent sur les devoirs qui incombent à l'homme, comment ils comprennent la moralité et la piété, quelle sorte de culte ils supposent et quelles idées ils rattachent aux pratiques de ce culte. Les rapports de l'homme avec les dieux sont conçus dans les Hymnes comme très étroits. En tout temps et en tout lieu il sent qu'il est en leurs mains et qu'il marche sous leur regard. Ce sont des maîtres exigeants et rapprochés auxquels il doit de constants hommages. Il faut qu'il soit humble, car il est faible et ils sont forts ; il faut qu'il soit sincère envers eux, car on ne les trompe pas. Mais il sait qu'eux aussi, ils ne trompent pas, et qu'ils ont droit d'exiger son amour et sa confiance comme un ami, comme un frère, comme un père. Sans la confiance (çraddhá), l'offrande et la prière sont vaines[2]. Ce sont là autant de devoirs stricts envers les dieux que les Hymnes affirment en une infinité de passages. Ils sont moins explicites par contre sur les devoirs de l'homme envers ses semblables. En un endroit ils célèbrent la bienfaisance envers tous ceux qui souffrent et qui ont faim[3] ; ailleurs les sortilèges et les maléfices sont dénoncés comme coupables[4]. Mais en général ce n'est qu'indirectement que nous pouvons apprécier cette partie de leur morale. Il nous la faut mesurer à la conception qu'ils se font des dieux, et alors elle nous apparaît empreinte d'une incontestable élévation. On ne nous dit pas par le menu en quoi consistent au juste ces *dharmans*, ces *vratas* ou décrets, des dieux, qu'ils ont établis pour la maintenance du *satya* et du *rita*, de la vérité et de l'ordre. Mais comment serait-il permis à l'homme d'être mauvais, quand les dieux sont bons, d'être injuste quand ils sont justes, d'être menteur quand, eux, ils ne mentent jamais ? C'est certainement un caractère remarquable des Hymnes qu'ils n'admettent pas de dieux méchants, ni de pratiques basses et malsaines. On y dévoue bien l'ennemi à la colère divine, mais c'est avec la conviction naïve que l'ennemi c'est l'impie. Le petit nombre de morceaux d'une

1. RV. I, 164, 46 ; cf. VIII, 58, 2.
2. I, 104, 6 ; 108, 6 ; II, 26, 3 ; X, 151. Indra et Agni surtout sont souvent appelés père, frère, ami.
3. X, 117.
4. VII, 104. 8 ss.

nature différente qui se sont glissés dans le recueil[1], ne font ressortir
que davantage ce caractère des grandes religions védiques. Ils
témoignent, en effet, qu'à côté d'elles, il y en avait de moins pures
que la tradition hautaine de quelques familles sacerdotales a su
longtemps reléguer dans l'ombre. Bannies par les Kanvas, les Bha-
radvàjas, les Vasishthas, les Kuçikas et d'autres de leur culte familial
et de celui qu'ils célébraient pour les rois et les chefs de clan, elles
ont vécu à l'état de superstitions et ont été finalement recueillies
dans l'Atharva-Vêda. On a voulu voir, il est vrai, dans ces croyances
autant de corruptions d'un âge postérieur. Nous ne nions pas que le
recueil de l'Atharva-Vêda ne contienne en effet un grand nombre de
morceaux récents ; mais il en est beaucoup aussi dont la langue ne
diffère pas de celle du Rig-Vêda, et, à notre avis, c'est mal juger de
la nature humaine que de ne pas vouloir admettre que des conceptions dissemblables peuvent être contemporaines. C'est mal juger
surtout de l'état d'esprit d'un peuple à croyances naturalistes, que
d'imaginer une époque où il n'aurait connu ni philtres, ni incanta-
tions, ni sortilèges, ni pratiques obscènes, où il n'aurait pas été hanté
par la crainte des génies malfaisants, et où il n'aurait pas cherché
par des hommages directs, soit à les apaiser, soit à les détourner
contre un ennemi. Or, une religion qui, comme celle du Rig-Vêda, a
ces pratiques à côté d'elle et qui ne les emploie pas, est une religion
morale. Il faut donc reconnaître que les Hymnes témoignent d'une
moralité élevée et compréhensive et que, en s'efforçant d'être « sans
reproche devant Aditi et les Adityas[2] », les chantres védiques s'im·
posent d'autres devoirs encore que de multiplier les offrandes et
d'observer ponctuellement les rites. Mais il faut avouer aussi que
cette observation est pour eux un point capital, et que leur religion est avant tout ritualiste. L'homme pieux par excellence est
celui qui fait couler beaucoup de soma et dont les mains sont
toujours pleines de beurre ; le réprouvé est celui qui se montre
avare envers les dieux : le culte est le premier devoir[3].

Ce culte se réduit à deux sortes d'actes, l'offrande et la prière. Il n'est
encore question ni de récitation dévote de textes sacrés[4], ni de vœux
proprement dits, ni de pratiques ascétiques, bien que le mot *tapas*,
proprement chaleur, soit déjà employé en quelques endroits avec la
signification spéciale de mortification[5] (dans l'Atharva-Vêda, ce sens
est devenu courant), et qu'on connaisse le *Muni*, le visionnaire extatique qui laisse pousser ses cheveux et va tout nu ou à peine enve-
loppé de quelques haillons de couleur rougeâtre (plus tard la couleur
favorite des ascètes et aussi celle des moines bouddhistes). On le tient

1. Par exemple, X, 145 ; 159.
2. I, 24, 15.
3. VIII, 31.
4. Au contraire, on attache un grand prix à la « nouveauté » des hymnes.
Il y avait cependant des formules, des *solemnia verba* : I, 164, 39 ; X, 114, 8 ;
VII, 101. 1 ; IX, 33, 3 ; 50, 2 ; etc.
5. X, 154, 2 ; 169, 2.

pour être en commerce intime avec les dieux et, dans un hymne, le soleil est célébré sous la figure d'un Muni[1]. Mais le vrai service des dieux est le sacrifice accompagné d'invocations. Ces invocations, nous les avons encore en partie : la très grande majorité des Hymnes n'est pas autre chose, et nous avons déjà dit en quoi cette liturgie différait de celle qui fut adoptée plus tard et qui est restée en usage jusqu'à nos jours. Quant au sacrifice lui-même, nous savons peu de choses sur la façon dont il se célébrait. Probablement, le cérémonial se rapprochait déjà beaucoup de celui de l'âge suivant, car un certain nombre des pratiques prescrites dans les écrits rituels, et parfois de très particulières, paraissent être indo-iraniennes. Il y en avait de différentes sortes, depuis la simple offrande jusqu'aux grandes fêtes religieuses. Ces dernières étaient fort compliquées : elles exigeaient des apprêts considérables et un nombreux personnel de prêtres, de chantres et d'officiants. Les offrandes étaient jetées dans le feu, qui les portait au ciel, chez les dieux. Elles consistaient en beurre fondu, en lait caillé, en brouets et en gâteaux de riz, et en soma mêlé avec de l'eau ou du lait. Cette dernière sorte d'offrandes, les dieux, Indra surtout, étaient censés venir eux-mêmes les boire dans la cuve placée sur une litière d'herbe devant le foyer. Pour les libations du moins, l'acte d'oblation se répétait trois fois par jour, aux trois *savanas* du matin, de midi et du soir. On immolait aussi des victimes, notamment le cheval, dont le sacrifice, l'*Açvamedha*, est décrit au long[2]. L'offrande du cheval était précédée de celle d'un bouc immolé à Pûshan[3].Un bouc servant de victime funèbre était aussi consumé sur le bûcher avec le cadavre du mort. C'était la part d'Agni, qui était censé s'en repaître et n'envelopper ensuite le défunt que de flammes saintes et sans douleur[4]. On sacrifiait en outre à Indra et à Agni des taureaux, des buffles, des vaches, des béliers[5]. Pûshan fait rôtir quelque part cent buffles pour Indra ; Agni lui en rôtit trois cents[6].

Mais si nous n'avons qu'une connaissance très imparfaite des actes du sacrifice, nous savons mieux quelles idées on y attachait. Au sens le plus grossier, le sacrifice est un marché : l'homme a besoin de choses que le dieu possède, de pluie, de lumière, de chaleur, de santé ; le dieu a faim et recherche les offrandes de l'homme. De part et d'autre, on donne et on reçoit[7]. Pour n'être formulée nulle part, cette conception

---

1. RV. VIII, 17, 14 : X, 136.
2. I, 162 ; 163, 12-13.
3. I, 162, 2-3.
4. X, 16, 4.
5. V, 27, 5 ; X, 86, 14 ; 91, 14. On tuait des vaches aux noces, X, 85, 13.
6. VI, 17, 11 ; V, 29, 7. I, 116, 16, il est dit que Rijrâçva immola 100 béliers à la Vrikî, à la Louve.
7. Les formules liturgiques sont parfois très nettes à cet égard ; par exemple, Taitt. Samh. VI, 4, 5, 6 : « Veut-il faire du mal (à un ennemi) ? Qu'il dise (à Sûrya) : Frappe un tel ; ensuite je te ferai l'offrande. Et (Sûrya) désirant obtenir l'offrande, le frappe. » Cf. encore cette formule adressée à la cuiller des libations : « Remplie, ô cuiller, vole là-bas ; bien remplie, revole vers nous ! Comme à prix débattu, faisons échange de la force et de

ne ressort pas moins d'une infinité d'aveux et de traits naïvement
matériels[1]. Au sens religieux, le sacrifice est un acte d'amour et de
reconnaissance envers les dieux, par lequel l'homme leur rend grâce
de leurs bienfaits et espère en obtenir d'autres dans l'avenir, soit en
cette vie, soit après la mort. Mais d'aucune façon ce n'est un simple
acte d'offrande. Sacrifier, c'est en outre mettre en mouvement, c'est
engendrer deux divinités de premier ordre, les deux principes de vie
par excellence, Agni et Soma. Dans la conscience du fidèle, le sacrifice est donc un acte très complexe ; mais avant tout c'est un mystère,
une intervention directe dans les phénomènes de la nature et la condition même du cours normal des choses. S'il cessait un instant
d'être offert, les dieux cesseraient de faire pleuvoir, de ramener à
heure fixe l'aurore et le soleil, de faire naître et mûrir les moissons,
parce qu'ils ne le voudraient plus faire et aussi, comme on les en
soupçonne parfois, parce qu'ils ne le pourraient plus[2]. Et comme il en
est aujourd'hui, il en a été hier, et ainsi de suite en remontant jusqu'aux premiers jours. De là les mythes qui font du sacrifice le premier acte cosmogonique. C'est en sacrifiant, on ne dit pas à qui, que
les dieux ont tiré le monde du chaos, de même que c'est en sacrifiant
que l'homme l'empêche d'y retomber, et le démembrement du géant
primitif, du Purusha, dont le crâne a formé le ciel et dont les membres ont formé la terre, est devenu dans l'Inde le premier sacrifice[3].
Il y a plus : les dieux étant inséparables du monde, le sacrifice a dû
les précéder. De là le mythe bizarre de l'Etre suprême s'immolant
lui-même pour produire tout ce qui existe[4]. Placé ainsi à l'origine de
toutes choses et considéré dans la durée comme le point vital de
toutes les fonctions de la nature, le sacrifice est devenu le centre
d'un vaste symbolisme : l'éclair et le soleil sont la flamme sacrée, le
tonnerre est l'hymne, les pluies et les rivières sont les libations, les

la vigueur, ô Indra ! Donne-moi ; je te donne : apporte-moi ; je t'apporte. »
Taitt. Samh. I, 8, 4, 1.

1. Cf. par exemple les nombreux passages où il est parlé de l'appétit
d'Indra, de sa joie à se remplir le ventre : RV. II, 11, 11 ; VIII, 4, 10 ; 77, 4 ;
78, 7 ; X, 86, 13-15. La notion de la vie immatérielle des dieux, notamment
qu'ils ne boivent ni ne mangent (cf. Chândogya-Up. III, 6, 1 ss.), est étrangère aux Hymnes.

2. L'idée que c'est dans l'offrande que les dieux puisent leur force revient
à chaque pas dans les Hymnes : II, 15, 2 ; X, 52, 5 ; 6, 7 ; 121, 7 ; etc. Dans
l'Atharva-Véda, XI, 7, l'*Urchishta*, le reste de l'offrande (rien de l'offrande
ne doit se perdre, et le prêtre seul a le droit de manger ce qui en reste) est
déclaré le premier principe de toutes choses. Cf. Bhagavad-Gîtâ III, 11-16 :
« Faites par le sacrifice prospérer les dieux, et les dieux vous feront prospérer... De la nourriture viennent les êtres, de la pluie vient la nourriture,
du sacrifice vient la pluie... Celui qui ne contribue pas à faire tourner cette
roue est indigne de vivre. » Il est dit de même dans Manu, III, 75-76 : « Par
le sacrifice, le maître de maison soutient ce monde mobile et immobile. Jetée
dans le feu, l'offrande va dans le soleil ; du soleil naît la pluie ; de la pluie,
la nourriture ; de celle-ci naissent les créatures. » Le même passage se
retrouve Maitri-Up. VI, 37.

3. RV. X, 90 ; 130.

4. X, 81.

dieux et les apparitions célestes sont les prêtres et réciproquement.
L'acte cérémoniel lui-même, avec sa belle ordonnance, est identifié
avec le rita, l'ordre du monde, et dans l'autel on voit la « matrice du
rita, » le ciel mystique d'où Varuna et les grands dieux veillent sur
l'univers. Toutes ces notions et bien d'autres encore se mêlent si
bien dans les Hymnes, jouent si bien les unes dans les autres, qu'il
est souvent impossible de dire en quel sens il faut prendre les expressions qui les représentent. Et comme il en est du rite, ainsi en est-il
de l'invocation, de la formule, de la prière. C'est la parole qui précise
l'acte, qui en détermine l'objet et lui assigne en quelque sorte sa
direction. Elle est ou en elle est l'énergie cachée qui le rend efficace.
Cette énergie est le *brahman*, proprement la croissance, l'invigoration,
mot fameux entre tous et dont l'histoire est en quelque sorte celle
même de la théologie hindoue. Dans les Hymnes, brahman est très
souvent le nom même de la prière et, en ce sens, il peut prendre le
pluriel, mais sans jamais perdre sa signification de force, d'énergie
subtile et en quelque sorte magique. Ame du sacrifice, la notion
qu'on s'en forme a naturellement grandi avec celle du sacrifice même.
Il est l'œuvre des dieux, c'est par lui qu'ils agissent, c'est par lui
aussi qu'ils sont nés et que s'est formé le monde[1]. Ce qui étonne dans
ces théories, ce sont moins les notions elles-mêmes que la prodigieuse
élaboration qu'elles ont subie, et cela dès les temps les plus reculés.
Car ici, on ne saurait en douter, nous sommes en présence d'idées
contemporaines des plus vieux chants, tant elles pénètrent toutes les
parties du recueil. A elles seules, au besoin, elles témoigneraient
combien cette poésie est profondément sacerdotale, et elles auraient
dû faire réfléchir ceux qui ont voulu n'y voir que l'œuvre de pas-
teurs primitifs célébrant leurs dieux tout en menant paître leurs
troupeaux.

1. RV. X, 130; AthV. XI, 5, 5. Cf. RV. VI, 51, 8, et les mythes de Vâc
et de Brahmanaspati.

II

BRAHMANISME

I. — RITUEL

L'aire géographique des Hymnes s'étend de la vallée du Caboul au cours du Gange et peut-être au delà ; mais leur véritable pays, celui sur lequel ils fournissent le plus de données, est encore le Penjâb [1]. Dans la période suivante, à laquelle nous sommes arrivés, nous voyons les religions védiques continuer leur marche vers l'est et prendre possession des vastes et riches plaines de l'Hindoustan. Dès l'époque des Brâhmanas, leur centre n'est plus dans le bassin de l'Indus, dont les populations ont au contraire mauvaise réputation, mais sur la Sarasvatî, dans le Doâb entre la Jumnâ et le Gange, et même plus à l'est sur la Gomatî et le Gogra. A l'est et au sud elles sont arrivées en contact avec les populations qui habitent les bords de la mer orientale et l'autre versant des monts Vindhyas [2]. Ce déplacement exerça une influence considérable sur leur organisation. Le sacerdoce se constitua d'une façon plus rigoureuse. Un fait d'ailleurs ne tarda pas à se produire qui devint décisif pour leur destinée : le langage des vieux chants cessa peu à peu d'être compris. Dès l'époque des Brâhmanas il était devenu inintelligible à la foule et obscur même pour les prêtres. Il y eut donc

---

1. Les limites sont : à l'ouest, la Kubhâ (V, 53, 9 ; X, 75, 6), le Κωφήν des Grecs, la rivière de Caboul et ses affluents, et les Gandhâris (I, 126, 7), un peuple de la vallée ; la Rasâ, qui correspond au nom zend de l'Iaxarte, paraît être mythique dans le Rig-Vêda ; à l'est, la Sarayu (IV, 30, 18 ; V, 53, 9), le Gogra moderne, et le peuple des Kîkatas (III, 53, 14) dans le Bihâr. Les auteurs des Hymnes avaient connaissance de la mer.

2. AthV. V, 22, 14 ; Aitar. Br. VII, 18, 2 ; VIII, 22, 1.

une langue sacrée et, au sens étroit, des textes sacrés auxquels il devint de plus en plus difficile et finalement impossible d'ajouter quelque chose. Dès ce moment ces religions se trouvèrent jusqu'à un certain point fixées. Elles seront sans doute encore susceptibles de se modifier en bien des points, de se compliquer surtout; mais en somme elles seront réduites à vivre sur le vieux fonds; elles ne pourront plus se plier à de grosses nouveautés et les changements inévitables qu'amènera le temps, se feront de plus en plus en dehors d'elles et par conséquent contre elles.

Et, en effet, malgré une infinité de modifications de détails, la théologie de l'Atharva-Véda, du Yajur-Véda et des Brâhmanas n'est pas au fond bien différente de celle des Hymnes. Le panthéon s'est accru il est vrai d'un certain nombre de figures secondaires : *Soma-Candramas* (Lunus), les *Naxatras* ou Constellations, les *Chandas* ou Mètres védiques paraissent pour la première fois ou passent à un rôle plus actif. En même temps la porte a été largement ouverte à une foule de personnifications allégoriques, de génies, de démons, de lutins de toute forme et de toute provenance, qui, pour être inconnus aux Hymnes, ne sont pas tous nécessairement de création nouvelle. D'autre part quelques vieilles représentations mythiques qui font encore grande figure dans le Rig-Véda, sont en train de s'effacer. Mais le cercle des grandes divinités est resté sensiblement le même, bien que plusieurs d'entre elles soient en voie de se transformer. Ainsi Soma s'est définitivement confondu avec la lune. Yama est toujours encore le roi des Pitris, mais il n'est plus aussi étroitement uni à la vie bienheureuse : l'homme pieux espère aller au *svarga* qui est plutôt le ciel d'Indra et des dieux en général[1]. Quant au méchant, il ira dans l'enfer où l'attendent des supplices longuement décrits, ou bien il renaîtra dans quelque condition misérable, la métempsychose apparaissant ainsi sous la forme d'une expiation[2]. Asura, le vieux nom des puissances divines, n'est plus employé qu'en mauvaise part. Les Asuras sont maintenant les démons, et leur lutte avec les dieux en général, qui est un des lieux communs des Brâhmanas, ne rappelle plus que de loin les batailles célestes chantées dans les Hymnes. Aditi est identifiée le plus souvent avec la Terre. Aditya est un nom du soleil et les Adityas, dont le nombre commence à être fixé à douze, sont définitivement des personnifications solaires. Varuna passe à l'état de dieu nocturne, hostile et cruel, et son empire se confond déjà avec celui des eaux[3]. En général les dieux tendent à

---

1. Le fruit ordinaire promis au sacrifice dans les Brâhmanas est l'obtention du *svarga*, ou la *salokatá*, la communauté de séjour avec tel ou tel dieu.

2. Cf. A. Weber, *Eine Legende des Çatapatha-Brâhmana über die strafende Vergeltung nach dem Tode*, ap. Zeitsch. der Deutsch. Morgenl. Gesellsch., t. IX, p. 237. La même légende, d'après le Jaiminîya-Brâhmana, a été publiée par M. Burnell, *A legend from the Talavakára brâhmana of the Sáma-Véda*, Mangalore, 1878.

3. AthV. XIII, 3, 13; VII 83, 1; Taitt. Samh. II, 1, 7, 3; II, 1, 9, 3; III, 4, 5, 1; VI, 6, 3, 1-4; Taitt. Br. I, 6, 5, 6; Çânkhây. Br. ap. Ind. Stud. IX, 358.

devenir tels qu'ils resteront dans la poésie épique. Mais ces spéciali-
sations qui, dans un âge plus ergoteur que poétique, étaient la conséquence forcée du vague des conceptions antérieures et qui d'ailleurs
ont toutes des points d'attache dans les Hymnes, sont loin d'être
maintenues d'une façon constante, et la tendance contraire, un syncrétisme effréné, est tout aussi fréquente dans ces écrits. La nouveauté de cet ordre la plus grave et sur laquelle nous aurons à revenir
plus tard, ce sont quelques légendes et quelques morceaux consignés
surtout dans le Yajur-Vêda et qui supposent un état déjà avancé de
la religion çivaïte.

Mais, si la théologie des religions védiques n'a pas beaucoup varié,
il est survenu par contre de grands changements dans l'organisation et dans l'esprit même de ces religions. Nous avons déjà
insisté sur le caractère sacerdotal des Hymnes : il est visible que les
fonctions de prêtre constituaient dès lors une profession et qu'elles
étaient héréditaires, sans qu'il soit possible de dire jusqu'à quel
point cette hérédité était rigoureuse[1]. Dans la période dont il s'agit
maintenant, le doute n'est plus permis. Le brâhmane, l'homme de la
prière et de la science théologique, est membre d'une caste[2]. Par une
vertu secrète qui n'est transmissible que par le sang, il a seul qualité
pour célébrer des rites efficaces, et il n'y a plus qu'un fort petit
nombre d'actes du culte qu'il n'ait pas attirés à lui. Celui pour qui il
officie, devient un assistant de plus en plus passif, peu capable en
général de comprendre ce qui se dit et se fait en sa présence et à son
bénéfice. Mais le rôle personnel du brâhmane lui-même est réduit à
un minimum. Il ne fait plus la prière, il la récite. Pour animer par la
parole des rites fixés d'avance, il n'a plus que des formules toutes
faites. L'inspiration, l'élan individuel n'ont plus de place dans ce culte
et les sources vives de la piété y semblent taries. Savoir est devenu
l'unique et grande affaire : savoir le *brahman*, c'est-à-dire les textes
sacrés, leur emploi et les explications secrètes qu'on s'en transmet;
savoir les rites avec leur signification cachée et mystique[3]. L'objet de
ce savoir, les rites aussi bien que les textes, sont conçus comme préexis-
tants et représentés tantôt comme éternels, tantôt comme la première
production de Prajâpati. De ceux qui, hommes ou dieux, les emploient
pour la première fois, il est dit qu'ils les « voient ». La révélation est
ainsi conçue non pas comme ayant eu lieu en une fois, mais comme
une série de faits successifs. Il n'y avait donc pas à *priori* d'obstacles
à l'introduction de rites nouveaux et, en effet, le cérémonial ainsi que
les spéculations dont il était l'objet, ne cessa pas de croître et de se

1. Cf. J. Muir, *On the relations of the priests to the other classes of Indian
Society in the Vedic age*, ap. Journal of the Roy. Asiatic Society, new series,
t. II.

2. Cf. A. Weber, *Collectanea über die Kastenverhältnisse in den Brâhmana
und den Sûtra*, ap. Ind. Studien, t. X.

3. Toute indication dans les Brâhmanas est invariablement suivie de la
phrase : « Tel ou tel avantage écherra à *celui qui sait ainsi*. » Ces secrets
consistent souvent en étymologies bizarres; car « les dieux aiment ce qui
est impénétrable. » Aitar. Br. III, 33, 6. Gopatha-Br. I, 1 ; etc.

compliquer jusqu'au jour où, les esprits se portant décidément d'un
autre côté, il toucha au terme passé lequel il ne pouvait plus que s'appauvrir. Jusqu'à un certain point il en fut de même de la liturgie.
Mais ici les changements profonds survenus dans la langue oppo-
sèrent de meilleure heure une barrière aux innovations. Parmi les
causes qui ont contribué à enrayer ces religions et à les réduire à cette
forme que nous désignons par le nom de brâhmanisme, une des plus
puissantes a été ainsi une cause linguistique[1].

L'acquisition de cette science compliquée exigeait· un enseignement approprié. Et, en effet, l'éducation brâhmanique, le
brahmacarya, est dès lors organisée[2]. L'instruction n'est plus seulement affaire de tradition domestique. Les étudiants vont au loin
s'attacher à des docteurs en renom[3], et ces habitudes itinérantes
ne durent pas peu contribuer à donner aux brâhmanes le sentiment qu'ils formaient une unité au milieu des petites peuplades
en lesquelles l'Inde âryenne était alors divisée. Cet apprentissage,
qui était en même temps un noviciat moral, était fort long, car
la science, disait-on, est infinie[4]. Indra lui-même s'y était soumis
pendant une centaine d'années auprès de Prajâpati[5]. Comme il
n'était pas donné à tous de tout embrasser, les diverses catégories de
prêtres eurent leur enseignement particulier. Dans ces écoles ou *pari-
shads* se constituèrent les recueils védiques, le Sâma-Vêda destiné aux
chantres, le Yajur-Vêda plus spécialement approprié aux *adhvaryus* ou
sacrificateurs, le Rig-Vêda et l'Atharva-Vêda d'une affectation moins
spéciale, mais indispensables surtout aux invocateurs et au surveillant
des rites, les *hotris* et le *brahman*. De là enfin et surtout sortirent les
Brâhmanas qui plus tard devaient à leur tour être tenus pour révélés.

Ces derniers écrits nous ont conservé une image fidèle de l'esprit
qui régnait dans ces écoles, esprit, il faut l'avouer, singulièrement
formaliste et terre à terre. On y discutait beaucoup et les polémiques y
étaient parfois fort vives ; mais toute cette activité se dépensait en
subtilités et en minuties. De théologie proprement dite il est fort peu
question dans les Brâhmanas ; nul effort n'y est fait pour constituer
rien qui ressemble à une orthodoxie dogmatique. Tous ces hommes
constamment occupés du service des dieux, ne semblent pas se douter
qu'il puisse y avoir sur les dieux des opinions autorisées ou condam-
nables. Parfois même ils ont à peine l'air de croire à leur existence.
tant les identifications qu'ils se permettent à leur sujet paraissent
mesquines et fantaisistes, par exemple celle de Vishnu avec le sacri-

1. Les théories hindoues sur l'origine, sur l'inspiration et sur l'autorité
du Vêda sont recueillies et discutées dans le t. III des *Original Sanskrit
Texts* de M. J. Muir, 2ᵉ éd., 1868.
2. Cf. AthV. XI, 5, où le soleil organisant le monde sous la direction
du Dieu suprême, est décrit comme un brahmacârin aux ordres de
l'âcârya.
3. Brihadâranyaka-Up. III, 7.
4. Cf. la légende de Bharadvâja, Taitt. Br. III, 10, 11, 3-5.
5. Chândogya-Up. VIII, 11, 3

fice, ou celle de Prajâpati, le dieu suprême, avec l'année[1]. A côté de
ce symbolisme outré, il y a aussi une forte tendance évhémériste. En
général on chercherait en vain dans la partie rituelle de ces écrits
l'élévation et la délicatesse du sentiment religieux que nous avons
constatées dans les Hymnes. Une sorte de cynisme professionnel s'y
étale lourdement. Parfois les dieux sont représentés comme des êtres
indifférents à toute notion morale, et on raconte sans broncher sur
leur compte les histoires les plus scabreuses, telles que l'inceste
multiple de Prajâpati avec sa fille, les fraudes employées par Indra
contre ses ennemis, etc[2]. Les rites sont aussi mis au service de desseins
coupables, et on va même jusqu'à enseigner froidement comment,
à l'aide de tel petit changement, le prêtre peut opérer la destruction de celui qui l'emploie et qui le paie[3]. En d'autres endroits, il
est vrai, on le lui défend et même sous peine de mort[4]. Ce serait
exagérer toutefois, que de conclure immédiatement de là à un
abaissement général et progressif des esprits et des consciences.
En réalité les esprits n'étaient pas tombés si bas qu'il semblerait de
prime abord, comme nous pourrons nous en convaincre quand nous
examinerons les doctrines spéculatives qui s'agitaient dans quelques-
unes du moins de ces écoles, et, d'autre part, la collection assez
riche de préceptes que renferme cette littérature malgré sa séche-
resse habituelle, ainsi que les notions plus complètes d'une justice
rétributive après la mort qui s'y affirment, montrent que le code
moral, loin de s'appauvrir, était devenu au contraire plus précis et
plus compréhensif. En jugeant les Brâhmanas, il faut tenir compte
de la faiblesse de style qui est propre à ces écrits, de la maladresse
de cette prose naissante à exprimer les nuances de la pensée ; il
faut surtout ne pas perdre de vue leur caractère ésotérique et strictement professionnel.

L'objet principal, on peut dire l'objet unique de ces livres,
est en effet le culte. Les rites sont ici les véritables dieux, ou
du moins leur ensemble constitue une sorte de puissance indépendante et supérieure, devant laquelle les personnalités divines
s'effacent et qui tient à peu près la place réservée dans d'autres
systèmes à la destinée. L'ancienne croyance déjà relevée dans les

1. Taitt. Samh. I, 7, 4, 4 ; Taitt. Br. I, 6, 2, 2, etc. ; Ait. Br. I, 1, 14. Cf.
encore l'aveu que la notion de Prajâpati est obscure, confuse : Taitt. Br. I,
3, 4, 4 ; I, 3, 8, 5 ; I, 8, 5, 6 ; et des déclarations telles que : « Agni est tous
les dieux... les Eaux sont tous les dieux. » Taitt. Samh. II, 6, 8, 3 ; Taitt.
Br. III, 2, 4, 3.

2. Brihadâr. Up. I, 3, 1-4 ; la même histoire, mais avec l'expression d'un
blâme, Çatap. Br. I, 7, 4, 1-4 ; Ait. Br. III, 33, 1-3. Dans le Rig-Vêda, le
mythe est anonyme : X, 61, 4-7 ; 31, 6-10.

3. Taitt. Samh. I, 6, 10, 4 ; Aitar. Br. I, 25, 13 ; II, 32, 4 ; III, 3, 2-9 ;
III, 7, 8-10 ; etc. Pour prévenir tout méfait semblable, il y a une cérémonie
particulière, le Tânûnaptra, par laquelle tous les participants d'un sacrifice
se constituent solidaires les uns des autres : Taitt. Samh. I, 2, 10, 2, et VI,
2, 2, 1-4 ; Aitar. Br. I, 24, 4-8.

4. Aitar. Br. II, 21, 2 ; II, 28, 3 ; III, 7, 7.

Hymnes, que le sacrifice est la condition du cours régulier des
choses, se retrouve ici à l'état de lieu commun et parfois avec
d'incroyables détails. Si les dieux sont immortels, s'ils sont allés au
ciel, s'ils l'ont conquis sur leurs aînés les Asuras, c'est qu'au moment
décisif ils « ont vu » tel mantra ou telle combinaison rituelle[1]. De
menues dispositions du cérémonial sont cause que le soleil se lève à
l'Orient et se couche du côté opposé, que les rivières coulent dans
un sens plutôt que dans un autre, que le vent dominant souffle du
nord-ouest, que les moissons mûrissent plus vite au sud[2]. Il y a des
raisons toutes semblables pour expliquer pourquoi les arbres coupés
repoussent de leur souche, pourquoi les animaux naissent avec des
os, pourquoi le crâne a huit ou neuf sutures, pourquoi on expose les
filles tandis qu'on élève les garçons, pourquoi les femmes préfèrent
les hommes d'un caractère gai[3], etc., sans qu'il soit toujours facile de
faire dans ces étranges réflexions la part de la plaisanterie. L'efficacité du rite, il va sans dire, soit pour le bien, soit pour le mal, est
essentiellement magique ; elle réside dans le rite même. Aussi est-il
beaucoup plus question de l'exacte observance des pratiques et de
la suffisance du prêtre que de la moralité du fidèle. La moindre
erreur dans une formule peut devenir mortelle, et dans un petit
nombre de cas seulement l'acte est déclaré valable malgré l'incapa-
cité de l'officiant[4], tandis qu'au fidèle on ne demande que deux
choses, croire à l'efficacité du rite, et être en état de pureté légale.
Ce n'est qu'assez tard, dans les Sûtras, qu'apparaît la doctrine nettement formulée que, pour obtenir le fruit du sacrifice, notamment le
fruit par excellence, qui est d'aller au ciel, il faut en outre pratiquer
les vertus morales[5].

Il ne saurait être question ici de décrire, même d'une façon
toute sommaire, ce culte qui, tel qu'il est transmis dans les
Brâhmanas et dans les manuels plus récents intitulés *Sûtras*[6],

1. Taitt. Samh. VI, 3, 10, 2; VI, 2, 5, 3-4; VII, 4, 2, 1; Aitar. Br.
II, 1, 1 ; etc.

2. Aitar. Br. I, 7, 6-12.

3. Taitt. Samh. II, 5, 1, 4; VI, 3, 3, 3; cf. AthV. VIII, 10, 18; Taitt.
Samh. VI, 1, 7, 1; Taitt Br. III, 2, 7, 3-4; Taitt. Samh. VI, 2, 1, 4; VI, 5,
10, 3; VI, 1, 6, 6.

4. Aitar. Br. II, 2, 18; III, 11, 4-16; I, 16, 40; II, 17, 6.

5. Cf. par exemple la classification des péchés et des vertus, Apastamba
Dharma-S. I, 20, 1-I, 23, 6.

6. Ces Sûtras sont de deux sortes : 1° *Çrauta-Sûtras* « S. qui traitent du
rituel établi par la Çruti, par le Véda; » ils ne s'occupent que des cérémonies décrites dans les Brâhmanas, auxquels ils se rattachent étroitement. —
2° *Smârta-Sûtras* « S. qui traitent des observances établies par la Smriti,
par la tradition; » ils se divisent eux-mêmes en *Grihya-Sûtras*, « S. réglant
le rituel domestique, » et en *Dharma-Sûtras*, « S. relatifs au droit et à la
coutume. » De cette littérature il y a de publié :
1° *Çrauta-Sûtras* : ceux d'*Açvaláyana* (Rig-Véda), texte et commentaire
dans la Bibliotheca Indica ; — de *Lâtyáyana* (Sâma-Véda), texte et commentaire, ibid. ; — de *Kâtyáyana* (Yajus Blanc), dans l'édition du Yajus Blanc de
M. Weber; — le *Vaitâna-Sûtra* (Atharva-Véda), texte et traduction allemande par M. R. Garbe, 1878. — M. Max Müller a traduit et commenté la

constitue probablement l'ensemble rituel le plus vaste et le plus
compliqué que les hommes aient jamais élaboré. Il faut cependant
essayer de s'y orienter une fois pour toutes. Le culte brâhmanique
comprend, outre les grands sacrifices, les seuls dont il soit question
dans les Brâhmanas, un certain nombre de rites que ces écrits ne
mentionnent qu'accidentellement, mais qui nous ont été conservés
dans des Sûtras particuliers sous le nom de rites domestiques. Il ne
faudrait pas, toutefois, voir dans ces derniers rites un culte domestique en tant qu'opposé à un culte public. Le brâhmanisme ne
connaît pas de culte public : chacun de ses actes, en règle générale,
est individuel et se fait au profit d'un *yajamâna* (dans certains cas
exceptionnels il y en a plusieurs), c'est-à-dire d'un personnage qui
en supporte les frais. Au yajamâna n'est strictement associé que sa
femme, ou la première de ses femmes s'il en a plusieurs (la femme
n'a pas de culte propre), et ce n'est qu'indirectement, au moyen de
certaines modifications accessoires, que le bénéfice du rite est
étendu au reste de sa famille, aux gens de sa maison ou à sa clien-
tèle[1]. En réalité il ne s'agit pas là de deux cultes, mais de deux rituels
différents. Un certain nombre d'actes, tels que l'établissement et
l'entretien du feu sacré, l'offrande journalière à faire dans ce feu,
d'autres encore sont communs à l'un et à l'autre rituel ; mais sous leur
forme domestique ils sont plus simples, ils peuvent se faire avec
moins d'apprêts et avec un concours moins nombreux de prêtres,
notamment ils peuvent s'accomplir au moyen d'un seul foyer, tandis
que les actes célébrés selon le rituel développé en exigent au moins
trois. On peut considérer les rites domestiques comme le minimum
de pratiques incombant à un chef de famille respectable et pieux,
particulièrement à un brâhmane. Ce sont aussi les seuls en somme

section finale des Çrauta-Sûtras d'*Apastamba* (Yajus Noir) dans la Zeitsch. d.
Deutsch. Morgenl. Gesellsch., t. IX, p. 43. — Les deux dernières sections
du *Kauçika-S.* (Atharva-Vêda ; pourrait être aussi bien rangé dans la classe
suivante) ont été publiées, traduites et commentées par M. A. Weber dans
les Mémoires de l'Académie de Berlin, 1858, p. 344. — Enfin M. G. Thibaut
a publié et traduit dans le Pandit (nº 108-120 et nouv. séries t. I) la partie
des Çrauta-S. de *Baudhâyana* (Yajus Noir) relative à la structure de l'autel,
le *Çulva-Sûtra*, et il a repris le même sujet, en rapprochant les textes de
Baudhâyana, d'Apastamba et de Kâtyâyana, dans le Journal of the Asiatic
Society of Bengal, t. XLIV, p. 227.
　2º Grihya-Sûtras : ceux d'*Açvalâyana*, texte et commentaire dans la
Bibliotheca Indica. Le même, texte et traduction allemande par F. Stenzler,
1864 ; — de *Gobhila* (Sâma-Vêda), texte et commentaire dans la Bibliotheca
Indica ; — de *Pâraskara* (Yajus Blanc), texte et traduction allemande par F.
Stenzler, 1876-1878 ; — de *Çânkhâyana* (Rig-Vêda), texte et traduction allemande, par H. Oldenberg, dans les Indische Studien, t. XV.
　3º Dharma-Sûtras : ceux d'*Apastamba*, texte et extraits du commentaire,
par G. Bühler, Bombay, 1868-1871 ; — de *Gautama*, texte seul par F.
Stenzler, 1876, Gautama fait aussi partie d'un recueil indigène de vingt-six
codes de lois, intitulé Dharmaçâstrasangraha, et réimprimé à Calcutta en
1876. — Le même recueil contient une édition peu critique de la Vishnu-
Smriti, qui est le Dharma-S. de l'école *Kâthaka* du Yajus Noir.
　1. Cf. par exemple Aitar. Br. I, 30, 27-28.

que les brâhmanes qui se piquent de fidélité à leurs vieux usages,
observent en partie encore de nos jours. Ils comprennent : 1° les pratiques sacramentelles que le père accomplit ou, s'il n'est pas un
brâhmane, fait accomplir pour ses enfants, depuis le jour de la conception jusqu'à celui où l'enfant, si c'est un garçon, passe sous l'autorité d'un maître ; 2° l'initiation, par laquelle l'adolescent reçoit de
son maître ou *guru*, avec le cordon sacré, la communication des
principaux mantras, notamment du fameux verset de la *Sâvitrî*[1].
A partir de ce moment, qui est considéré comme sa naissance spirituelle, il est *dvija*, c'est-à-dire deux fois né, et responsable de ses
actes[2]. L'initiation est obligatoire pour tous les hommes libres[3]. En
principe elle doit être être suivie d'un noviciat plus ou moins long,
consacré à l'acquisition du Vêda[4] ; mais il est évident que les
brâhmanes seuls avaient intérêt à faire de véritables études théologiques ; 3° les obligations incombant au maître de maison : l'établissement du foyer domestique, les rites du mariage, les offrandes
journalières aux dieux et aux ancêtres, les formalités à observer
envers les hôtes et les brâhmanes, la récitation quotidienne des textes
sacrés ou du moins de certaines prières, des cérémonies de diverse
sorte qui revenaient à jour fixe, les rites des funérailles et les
offrandes funèbres considérées comme une dette qui passe d'une
génération à l'autre et du payement de laquelle dépend le bonheur
des morts dans l'autre vie, enfin un grand nombre d'actes votifs ou
expiatoires et de cérémonies occasionnelles. Ces pratiques embrassent
la vie entière du fidèle, à moins qu'aux approches du déclin, observateur d'une coutume plus rigide, il n'abandonne sa maison et ses
affaires à ses fils et que, renonçant désormais aux œuvres, il ne se
retire dans la solitude pour s'y préparer à la mort. Les Sûtras qui
nous ont conservé les détails de ce culte, ne sont pas de simples
traités rituels. Leur objet est le *dharma*, le devoir dans un sens plus
large, et leurs préceptes comprennent la coutume, le droit et la
morale. On y trouve notamment une théorie et une classification
déjà très complète des péchés. C'est dans cette législation, qui constitue la vieille *Smriti*, l'usage traditionnel, et d'où sortirent plus tard
les *Dharmaçâstras* ou codes des lois, tels que celui de Manu, que le
brâhmanisme apparaît le plus à son avantage et, si on veut le juger
avec équité, il importe de ne pas oublier tout ce qu'il a déposé là de
morale saine, solide et pratique[5]. Le symbolisme très ancien et toujours ingénieux et significatif qui entoure la plupart de ces usages,

1. Ce mantra, qui doit être répété plusieurs fois par jour, est d'ordinaire
(car il y en a plusieurs) le verset à Savitri RV. III, 62, 10.
2. Gautama, II, 1-6.
3. Açvalây. Gr. S. I, 19, 8-9 ; Pâraskara Gr. S. II, 5, 39-43 ; Apastamba
Dh. S. I, 1, 23 - I, 2, 10 ; Manu, II, 38-40 ; 168.
4. Açvalây. Gr. S. I, 22, 3 ; Pârask. Gr. S. II, 5, 13-15 ; Apast. Dh. S. I, 2,
12-16 ; Manu III, 1.
5. Le code de Manu, qui est une sorte de résumé de la Smriti, contient
toute une encyclopédie morale.

est parfois d'une grande beauté. De l'ensemble se dégage l'image d'une vie à la fois grave et aimable, un peu hérissée d'observances et de pratiques, mais utilement active, nullement morose et ennemie de la joie[1].

Tout aussi obligatoires en théorie, mais d'une observation sans doute plus restreinte dans la pratique, sont les actes du rituel développé qui exigent au moins trois feux sacrés[2]. L'établissement de ces feux, qui coïncide avec la fin du noviciat, constitue à lui seul une cérémonie de premier ordre, minutieusement décrite dans les Brâhmanas et dont certains détails se répètent ensuite comme parties intégrantes à toutes les cérémonies ultérieures. Celles-ci sont ou des *ishtis* caractérisées par des offrandes de gâteaux, de brouets, de graines, de beurre, de lait, de miel, etc., ou des *somayâgas* dans lesquels, à la plupart des offrandes précédentes, vient s'ajouter celle du soma. Des ishtis, l'une est journalière, l'*agnihotra*, qui se célèbre matin et soir. Les autres reviennent à des époques fixes, telles que les jours de nouvelle et de pleine lune, le commencement de chacune des trois saisons, la rentrée des deux moissons du printemps et de l'automne. Quant aux sacrifices du soma, il est de règle d'en célébrer un au moins dans le cours de chaque année. Le *vâjapêya*, ou breuvage de force, le *râjasûya*, ou sacre royal, l'*açvamêdha* ou sacrifice du cheval, qui sont les sacrifices princiers par excellence, sont des somayâgas. L'offrande du soma, qui revient à chaque pas dans les Hymnes, est ainsi devenu le fait exceptionnel. C'est que de toutes les offrandes, c'est la plus coûteuse. Parfois le rite du soma proprement dit, sans les cérémonies préliminaires et finales, ne dure qu'un jour, mais d'ordinaire il en faut plusieurs. Quand il en prend plus de douze, c'est un *sattra* ou session. Il y a des sattras de plusieurs mois, d'une année entière, de plusieurs années ; en théorie, il y en a qui durent un millier d'années. Mais, courtes ou longues, ces cérémonies exigent des préparatifs laborieux et entraînent des frais considérables. A chaque fois il faut apprêter à nouveau l'emplacement où elles se célèbrent, avec sa double enceinte, ses divers hangars et son autel de briques d'une structure extrêmement compliquée[3]. Il faut tenir table ouverte pour les brâhmanes, faire des aumônes, organiser parfois des jeux, notamment des courses de chars[4], et distribuer à titre de *dakshinâ* ou de salaire, des dons en bétail, en or, en vête-

---

1. De ce rituel les cérémonies des funérailles, celles du mariage et celles des offrandes aux Mânes ont été l'objet de trois monographies très complètes : Max Müller, *Die Tödtenbestattung bei den Brahmanen*, ap. Zeitschr. d. D. Morgenl. Gesellsch., t. IX ; — E. Haas, *Die Heirathsgebraüche der alten Inder nach den Grihyasûtra*, avec additions par M. A. Weber, ap. Ind. Studien, t. V ; — O. Donner, *Pindapitriyajna, das Manenopfer mit Klössen bei den Indern*, 1870.

2. M. A. Weber a entrepris une exposition générale du rituel çrauta en prenant pour base le Kâtyâyana-S., dans les Indische Studien, t. X et XIII.

3. Cf. G. Thibaut, *On the Çulvasútras* ap. J. of the As. Soc. of Bengal, t. XLIV.

4. Cf. Taitt. Br. I, 3, 6.

ments, en nourriture, entre un personnel nombreux de prêtres et d'assistants. Les autres rites d'ailleurs exigent également la présentation d'une dakshinâ, mais d'ordinaire elle est plus faible. En général, le culte officiel du brâhmanisme est un culte aristocratique : il ne convient qu'aux chefs, aux hommes riches et puissants. Le rituel domestique lui-même, pour être observé dans toutes ses prescriptions, suppose pour le moins l'aisance.

Tous ces sacrifices sont, ou bien obligatoires soit à époque fixe, soit à certaines occasions, ou bien volontaires, c'est-à-dire institués au gré du fidèle pour l'obtention de certains vœux déterminés. Chacun d'eux constitue un cycle d'actes d'une complication extrême, et, à faire le compte de toutes les variétés signalées dans les textes, on en trouverait certainement plus d'un millier. Tous ils sont accompagnés de repas servis à des brâhmanes [1]. Dans l'origine, ils étaient eux-mêmes des repas, et ils le sont encore d'une façon symbolique : chacun des ayants-part, prêtres et yajamâna, consomme en effet une petite portion détachée des diverses offrandes. Pour le soma, dont l'usage a fini par être réservé aux seuls brâhmanes, on substitue à cet effet un autre liquide dans le cas où le yajamâna n'appartient pas à la caste sacerdotale. Ce rite, qui constitue une véritable communion des prêtres, du fidèle et des dieux, est de tous les usages védiques celui qui a le mieux survécu, et nous le retrouverons dans la plupart des religions sectaires. Enfin, un grand nombre de ces sacrifices exigent des victimes animales. Dans le rituel domestique, l'immolation se réduit déjà, la plupart du temps, à un acte purement symbolique; mais dans le rituel développé, elle est restée plus longtemps effective. Plusieurs ishtis sont très sanglantes. Quant aux somayâgas, c'est la règle qu'il n'y en a pas sans *paçu*, c'est-à-dire sans victime, et pour quelques-uns le nombre des victimes est tel que, s'il fallait prendre les textes à la lettre, l'hécatombe classique n'aurait été qu'une bagatelle en comparaison de ces boucheries. Il y a lieu de croire toutefois que, dans ces cas, le sacrifice n'était pas effectué [2]. Pour quelques-uns, du moins, on a le témoignage direct des textes que les animaux, après avoir été présentés à l'autel, étaient finalement remis en liberté. En général, plus les textes sont jeunes, plus le nombre des victimes symboliques augmente et celui des victimes réelles diminue. Mais, même avec ces restrictions, le culte brâhmanique est resté longtemps un culte cruel.

Parmi ces victimes appartenant à toutes les espèces domestiques

1. Apastamba Dh. S. II, 15, 12.
2. Déjà dans les Brâhmanas on aperçoit la tendance de rendre le sacrifice moins sanglant : cf. la légende relatée Aitar. Br. II, 8 et Çatap. Br. I, 2, 3, 6 (Müller, *Ancient Sanskrit Literature*, p. 420, et A. Weber, Zeitsch. d. D. Morgenl. Gesellsch. t. XVIII, p. 262.), d'après laquelle le *medha*, la propriété d'hostie passe successivement de l'homme dans le cheval, du cheval dans la vache, de la vache dans la brebis, de la brebis dans la chèvre, de la chèvre dans la terre et finalement dans l'orge et dans le riz qui contiennent ainsi l'essence de toutes les victimes et constituent la meilleure des offrandes.

et sauvages imaginables, il en est une qui revient avec une
fréquence sinistre : l'homme[1]. Non seulement des traces du sacrifice humain se sont conservées dans la légende ainsi que dans le symbolisme du rituel, mais ce sacrifice est expressément mentionné et
prescrit. Tous les grands somayâgas exigent en principe une ou plusieurs victimes humaines, et l'un d'eux s'appelle même tout simplement le *purushamédha*, le sacrifice de l'homme. Les textes parlent
différemment de ces rites. Tantôt ils les représentent comme tombés
en désuétude (pour l'un d'eux ils nous ont même conservé le nom de
celui qui doit l'avoir célébré pour la dernière fois), mais ils les main-
tiennent en principe et protestent contre leur abolition; tantôt ils en
font des actes purement symboliques; tantôt enfin ils les décrivent
sans autres réflexions comme des usages parfaitement en vigueur,
sans qu'il soit toujours possible de ramener ces différences à une
succession chronologique. Il est difficile de se prononcer nettement
entre ces témoignages contradictoires, surtout en présence, d'une
part, du silence des Hymnes (car on ne saurait voir un indice dans le
sacrifice décrit dans l'hymne du Purusha), et, d'autre part, de la
doctrine dès lors grandissante de l'*ahinsâ* ou du respect de tout ce
qui a vie. Faut-il voir dans ces rites un héritage de la barbarie primitive, la survivance d'un de ces usages que la religion des Hymnes
réprouve? Faut-il y voir une aberration postérieure du sens religieux?
Ou même ne serait-ce là qu'une de ces exagérations de pure théorie
dont cette littérature abonde, exagération qui serait née dans des
cerveaux malsains hantés de l'idée que l'homme, la plus noble des
créatures, doit être aussi la plus précieuse des victimes? Les détails
fournis par les textes sont parfois si précis que cette dernière explication, prise isolément, nous paraît avoir le moins de chance d'être
la vraie. Aussi, malgré l'extrême faiblesse des indices contenus dans
les Hymnes, le plus probable nous paraît être encore que l'Inde
âryenne a en effet connu et pratiqué le sacrifice humain dès les temps
les plus reculés, mais comme un rite exceptionnel et réprouvé, et
que, pour faire taire cette réprobation, il n'a pas fallu moins que le
cynisme professionnel qui s'étale si fréquemment dans les Brâhmanas
et dans les Sûtras, et le demi-jour discret qui résulte de leur caractère
ésotérique[2]. — Par contre, une coutume non moins barbare, mais
qui, elle, à n'en pas douter, a fait jusqu'à nos jours d'innombrables
victimes, l'immolation plus ou moins volontaire de la veuve sur le
bûcher de son mari, n'est pas autorisée par le rituel védique, bien
que certains traits du symbolisme des funérailles (particulièrement
dans l'Atharva-Véda) la frisent de bien près et la fassent en quelque

---

1. M. A. Weber a épuisé cette matière dans son mémoire *Ueber Menschen-
opfer bei den Indern der vedischen Zeit*, ap. Zeitsch. d. D. Morgenl. Gesellsch,
t. XVIII. cf. aussi H. H. Wilson, *On human sacrifices in the ancient religion
of India*, ap. Select Works, t. II, p. 247.

2. Le Purushamedha du vieux brâhmanisme doit être soigneusement distingué du sacrifice humain que nous retrouverons plus tard dans le culte de
Durgâ.

sorte pressentir[1]. Dans l'Atharva-Vêda, on voit encore que la veuve
pouvait à certaines conditions se remarier[2], ce qui lui fut rigoureusement interdit par la suite dans l'usage orthodoxe. La coutume du
suicide de la *sati* n'en est pas moins fort ancienne, puisque déjà les
Grecs d'Alexandre la trouvèrent en usage chez un peuple au moins
du Penjâb[3]. Le premier témoignage brâhmanique qu'on en trouve est
celui de la *Brihaddevatâ* qui, peut-être, remonte tout aussi haut. Dans
la poésie épique, il y en a de fréquents exemples. A l'origine, elle
paraît avoir été propre à l'aristocratie militaire, et c'est sous l'empire
des religions sectaires qu'elle a surtout fleuri. Pour être juste, il convient d'ajouter que c'est seulement à une époque relativement moderne qu'elle a cessé de trouver des contradicteurs[4]. On sait qu'elle a
été définitivement abolie, en territoire soumis à l'autorité britannique, par lord William Bentinck en 1829.

Jusqu'ici nous n'avons parlé ni d'images des dieux, ni de sanctuaires. Nous ne saurions cependant nous soustraire entièrement
à une question qui a été souvent agitée : la religion védique
a-t-elle été idolâtre? La description physique des dieux grands
et petits est parfois si nette dans le Vêda, on peut y relever tant
de traits frisant le fétichisme et une tendance si marquée de représenter la divinité par des symboles; d'autre part l'homme, du
moment qu'il s'imagine ses dieux sous une forme précise, est
si invinciblement tenté de réaliser cette forme en des objets sensibles, qu'il est difficile de croire que l'Inde védique n'ait pas adoré
d'images. Nous ne doutons nullement, par exemple, que les cultes
de certaines divinités locales et populaires, sur lesquels nous n'avons
que des renseignements indirects et très vagues, n'aient été dès l'origine aussi franchement idolâtres ou fétichistes qu'ils le sont restés
par la suite, et que de ce chef l'Inde n'ait eu de tout temps ses symboles figurés, ses *caityas*, arbres ou pierres sacrés, ses lieux hantés,
ses cavernes et ses sources saintes, c'est-à-dire ses idoles et ses sanctuaires. Ce serait, à notre avis, abuser de la preuve négative que de
conclure que tout cela est moderne, parce que la littérature védique
n'en parle pas ou n'en parle que très tard. Mais, en dépit de quelques
indices qu'on a parfois fait valoir en sens contraire[5], nous pensons que

1. RV. X, 18; AthV. XVIII, 3, 1 ss. On sait que c'est précisément sur
RV. X, 18, 7-8, où la veuve est invitée à quitter le bûcher avant qu'on y mette
le feu, que les brâhmanes se fondaient pour maintenir le caractère révélé de
cet usage. Cf. Colebrooke, *On the duties of a faithful Hindu widow*, dans les
Miscellaneous Essays, t. I, p. 133, éd. Cowell; et H. H. Wilson, *On the sup-
posed vaidik authority for the burning of Hindu widows*, et sa curieuse polémique à ce sujet avec Râja Râdhâkânta Déva, ap. Select Works, t. II, p. 270.
2. IX, 5, 27-28.
3. Lassen, *Ind. Alterthumskunde*, t. II, p. 154; 2e éd., III, p. 347.
4. Cf. A. Weber, *Analyse der Kâdambari* (septième siècle) ap. Zeitsch. d.
D. Morgenl. Gesellsch., t. VII, p. 585. La pratique est interdite par les
Acâras du Malabar, attribués à Çankara, *Ind. Antiq*, t. IV, p. 256.
5. Cf. F. Bollensen, *Die Lieder des Parâçara*, ap. Zeitsch. d. D. Morgenl,
Gesellsch.. t. XXII, p. 587; Ludwig, *Die Nachrichten des Rig und Atharvaveda
über Geographie, Geschichte, Verfassung des alten Indien*, p. 32 et 50. Sur la

le culte bràhmanique proprement dit n'a pas été atteint par ces
usages, qu'il n'a pas été idolàtre, et cela parce qu'il ne pouvait pas
l'être. Du moment, en effet, qu'il commence à nous être connu, il
comprend des cérémonies distinctes, mais il ne se subdivise pas en
sous-cultes distincts. Il n'y a pas un culte d'Agni, un autre d'Indra,
un troisième de Varuna, comme ailleurs il y a eu des cultes particuliers de Zeus, d'Arès, d'Apollon. Chacun des actes du rituel védique
est un ensemble complexe qui s'adresse à un grand nombre de dieux
et, pour peu que l'acte soit important, au panthéon entier. Ces rites
ne comportaient donc pas d'images ; ils ne comportaient pas non plus
de sanctuaires. Le lieu où ils s'accomplissaient est, ou bien le foyer
domestique, qui servait également à l'usage profane, ou un enclos
dépendant de la maison, ou bien encore, pour les grands sacrifices,
une sorte d'arène spéciale, le *devayajana*, emplacement essentiellement variable, dont non seulement les dimensions, mais aussi le site
changeaient selon la nature et l'objet des cérémonies[1], et dont la consécration était d'ailleurs censée périmée après chaque rite, puisqu'il
fallait chaque fois y procéder à nouveau. Il y manquait donc le premier caractère du sanctuaire, la permanence ; il en manquait encore
un autre non moins essentiel, la communauté. L'autel védique, en
effet, n'est pas un lieu saint pour tous : comme le sacrifice lui-même,
il est d'usage strictement personnel et, loin de réunir les hommes,
il les isole. Deux voisins célébrant le même rite à la même heure,
devront choisir des emplacements assez distants pour que nul bruit
de la prière de l'un ne puisse arriver jusqu'à l'autre[2]. Aussi, dans
un culte pareil, ne saurait-il être question d'endroits spécialement
consacrés par la présence de la divinité. Tout au plus la religion des
Bràhmanas attache-t-elle une sainteté particulière aux gués des
rivières[3], où on venait faire ses ablutions (ce seront les premiers pèlerinages), et à certaines régions privilégiées[4] telles que les bords de la
Sarasvatî, le Kuruxetra ou cette forêt de Naimisha si célèbre plus
tard dans la poésie épique. Mais elle ne connaît ni pèlerinages, ni
sanctuaires. Des milliers de fois dans les Bràhmanas, l'enclos sacré
est assimilé à ce bas monde en tant qu'opposé au ciel ; jamais il n'est
censé figurer une localité déterminée, et, comme il est dit quelque

question de savoir si par les *çiçnadevas* de RV. VII, 21 et X, 99, il faut entendre des idoles phalliques, cf J. Muir, *Original Sanskrit Text*, t. IV,
p. 407, 2ᵉ éd.

1. Cf. à ce sujet Taitt. Samh. VI, 2, 6, 1-4.

2. Il ne faut pas qu'il y ait conflit entre les mantras. Aussi l'étude même
du Véda doit-elle être interrompue, quand on entend le chant des sâmans, et,
réciproquement, on ne doit pas se livrer à l'étude et à la répétition des
sâmans, dans un lieu où se récitent les mantras d'un autre Véda. La raison
probable de cette défense est que les sâmans sont les seuls mantras qui
s'entendent à distance : Manu donne pour explication, que le son des sâmans
a quelque chose d'impur. Cf Pâraskara Gr. S. II, 11, 6 ; Apastamba Dh. S.
I, 10, 17-18 ; Manu IV, 123-124.

3. Taitt. Samh. VI, 1, 1, 2-3.

4. Cf. la légende de Mâthava Videgha traduite du Çatap. Br. par M. A.
Weber, ap. *Ind. Studien*, t. I, p. 170 ss. ; Ait Br. II, 19.

part, « consacrée par la parole sainte, la terre entière est un autel[1]. «

Il y a donc un certain caractère d'universalité qu'il importe de ne pas méconnaître dans cette religion à d'autres égards si odieusement étroite. Elle n'est ni locale, ni même nationale au sens où l'ont été certaines religions helléniques et italiques. Aussi, bien que ses tendances soient tout le contraire du prosélytisme, bien que, en principe, elle regarde comme impur et qu'elle repousse de ses mystères, à l'égal de l'esclave, le *mleccha*, l'allophone, le barbare, elle n'en fera pas moins son chemin parmi ces races maudites. En réalité, elle est la propriété des brâhmanes et partout où le brâhmane mettra les pieds, soit comme anachorète, soit comme l'auxiliaire et le protégé de princes de sa race, soit comme simple colon, jamais comme missionnaire, elle pénètrera à sa suite. Elle s'établira peu à peu le long des côtes et sur le plateau du Dékhan, avec ses livres sacrés peu et mal compris mais pieusement conservés, et l'appareil imposant de ses prescriptions en apparence si rigoureuses et si flexibles en réalité. Le temps ainsi viendra où le Vêda sera plus récité et plus commenté en pays tamoul, sur les bords de la Kâverî, que sur ceux du Gange. Il sera même porté plus loin, jusque dans les mers de la Sonde, à Java, particulièrement à Bali, où il existe encore, dit-on, en une rédaction probablement altérée[2] et dont l'étude ne manquera pas de fournir un jour de curieuses révélations.

II. — SPÉCULATIONS PHILOSOPHIQUES

Pendant que les brâhmanes achevaient ainsi d'édifier sur les bases d'une théologie insuffisante ce prodigieux système de rites et de réaliser, si j'ose dire, l'idéal d'une religion toute de pratiques, ayant ses fins en elle-même et à peu près indépendante des dieux qu'elle servait, ils poursuivaient dans le domaine de la spéculation une œuvre en apparence bien différente, mais au fond

---

1. Çatap. Br. III, 1, 1, 4. Cf. Taitt. Samh. VI, 2, 4, 5.
2. Cf. R. Friederich, *An account of the Island of Bali*, ap. Journ. of the Roy. As. Soc., new series, t. VIII, p. 168. Les altérations doivent être considérables, puisque, au dire de l'auteur, ces écrits sont en çlokas et en pur sanscrit. Le mémoire de M. F., continué dans le t. IX du Journal, est plein de renseignements curieux sur le brâhmanisme à Bali. L'introduction de la culture hindoue dans les îles de l'archipel est ancienne, puisque déjà dans Ptolémée le nom de Java est indien. Probablement les premiers intermédiaires furent les bouddhistes. Mais toute l'ancienne histoire de ces îles est obscure : le caractère des plus vieilles inscriptions est à peu près le même que celui qui était en usage au cinquième siècle sur la côte de Coromandel. Cf. Kern, *Over het Opschrift van Djamboe*, Mémoires de l'Académie d'Amsterdam, 1877.

assez semblable, puisqu'elle tendait en définitive à remplacer par
des conceptions philosophiques ces mêmes dieux qui d'autre part
s'effaçaient de plus en plus derrière les conceptions rituelles. Ces
deux tendances, déjà sensibles l'une et l'autre dans les Hymnes,
n'en étaient pas moins contraires, et il est probable qu'elles ne
prévalaient pas exactement dans les mêmes milieux. Il y a en effet
des traces d'une certaine opposition entre les hommes du rite et
ceux de la spéculation, opposition assez semblable à celle qui plus
tard divise encore parfois leurs successeurs respectifs, les penseurs
mystiques de Vêdânta et les casuistes de la Mîmânsâ. D'ailleurs sur
le terrain de la pensée pure les brâhmanes n'étaient pas seuls maîtres, comme ils l'étaient sans conteste en tout ce qui touchait aux
rites. Ici ils avaient des rivaux parmi tous ceux qui étaient capables
de s'intéresser aux choses de l'esprit et, comme ils n'étaient les gardiens d'aucune orthodoxie, comme à aucun degré ils n'avaient charge
d'âmes et ne prétendaient au rôle de directeurs des consciences, ils
n'ont pas cherché à déguiser cette collaboration. Ils nous ont conservé eux-mêmes le souvenir de rois leur faisant la leçon[1], de femmes
intervenant dans leurs discussions et embarrassant les plus fameux
docteurs par la profondeur de leurs objections[2]. On ne saurait douter
toutefois ni du rôle prépondérant des brâhmanes dans l'élaboration
de ces doctrines, ni de leur diffusion graduelle dans toutes les écoles
brâhmaniques. Le talent de la controverse devint une des premières
conditions de l'éclat théologique, du *brahmavarcas* et, dans la littérature de chaque école, une place plus ou moins grande fut réservée à
la spéculation.

Les traités qui nous ont conservé ces vieux philosophoumènes,
portent le nom d'*Upanishads* ou d'Instructions. Sous ce titre il nous
a été transmis une volumineuse littérature en grande partie apocryphe et datant de toutes les époques des religions sectaires.
Il y a des Upanishads vishnouites, des Upanishads çivaïtes, des
Upanishads mystiques de toute sorte, jusqu'à une *Allah-Upanishad*[3],
destinée à glorifier le rêve d'une religion universelle caressé par
l'empereur musulman Akbar à la fin du seizième siècle. Le nombre
de celles qu'on a cataloguées jusqu'à ce jour, s'élève à près de deux
cent cinquante[4]. Mais dans cette masse hétérogène, qu'on ne parvien-

---

1. Brihadâr. Up. II, 1; VI. 2; Chândogya-Up. V, 3; etc.
2. Brihadâr. Up. III, 6; III, 8.
3. Publiée par Râjendralâla Mitra dans le Journ. of the As. Soc. of Bengal,
t. XL, p. 170. Pour ces tentatives religieuses d'Akbar, vid. *Dabistan*, ch. X,
t. III, p. 48 ss., trad. Schea et Troyer. Cf. H. H. Wilson, *Account of the religious innovations attempted by Akbar*, ap. Select Works, t. II, p. 379.
4. Pour les différentes listes de ces écrits, voir A. Weber, *Indische Literaturgeschichte*, p. 171, 2e éd. A cette date (1876) M. Weber était arrivé à un
chiffre total de 235. De ce nombre, plusieurs, tels que le Purushasûkta, le
Çatarudriya etc., ne sont que des fragments pris dans différents ouvrages
védiques. — La première connaissance des Upanishads est due à Anquetil
du Perron, qui publia au commencement du siècle la traduction latine d'une
version persane de 50 de ces traités: *Oupnekhat id est secretum tegendum,*

dra peut-être jamais à classer d'une manière entièrement satisfaisante, il y en a un petit nombre qui font, ou pour lesquelles il est établi qu'elles ont fait partie intégrante d'un corps d'écrits védiques, presque toujours d'un Brâhmana. En en ajoutant une ou deux autres d'une provenance plus incertaine, mais d'un caractère également archaïque, on obtient une dizaine au plus de textes qu'on peut regarder comme les Upanishads anciennes [1]. De ce nombre il n'est pas une seule peut-être dont la rédaction soit antérieure au bouddhisme : jusqu'à un certain point ce sont même là les documents les plus sûrs et les plus directs que nous ayons pour reconstituer le milieu dans lequel s'est développée la religion nouvelle. Mais, dans l'ensemble, ces Upanishads résument une tradition bien plus ancienne et qui se rattache sans discontinuité à l'origine même des écoles brâhmaniques. Dans la littérature védique elles constituent le *Jnânakânda*, la section spéculative, en opposition avec le reste du Vêda désigné par le nom de *Karmakânda*, la section pratique.

Les doctrines consignées dans ces livres, dont quelques-uns sont plutôt des recueils que des traités, ne forment pas un tout homogène. A côté de vues profondes et qui témoignent d'une singulière vigueur de pensée, elles comprennent une grande quantité d'allégories et de rêveries mystiques relatives soit à la mythologie, soit au rituel, et qui semblent dénoter tout le contraire. Mais, même débarrassées de ces éléments parasites et réduites à la partie proprement philosophique, elles sont loin de constituer un système. Elles ne se relient pas entre elles et, pour les pro-

opus continens antiquissiman et arcanam... doctrinam e IV sacris Indorum libris excerptam, Argentorati, 1801-1802, 2 vol. in-4o. Dans l'analyse qu'il a donnée de cet ouvrage (Ind. Studien, t. I, II, et IX), M. A. Weber a refait la traduction, publié et commenté le texte de plusieurs des traités compris dans la collection d'Anquetil. On doit au même savant une édition avec traduction commentée de la Râmatâpanîya-Up. (Mémoires de l'Académie de Berlin, 1864, p. 271). — Les principales Upanishads ont été plusieurs fois publiées : les éditions toutefois les plus commodes et les plus répandues sont celles de la Bibliotheca Indica, toutes accompagnées de commentaires et quelquesunes de traductions. Cette collection comprend jusqu'ici : *Brihadâranyaka, Chândogya, Içça, Kêna, Katha, Praçna, Mundaka, Mândûkya, Taittirîya, Aitareya, Çvêtâçvatara, Gopâlatâpanîya, Nrisinhatâpanîya, Shatcakra, Kaushîtaki, Maitri*. Plus 29 des petites Upanishads rattachées plus particulièrement à l'Atharva-Vêda : *Çiras, Garbha, Nâdavindu, Brahmavindu, Amritavindu, Dhyânavindu, Tejovindu, Yogaçikhâ, Brahma, Prânâgnihotra, Nîlarudra, Kantaçruti, Pinda, Atma, Râmapurvatâpanîya, Râmottaratâpanîya, Hanumadukta-Râma, Sarvopanishatsâra, Hansa, Paramahansa, Jâbâla, Kaivalya*.
Les principales Upanishads, celles qui ont été commentées par Çankara, ont été l'objet d'un travail très complet et très méritoire à tous égards de M. P. Regnaud : *Matériaux pour servir à l'histoire de la philosophie de l'Inde* (forme les fascicules XXVIII et XXXIV de la Bibliothèque de l'École des Hautes-Études) 1876-1878.
1. Brihadâranyaka, Chândogya, Kaushîtaki, Içça, Kêna, Katha, Praçna, Aitareya, Taittirîya, Mundaka, Mândûkya. Du moins est-ce en faveur de ces textes que se réunissent le plus de probabilités.

blèmes permanents de la pensée humaine, Dieu, l'homme, l'univers, elles impliquent plusieurs solutions radicalement opposées. Ces solutions sont en même temps déjà si élaborées en quelques-unes de leurs parties, qu'il est souvent difficile et, dans un exposé sommaire comme le nôtre, presque toujours impossible de déterminer au juste ce que les âges suivants y ont ajouté d'essentiel. La tâche principale des héritiers de cette vieille sagesse, sera d'opérer un triage dans cette confusion, de reporter méthodiquement ces éléments disparates à des doctrines distinctes, surtout de trouver pour chacune de ces doctrines un mode d'exposition approprié et définitif. On obtiendra ainsi trois au moins (Sânkhya, Yoga et Vêdânta) des différents systèmes ou *darçanas* qui, fixés à une époque indéterminée et au nombre de six principaux en des manuels appelés *Sûtras*, constitueront la philosophie officielle de l'Inde[1]. Mais, en dehors de l'école, ce pays n'en restera pas moins attaché de cœur à la manière de philosopher des Upanishads. Ses sectes y reviendront les unes après les autres. Ses poètes, ses penseurs mêmes se plairont toujours à ce mysticisme aux allures indéterminées et pleines de contradictions. En spéculation comme en tout le reste, l'éclectisme poussé jusqu'à la confusion semble être la forme même de la pensée hindoue.

Voici maintenant une analyse sommaire de celles d'entre les doctrines des Upanishads qui relèvent plus spécialement de l'histoire religieuse : nous indiquerons en même temps, pour n'avoir plus à y revenir, les développements essentiels qu'elles ont reçus dans les systèmes proprement dits. Tant que les Upanishads font de la philosophie purement objective, ce qui leur arrive du reste rarement, leurs idées sont assez faciles à classer et à ramener à des cadres connus. Leur cosmogonie par exemple, et nous pouvons ajouter celle des Brâhmanas en général, ne fait que développer les solutions déjà entrevues dans les Hymnes. Tantôt c'est un premier être conçu comme personnel, Prajâpati ou un équivalent (une fois Mrityu[2], la Mort) qui, las de sa solitude, « émet », c'est-à-dire tire de lui-même tout ce qui existe, ou l'engendre après s'être dédoublé en une moitié mâle et une moitié femelle[3]. Tantôt ce premier être personnel et créateur est représenté

---

1. L'exposition générale la plus substantielle et la plus sûre des systèmes philosophiques hindous, est toujours encore celle faite par H. T. Colebrooke dans ses fameux mémoires *On the philosophy of the Hindus*, lus de 1823-1827 aux réunions de la Royal Asiatic Society, publiés dans les t. I et II des *Transactions* et réimprimés dans les *Miscellaneous Essays*. Aujourd'hui les Sûtras fondamentaux des 6 principaux systèmes, Sânkhya, Yoga, Nyâya, Vaiçeshika, Mîmânsâ et Vêdântâ, ont tous été publiés à diverses reprises, notamment de 1851-1854 dans les éditions d'Allâhâbâd et de Mirzapour, où le texte est accompagné d'une traduction anglaise. A l'exception des Yoga-Sûtras, ils sont également édités, textes et commentaires, dans la Bibliotheca Indica. Toutefois, l'édition des Mîmânsâ-Sûtras n'est pas achevée.

2. Brihadâr. Up. I, 2.

3. Gopatha-Br. I, 1; Brihadâr. Up. I, 4; Chândog. Up. VI, 2; Praçna-Up. I, 4; VI, 3; Aitar. Up. I, 1; Çvêtâçvat. Up. VI, 1. Très souvent cette émission est représentée comme un sacrifice. Cf. encore Taitt. Samh. II, 1, 1, 4. Dans le Çatap. Br. X, 5, 3, le premier principe est le *manas*, la pensée.

lui-même comme procédant d'un substratum matériel[1]: sous la forme mythique il est *Hiranyagarbha* l'Embryon d'or, *Nârâyana* « celui qui repose sur les eaux », *Virâj* le Resplendissant, issu de l'œuf du monde. Dans l'un et dans l'autre cas nous avons affaire à des conceptions panthéistes peu stables et qui pratiquement se résolvent en ce pâle et superficiel déisme que l'Inde a souvent confessé des lèvres, mais qui n'a jamais eu ses vraies préférences. Outre ces deux solutions il y en a une troisième. Au lieu de s'organiser sous la direction d'un être intelligent, conscient et divin, la substance primordiale est aussi représentée comme se manifestant immédiatement, sans l'intervention d'aucun agent personnel, par le développement du monde matériel et des existences contingentes[2]. Elle est alors simplement, et de quelque nom qu'on la décore, l'*asat*, le non existant, c'est-à-dire l'indéterminé, l'indistinct, passant à l'existence, le chaos se débrouillant par ses propres énergies. Systématisée, cette solution d'un côté aura son pendant dans la métaphysique du bouddhisme, de l'autre, elle aboutira à la philosophie *sânkhya*. Celle-ci admet en effet une première cause matérielle, la *Prakriti*, une, simple, éternelle, essentiellement active et productrice, la source des énergies intellectuelles aussi bien que de la matière visible et tangible, de l'intelligence, de la conscience et des sens aussi bien que des éléments subtils qui composent les organismes supérieurs, et des éléments grossiers dont sont formés les corps. En dehors de ce développement matériel, le Sânkhya n'admet que des âmes individuelles, toutes égales, éternelles et irréductibles, essentiellement immodifiables et passives, ne produisant rien et n'agissant pas. C'est pour s'unir à l'âme ou au *Purusha* (car ce mot emprunté à de vieux mythes dualistes et signifiant proprement le mâle, est toujours employé au singulier, en opposition avec la Prakriti, bien que le Purusha soit essentiellement multiple et qu'il n'y ait pas d'âme suprême), que la Prakriti entre en travail et se manifeste. Le rôle de l'âme se borne à contempler ces manifestations, à se prêter à cette union en laquelle se réalise l'existence des êtres individuels, à en éprouver les jouissances et les déboires jusqu'au jour où, prise de satiété et se reconnaissant elle-même comme radicalement distincte de la matière, elle rompt l'association et retourne à sa liberté première. Dans ce système, il y a place pour des êtres de toute sorte, supérieurs et inférieurs à l'homme ; car, si toutes les âmes sont égales, toutes les modifications de la Prakriti auxquelles elles peuvent s'accoupler ne le sont pas ; mais il est à peine besoin de faire remarquer que ces êtres, en tant que capables d'actions réciproques, sont tous finis et que, philosophiquement, le système est athée. Aussi plus tard, quand une certaine orthodoxie se sera formée, ne paraîtra-t-il dans la littérature religieuse (où il ne cessa pas de jouer un grand rôle) que combiné avec d'autres doctrines qui, plus ou moins logiquement, y introduiront la notion de Dieu. Dans les plus anciennes

1. Nrisinhatâp. Up. I, 1; Çatap. Br. XI, 1, 6, 1; Taitt. Samh. V, 6, 4, 2; VII, 1, 5, 1.
2. Chândog. Up. III, 19; Taittir. Up. II, 1; II, 7.

Upanishads, par contre, où les idées qui ont abouti au Sânkhya sont déjà singulièrement répandues, ainsi que dans le bouddhisme où elles dominent, le système n'est pas encore dualiste[1]. A la Prakriti ne s'oppose pas encore un Purusha radicalement distinct : tout sort indifféremment du même fond aveugle et ténébreux, et nous n'avons affaire, dans les passages où ces idées s'affirment, qu'à une explication matérialiste et athée de l'univers.

Enfin, il y a dans ces traités une quatrième solution qui éclipse tellement toutes les autres, qu'on peut la considérer comme la philosophie même des Upanishads : le panthéisme pur qui trouvera sa forme définitive dans le système Vêdânta. Mais cette doctrine maîtresse est aussi celle qu'on risque le plus de défigurer en la ramenant à une formule métaphysique courante. Ce n'est pas, en effet, à une simple conception *à priori* que nous avons affaire ici : la spéculation pure s'y appuie sur des théories subjectives, et, pour la première fois, nous la surprenons essayant de concevoir Dieu et l'univers en partant de l'homme. Aussi faudrait-il une analyse détaillée pour parer à toute méprise. Au fond, tous les efforts de ces théosophes tendent vers une fin unique, qui a été celle de tous les panthéistes mystiques, l'identité réelle du sujet et de l'objet, de l'homme et de Dieu. Mais leur façon d'y d'arriver est si particulière, ils sont partis de si loin, avec des données si naïves et qu'ils ont si peu songé à renouveler en route ; ils ont tant de fois dévié, ils se sont si longuement attardés à certaines étapes et ils ont marché si vite à d'autres, que, pour bien les suivre, il faudrait refaire le chemin avec eux, et ce serait un long voyage. Nous essaierons d'indiquer du moins le point de départ et le point d'arrivée[2].

Ils paraissent être partis de l'idée que le principe de vie qui est dans l'homme, l'*âtman* ou le soi (car le mot était surtout usité comme pronom réfléchi ; connaître l'âtman et se connaître soi-même étaient synonymes) est le même que celui qui anime la nature. Ce principe dans l'homme leur parut être le *prâna*, le souffle : l'air, ou quelque chose de plus subtil que l'air, l'éther, fut l'âtman dans la nature. Ou bien l'âtman était un petit être, un homunculus, un *purusha*, qui avait son siège dans le cœur où on le sentait s'agiter et d'où il dirigeait les esprits animaux. Il y tenait à l'aise, car il n'était pas plus gros que le pouce. Il savait même se faire plus petit encore, car on le sentait cheminant par les artères et on pouvait le voir distinctement dans la petite image, la pupille, qui se reflète au centre de l'œil. Un purusha, tout semblable, apparaissait au regard ébloui dans l'orbe du soleil, le cœur et l'œil du monde. C'était là l'âtman de la nature ; ou plutôt c'était le même âtman qui se manifestait ainsi dans le cœur de l'homme et dans le soleil : une ouverture invisible au sommet du

1. Dans les Upanishads plus récentes par contre, il ne l'est plus. La Çvêtâçvatara-Up., par exemple est, comme doctrine, exactement au même niveau que la Bhagavad-Gîtâ.

2. Pour l'exposé qui suit nous supprimons les renvois : il faudrait citer la moitié des anciennes Uspanishads.

crâne lui livrait passage pour aller de l'une à l'autre demeure. Si
grossières que soient ces représentations, elles n'en ont pas moins
servi de point de départ à l'un des systèmes ontologiques les plus
grandioses et les plus raffinés que connaisse l'histoire de la philosophie. Et non seulement elles en ont été le point de départ, mais, ce
qui est bien plus surprenant, elles en sont restées une des principales
données. Pour arriver à leur doctrine de l'identité ou, comme ils
disent, de l'*advaita*, de la non dualité, les théosophes hindous ont été
plus que d'autres réduits à beaucoup demander à l'élan spontané de
la pensée. Ils n'ont pas eu à leur service, pour l'asseoir d'une façon
plus savante, les ressources d'une psychologie délicate ni ces théories
des idées, du logos, de la raison pure, héritage de la science grecque,
dont d'autres sectes mystiques ont bénéficié. Aussi n'ont-ils jamais
renoncé, même une fois qu'elles devaient leur paraître embarrassantes, à ces vieilles conceptions populaires dont les traces se trouvent jusque dans les Hymnes[1] et qui entraînaient une sorte d'assen-
timent d'habitude. Jusqu'à la fin, il sera question chez eux de l'âtman
souffle et éther, de l'âtman-purusha du cœur, de l'œil et du soleil.

Quant au point d'arrivée, le voici : L'âtman est l'être un, simple,
éternel, infini, supérieur à toute conception, assumant toute forme
et lui-même sans forme, l'agent unique, mais immobile et immuable
de tout acte et de tout changement. Il est la cause à la fois matérielle et efficiente du monde, qui est sa manifestation, son corps. Il
le tire de sa propre substance et de nouveau l'y absorbe, non par
nécessité, mais par un acte de sa volonté, comme l'araignée émet et
ramène à elle le fil de sa toile. De lui viennent et à lui retournent les
êtres finis, comme les étincelles sortent d'une fournaise et y retom-
bent, sans que la multiplicité de ces êtres porte plus atteinte à son
unité que la formation de l'écume et des vagues n'altère celle de
l'Océan. Plus subtil que l'atome, plus grand que ce qu'il y a de plus
grand, il a cependant une demeure, la cavité du cœur de chaque
homme. C'est là qu'il réside en sa plénitude et qu'il se repose dans la
joie de lui-même et de ses œuvres. Cette immanence directe et matérielle de l'être absolu dans la créature, qui est la donnée irration-
nelle et mystique du système, en est aussi le nœud. Grâce à elle,
l'homme a prise sur l'âtman. Par une méditation intense, aidée
d'opérations où une physiologie fantastique joue un grand rôle
(car il y a quelque chose de très matériel au fond de toutes ces
représentations) il n'aura qu'à faire rentrer littéralement son âme
dans son cœur, pour la mettre en contact avec l'unité suprême et en
état de se reconnaître elle-même en cette unité. Ici, il est vrai, sur-
gissaient d'embarrassantes questions. Quelle place restait-il pour
cette âme, cet âtman individuel, ce *jîvâtman* identique au *paramâtman*, l'âtman suprême, et pourtant distinct, capable de se reconnaître en lui et pourtant l'ignorant? Comment lui accorder la per-

1. Le purusha siégeant dans le cœur se trouve RV. X, 90, 1. Cf. Ath V.
X. 8, 43.

sonnalité en face de l'être absolu? Comment la lui refuser sans imputer à cet être l'ignorance, l'erreur et l'infirmité? Que devenait la théorie de l'agent unique en présence de l'initiative de l'âme opérant son retour à l'âtman? Car c'est bien elle qui va à l'âtman, non l'âtman qui la ramène à lui, et la notion de la grâce, que l'Inde connaîtra plus tard, est à peu près étrangère au Vêdânta primitif[1]. Ces difficultés et d'autres encore, les auteurs des Upanishads n'ont pas été les seuls à s'y heurter, et il n'y a pas à s'étonner qu'ils ne les aient pas résolues. Ils décrivent les conditions du jîvâtman, ils énumèrent ses organes, ils le montrent engagé dans une succession d'enveloppes matérielles concentriques et de plus en plus denses qui constituent ses organes et qui limitent à des degrés divers sa sphère d'action et de connaissance[2]. Comme l'image du soleil se défigure et se multiplie faussement dans une eau agitée, ainsi le jîvâtman n'a que des conceptions troubles et erronées. Il ne voit que la diversité, il fait la distinction du *moi* et du *toi*, et ne perçoit rien au delà. Mais, par la méditation conduite selon la vraie science, il peut dissiper toutes ces vaines images : il voit alors qu'il n'y a qu'un âtman, et que cet âtman c'est lui-même. S'agit-il de le montrer agissant, on en parle comme d'une réalité distincte fournie par l'expérience : est-il, au contraire, question de lui par rapport au paramâtman, cette réalité se dissipe, et toute particularité est traitée de pure illusion. On montre ainsi confusément les diverses faces du problème; on ne le tranche pas. Au fond, les Sûtras dans lesquels le vieux Vêdânta a reçu sa forme définitive, ne le tranchent pas davantage. L'auteur, ou les auteurs de ces Sûtras, qui se sont imposé la tâche épineuse de présenter, sous une forme didactique et raisonnée, les visions apocalyptiques des Upanishads et qui, hors les cas où ils ramènent de vive force au Vêdânta des passages qui s'inspirent en réalité d'une tout autre doctrine, se sont acquittés de cette tâche avec une grande fidélité, admettent en effet, pour l'âme individuelle et en général pour les êtres finis, une existence pratique, expérimentale; mais ils leur dénient la réalité au sens absolu. Ils arrivent ainsi à maintenir par exemple l'existence d'un Dieu personnel[3], d'un *Içvara* ou Seigneur, distinct, et du monde qu'il gouverne, et de l'Absolu, notion qui n'est pas inconnue aux anciennes *Upanishads*, mais qui est étrangère, comme de juste, aux passages purement védâhtiques. Mais, à cela près, la doctrine des êtres dans les Vêdânta-Sûtras, pour être plus élaborée, ne diffère pas sensiblement de celle des vieux textes. Ce n'est que dans la philosophie sectaire, dans ce qu'on peut appeler

---

1. A notre souvenance elle ne se trouve nettement formulée que dans un seul passage commun à la Katha-Up. II, 23 et à la Mundaka-Up. III, 2, 3 : « Cet âtman ne peut être obtenu ni par le Vêda, ni par la force de l'entendement, ni par beaucoup de science : celui qu'il choisit, celui-là l'obtient : de celui-là il choisit la personne comme sienne. » Cf. Bhagavad-Gîtâ XI, 53.

2. Taittir. Up II, 2-8, et la longue description de Maitri-Up. II, 5-IV, 2.

3. Cf. Pramadâ Dâsa Mitra, *A dialogue on the vedantic conception of Brahma*, ap. Journ. of the Roy. As. Soc., t. X, p. 33. Cf. Çankara ad Vêdânta-Sûtra IV, 3, 7 ss., p. 1119, éd. de la Bibliotheca Indica.

le nouveau Vèdànta, dans quelques Upanishads plus récentes, dans
la *Bhagavad-Gîtà*, dans le *Vèdànta-Sàra*, qu'on osera formuler nettement une solution radicale. Dans cette doctrine, le monde fini n'existe
pas : il est le produit de la *Màyà*, de la magie décevante de Dieu, un
pur spectacle où tout est illusion, le théâtre, les acteurs et la pièce,
un « jeu » sans objet que l'Absolu « joue » avec lui-même[1]. Il n'y a
de réel que l'ineffable et l'inconcevable.

La doctrine de l'Illusion n'est pas, du reste, particulière au
Vèdànta ; elle pénétra également dans la philosophie sànkhya. La
Prakriti de cette dernière fut identifiée avec la Màyà, et le Purusha,
de multiple qu'il est dans le système originel, devint l'être un et
absolu. Sous cette nouvelle forme, le Sànkhya et le Vèdànta ne
diffèrent plus que par la terminologie et par des détails d'exposition. La Bhagavad-Gîtà, par exemple, et plusieurs Upanishads[2]
relèvent autant de l'un que de l'autre système. Ou plutôt, car peu
importe comment on expose et dénomme des choses qu'on nie,
il n'y a plus, dans ces écrits, qu'un seul système, l'idéalisme pur,
si voisin de l'autre extrême, le pur nihilisme. — Le Sànkhya et
le Vèdànta, dans leur double forme, défraieront presque à eux seuls
la métaphysique des religions vishnouites et çivaïtes. Des quatre
autres grands systèmes officiels, le *Yoga* est plutôt un manuel d'exercices mystiques qu'une philosophie ; le *Nyàya* (logique et critique
de la certitude) et le *Vaiçeshika* (théorie physique du monde) traitent trop indirectement de matières religieuses, pour trouver place
ici ; enfin la *Mîmànsà* n'est que le prolongement sous forme d'examen critique, de la littérature ritualiste, des Bràhmanas et des
Smritis. Elle est hostile à la spéculation ; elle ne reconnaît les dieux
que juste autant qu'ils sont spécifiés dans les formules liturgiques, et
plusieurs de ses docteurs[3] dénient nettement la qualité de Vêda,
c'est-à-dire d'écriture révélée, au *Jnànakànda*, à tout ce qui n'est pas
directement relatif au culte.

Ce serait cependant donner une idée tout à fait incomplète des
Upanishads que de n'y relever que le côté purement métaphysique. Ces livres étranges, d'un caractère si mêlé, sont encore plus
pratiques que spéculatifs. Ils s'adressent à l'homme plus qu'au pen-
seur, leur objet est bien moins d'exposer des systèmes que d'enseigner la voie du salut. Ce sont avant tout des exhortations à la vie
spirituelle, exhortations troubles et confuses, mais présentées parfois avec une haute et saisissante émotion. Il semble que toute
la vie religieuse de l'époque, si absente de la littérature ritualiste,
se soit concentrée dans ces écrits. Malgré leurs prétentions au
mystère, ce sont, en somme, des œuvres de prosélytisme, mais d'un
prosélytisme s'exerçant dans des cercles restreints. Le ton qui y domine, surtout dans l'allocution et dans le dialogue où il est parfois
empreint d'une singulière douceur, est celui de la prédication intime.

1. Cf. Bhartrihari III, 43 éd. Bohlen.
2. Par exemple la Çvètàçvatara-Up.
3. L'école de Prabhàkara.

Sous ce rapport, rien dans la littérature des brâhmanes ne ressemble
à un Sûtra bouddhique comme certains passages des Upanishads, avec
cette différence toutefois que, pour l'élévation de la pensée et du
style, ces passages dépassent de beaucoup tout ce que nous connaissons jusqu'ici des sermons du bouddhisme. Aussi l'homme remarquable qui entreprit au commencement de ce siècle de réformer
l'hindouisme, Râmmohun Roy, ne se trompait-il pas tout à fait,
quand il espérait qu'un choix fait dans les Upanishads pourrait aider
plus que toute autre publication au relèvement religieux de son peuple.
C'est de ce côté religieux et pratique des Upanishads qu'il nous reste
à dire quelques mots.

Après le résumé que nous avons fait plus haut de la doctrine
de ces livres, il est à peine besoin de dire que, pour leurs auteurs, la condition séparée de l'âme, qui est la cause de l'erreur,
est aussi la cause du mal. Ignorante de sa vraie nature, l'âme
s'attache à des objets indignes d'elle. Chaque acte qu'elle accomplit
pour satisfaire cet attachement, l'engage plus avant dans le monde
périssable, et comme elle est elle-même impérissable, elle est condamnée à un perpétuel changement : entraînée dans le *sansâra*,
dans le tourbillon de la vie, elle passe d'une existence dans une
autre, sans trêve ni repos. C'est là la double doctrine du *karman*, de
l'acte par lequel l'âme se fait sa destinée, et du *punarbhava*, des re-
naissances successives dans lesquelles elle la subit. Cette doctrine
qui sera désormais la donnée fondamentale commune à toutes les
religions et sectes de l'Inde, c'est dans les Upanishads que nous la
trouvons formulée pour la première fois. Dans les parties plus anciennes des Brâhmanas, elle paraît peu et avec une portée moindre.
On y semble croire simplement que l'homme qui a mal vécu, peut
être condamné à revenir en ce monde pour y subir une existence
misérable. La renaissance n'est qu'une forme de la peine; elle est
l'opposé de la vie céleste et un équivalent de l'enfer : elle n'est pas
encore ce qu'elle est ici et ce qu'elle restera dans la suite, la condition même de l'être personnel, condition qui peut se réaliser en des
existences infiniment diverses, depuis celle de l'insecte jusqu'à celle
du dieu, mais toutes également instables et soumises à la rechute[1].
Il est impossible de préciser l'époque à laquelle cette vieille croyance
trouva dans les conceptions métaphysiques nouvelles le milieu favorable à son épanouissement. Mais il est certain que dès la fin du
sixième siècle avant notre ère, quand Çâkyamuni méditait son œuvre
de salut, la doctrine telle qu'elle se montre dans les Upanishads,
était à peu près complète et déjà profondément enracinée dans la
conscience populaire. Sans ce point d'appui, le succès du bouddhisme
serait à peine explicable.

De même que l'état de séparation et d'ignorance est pour l'âme
l'état de chute, de même la cessation de cet état, le retour à l'unité,

____

1. Brihadâr. Up. IV, 4, 5-6; VI, 2, 16; Chândog. Up. V, 10, 3-8; Mundaka Up. I, 2, 10; etc.

est le salut. Dès que l'âme a acquis la certitude parfaite, immédiate
qu'elle n'est pas différente de l'âtman suprême, elle n'éprouve plus
ni doutes, ni désirs. Elle agit encore, ou plutôt les conséquences de
ses actes antérieurs agissent encore pour elle, à peu près comme la
roue du potier continue de tourner quand l'ouvrier a cessé de la mou-
voir. Mais, comme l'eau passe sur la feuille du lotus sans la mouiller,
ainsi ces actes ne touchent plus l'âme. Elle ne s'attache plus à rien,
elle ne pèche plus, le « lien du karman » est rompu, l'unité est vir-
tuellement refaite. C'est là le *yoga*, l'état d'union. Celui qui le réalise,
le *yogin*, est un être souverain, sur qui rien de périssable n'a plus
prise, pour qui les lois de la nature n'existent plus, qui dès cette vie
est « affranchi [1] ». La mort même ne pourra rien ajouter à sa béatitude : elle ne fera qu'effacer ce qui n'existe déjà plus pour lui, la
dernière apparence de la dualité. Ce sera là la délivrance finale,
l'absorption complète et définitive dans l'être unique ou, comme on
dira aussi plus tard en empruntant une expression bouddhique,
l'extinction, le *Nirvâna.*

La conséquence pratique d'une pareille doctrine ne peut être qu'une
morale de renoncement et la subordination sinon le dédain de tout
culte établi. Aussi est-il fort peu question de devoirs positifs dans les
Upanishads. L'essentiel est d'étouffer le désir, et l'idéal de la vie
dévote est l'existence du *Sannyâsin*, de « celui qui a tout rejeté »,
de l'anachorète [2]. Dans les Smritis et dans les Codes de lois, qui nous
ont conservé les prescriptions d'une morale à la fois plus mondaine
et plus solide, ce genre de vie n'est d'ordinaire permis qu'aux vieillards, après une existence bien remplie [3]. Mais les Upanishads ne semblent pas tenir compte de ces restrictions [4], dont les natures ardentes
devaient du reste s'affranchir aisément. Selon la légende, le Buddha
n'avait pas atteint sa trentième année quand il quitta sa famille, et
dans les plus anciennes Upanishads nous voyons, ce qui est encore
bien plus contraire à l'esprit de la loi brâhmanique, que la vie religieuse errante était embrassée même par des femmes [5]. Par contre les
exagérations de l'ascétisme tiennent peu de place dans ces traités.
Ils prescrivent le renoncement et la contemplation ; mais les mortifications, les jeûnes prolongés, la nudité, toutes choses dès lors fort

---

1. Chândog. Up. IV, 14, 3 ; V, 24, 3 ; Katha-Up. VI, 14-15, 18 ; Çvêtâçvat.
Up. II, 12-15. En général, les anciennes Upanishads décrivent plutôt la
béatitude de l'âtman et l'émancipation finale que la *jivanmukti*, l'émancipation dès cette vie. Elles gardent notamment le silence sur les diverses
siddhis ou facultés surnaturelles (don d'ubiquité, pouvoir de voler par les
airs, etc.), que le Yoga et aussi les Vêdânta-Sûtras (IV, 4, 17-21, p. 1150,
éd. de la Bibl. Ind.) attribuent au jîvanmukta.

2. Brihadâr. Up. III, 5, 1 ; IV, 4, 22 ; VI, 2, 15 ; Katha-Up. VI, 14 ; Mundaka-Up. I, 2, 11 ; III, 2, 6.

3. La question, qui n'a jamais été bien tranchée, est débattue longuement,
Apastamba Dh. S. II, 23, 3-II, 24, 15.

4. Cf. par exemple Chândog. Up. II, 23, 1.

5. Chândog. Up. IV, 4, 2. Le passage est douteux ; mais rapproché de
scènes telles que Brihadâr. Up. III, 6 et 8, il semble favoriser notre interprétation. Cf. le témoignage de Néarque ap. Strabo, XV, c. LXVI.

en honneur, sont en quelque sorte des pratiques serviles que leur
théosophie dédaigne. Leur point de vue à l'égard de ces pratiques
paraît être celui du bouddhisme, qui les condamne. Il n'est pas question davantage de ces pénitences insensées et cruelles que nous
voyons glorifiées par exemple dans la poésie épique et dont la plupart des sectes hindoues ont étalé jusqu'à nos jours le hideux spectacle. Et pourtant il est probable que ces aberrations avaient dès lors
leurs adeptes. Au quatrième siècle les compagnons d'Alexandre pu-
rent les observer chez des Sannyàsins du Penjâb[1], et nous savons par
le récit de la mort de Calanos, que nous a conservé Plutarque[2], que
la coutume du suicide religieux remonte au moins aussi haut.

Quant au culte traditionnel, il est visible que la doctrine des Upanishads tend à le détruire. On ne l'attaque pas, aussi peu qu'on attaque
la morale positive ; mais pas plus que de l'accomplissement des devoirs ordinaires de la vie, on n'en attend le souverain bien. Le
sacrifice n'est qu'une œuvre préparatoire ; c'est le meilleur des actes
mais c'est un acte, et le fruit par conséquent en est périssable. Aussi,
bien que des sections entières de ces traités soient consacrées à des
spéculations sur les rites[3], leur doctrine sur ce point peut-elle se résumer en ces paroles de la *Mundaka Upanishad* : « Connaissez l'àtman
unique et laissez là tout autre propos : c'est là le pont de l'immortalité[4]. » Le Vèda lui-même et toute la science sacrée sont tout aussi
nettement relégués au second plan[5]. Le Vèda n'est pas le vrai *brahman*, ce n'en est que le reflet, et la science de ce brahman imparfait,
de ce *çabdabrahman* ou brahman en paroles, n'est qu'une science inférieure. La vraie science est celle qui a pour objet le vrai brahman,
le *parabrahman* ou brahman suprême, c'est-à-dire l'àtman qui se
révèle directement dans le cœur de l'homme. Cet emploi du vieux
nom de la prière, puis du Vèda révélé, brahman au neutre, pour
désigner l'Absolu, emploi que nous notons ici pour la première fois et
où perce encore si bien le sens primitif d'énergie, n'était pas nouveau, puisqu'on le trouve déjà dans l'Atharva-Vèda[6]. Mais c'est à partir des Upanishads qu'il devient tout à fait usuel et que, avec ou sans

---

1. Strabo, XV, c, LXI, LXIII. La Smriti ne prescrit ces pratiques qu'en
expiation de certaines fautes déterminées. Elles sont condamnées d'une façon
générale, Bhagavad-Gîtâ VI, 16 ; XVII, 5, 6, 19.

2. Plutarch. Alexander, LXIX ; Strabo XV, c LXVIII. Cf. le suicide de
Zarmanochegas à Athènes, sous Auguste, Strabo, ibid. c. LXXIII. Le suicide
est condamné d'une façon générale par la Smriti : Apastamba Dh. S. I, 28,
17 ; Manu V, 89 ; Yâjnavalkya III, 154 ; et probablement Gautama XIV, 12, où
les manières les plus usitées sont énumérées. Cf. Mégasthene ap. Strabo
XV. c. LXVIII. Mais il est prescrit comme expiation de certains crimes,
Apastamba Dh. S. I, 25, 2-7, 12 ; I, 28, 15 ; Gautama XXII, 2-3 ; etc. Même
dans ce cas, il est condamné par Hârita, cité par Apastamba I, 28, 16.

3. Par exemple les sections I, V, VI de la Brihadâr. Up.; et I, II, III de la
Chândog. Up.

4. II, 2, 5. Cf. Bhagavad-Gîtâ XVIII, 66.

5. Chândog. Up. VII, I ; Mundaka-Up. I, 1, 4-5. Cf. Bhagavad-Gîtâ II,
45 ; IX, 21.

6. X, 7, 17, 24, 32 ; X, 8, 1 ; etc.

épithète, il finit par faire tomber en désuétude les autres acceptions
du mot. En même temps s'établit l'usage de désigner par Brahmâ au
masculin le Dieu personnel, première manifestation de l'Absolu, le
Prajâpati des anciens textes, le créateur et l'aïeul (*Pitâmaha*) des
êtres.

Mais cette science du vrai brahman n'est pas de celles qui peuvent s'enseigner avec des mots. Admettre la doctrine de l'identité,
c'est déjà beaucoup sans doute, mais ce n'est que le point de départ.
D'abord on avait cru qu'il suffisait d'avoir la notion parfaite, la certitude entière et permanente de cette identité. Mais bientôt on exigea
davantage. On prétendit que l'âme en éprouvât la perception immédiate, qu'elle se *sentît* en union avec l'Absolu. C'est ici que cette théosophie hautaine retombe lourdement, et qu'elle expie son dédain de
toute pratique et de toute observance. Depuis longtemps on attri-
buait une clairvoyance particulière au rêve et aux phénomènes exta-
tiques. On y voyait un moyen de communiquer avec le monde invisible et avec la divinité ; on en fit la vraie manière de philosopher, la
voie du yoga et du salut. Il y a donc dans les Upanishads, surtout
dans celles qui sont moins anciennes, une théorie complète de l'ex-
tase et des moyens de la provoquer : immobilité prolongée du corps,
fixité hébétante du regard, répétition mentale de formules bizarres,
méditations sur les mystères insondables contenus dans quelques
monosyllabes tels que le fameux *om* qui est le brahman même, suppression du souffle, toute une série d'exercices hypnotiques par lesquels on s'imaginait faire rentrer les esprits vitaux dans la pensée, la
pensée dans l'âme, recueillir celle-ci tout entière dans le cerveau,
puis la ramener dans le cœur où siège l'âtman suprême[1]. Il est inutile
d'insister davantage sur ces procédés, auxquels une physiologie
étrange peut donner une certaine apparence de singularité, mais qui
se retrouvent à peu près les mêmes dans le bagage de beaucoup
d'autres sectes d'illuminés. Ils ont été recueillis et exposés *ex-professo*
dans le système qui porte plus particulièrement le nom de *Yoga*.
Pratiqués consciencieusement, ils ne peuvent qu'aboutir à la folie et
à l'idiotisme, et c'est en effet sous la figure d'un fou ou d'un idiot que
dans les *Purânas*[2], par exemple, on nous dépeint souvent le sage.

Nous n'avons pas à juger ici les spéculations des Upanishads, ni à
insister plus longuement sur les conséquences inévitables de ce premier essai de la philosophie de l'absolu. Il n'est que trop visible combien
cette doctrine est peu disposée à se mettre à l'école de l'expérience,
combien elle porte à l'orgueil spirituel, ce péché de race qui frappa

---

1. Katha-Up. III, 13. Les deux premières sections de la Çvêtâçvatara-
Up. et la VI° de la Maitri-Up. (qualifiée, il est vrai, de *Khila*, de supplément
par le commentaire de Râmatîrtha, p. 77, éd. de la Bibl. Ind.) sont consacrées à ces exercices. Dans la Garbha-Up. 4, le fœtus s'y apprête déjà
dans le sein maternel.

2. Cf. la légende du roi Bharata, Vishnu-P, II, ch. xiii, t. II, p. 316 de
la traduction de H. H. Wilson, éd. Hall ; et le « vœu de folie, » l'unmattavrata,
ibid. I, ch. ix, t. I, p. 135.

si vivement les Grecs quand ils entrèrent en rapport avec les brâhmanes[1]; combien, même débarrassée de ses exagérations, elle tend à énerver la conscience, et quelle idée mélancolique en somme elle donne de la vie. On a souvent insisté sur ce dernier côté et on a cru saisir dans ces apirations à un état qui pour nous ressemble si fort au néant, la plainte d'un peuple malheureux et las de vivre. Nous croyons, pour notre part, qu'il ne faut admettre cette explication qu'avec une extrème réserve, même pour le bouddhisme, qui cependant a été bien plus franchement pessimiste. Les prémisses une fois posées, la suite des déductions métaphysiques a quelque chose de fatal, et celles-ci devaient sortir, pour peu qu'on osât les y chercher, de données premières qui n'ont rien de commun avec le dégoût de la vie. Aussi ces doctrines nous paraissent-elles à l'origine respirer la hardiesse spéculative bien plus que la lassitude et la souffrance. Il n'en est pas moins vrai qu'elles sont loin d'être sereines et que, à la longue, malgré leur incontestable grandeur, elles ont exercé une action déprimante sur l'esprit hindou. Elles l'ont habitué à ne point connaître de milieu entre l'exaltation et la torpeur, et elles ont fini par imprimer à toutes ses productions un caractère uniforme, mélange d'ardeur inassouvie et de satiété. Car (et c'est là une dernière remarque qui doit être faite ici) ces doctrines ne se transmettront pas seulement dans l'école comme système philosophique, mais en elles trouveront désormais leur expression toutes les aspirations bonnes ou mauvaises du peuple hindou. A toutes les sectes elles fourniront une sorte de théologie supérieure. Les unes s'en inspireront comme d'un idéal, et il naîtra ainsi de loin en loin des œuvres d'une élévation et d'une délicatesse incomparables ; les autres les abaisseront à leur niveau et les exploiteront comme un répertoire de lieux communs. Les moins religieuses leur emprunteront les dehors de la dévotion, les plus abjectes et les plus exécrables s'affubleront de leur mysticisme et se serviront de leurs formules. C'est en parlant du brahman et de la délivrance, que les alchimistes se feront une religion du grand œuvre, que les sectateurs de Kâlî immoleront leurs victimes, que certains çivaïtes se livreront à leurs orgies. On a peine à comprendre ces chutes profondes à côté d'œuvres comme la *Bhagavad-Gîtâ*, le *Kural* et même certaines portions des *Purânas*, et nulle littérature ne démontre comme celle-ci la vanité du mysticisme et son impuissance à rien fonder de durable. Le nombre de fois que des esprits d'une trempe peu commune ont ainsi essayé de refaire l'œuvre des Upanishads, est vraiment prodigieux. La plupart de ces tentatives ne diffèrent entre elles que par des détails de faits, et nous n'aurons pas même à les énumérer. Leur histoire commune est un perpétuel et affligeant recommencement : au début, un effort vigoureux et de hautes visées, suivis bientôt d'une irrémédiable décadence; comme résultat final, une secte et une superstition de plus.

1. Cf. le récit de l'entrevue d'Onésicrite avec les brâhmanes ap. Plutarch. Alexander. LXV ; Strabo XV, c. LXIV, LXV ; Megasthenis fragmenta, p. 140, 141. éd. Schwanbeck. Cf. la légende de Raikva, Chândog. Up. IV, 1 et 2.

Aussi n'est-il pas étonnant qu'au cours de ces agitations stériles, le bon sens brutal ait eu parfois sa revanche et que, à tant de rêveries, il ait répondu par le scepticisme, par la moquerie et par la négation cynique. Déjà dans le Rig-Vêda il est question de gens qui nient l'existence d'Indra[1]. Dans les Brâhmanas on se demande parfois si réellement il y a une autre vie[2], et le vieil exégète Yâska, qu'on place d'ordinaire au cinquième siècle av. J-C., est déjà obligé de réfuter l'opinion de maîtres bien plus anciens que lui et qui déclaraient le Vêda un tissu de non sens[3]. Ce scepticisme vulgaire, qui ne doit pas être confondu avec les négations spéculatives du Sânkhya et du bouddhisme et dont l'allure frondeuse contraste si fortement avec l'esprit timoré des modernes Hindous, paraît avoir eu autrefois d'assez nombreux adeptes. Le terme le plus ancien par lequel on les trouve désignés est *Nâstika* (dérivé de *na asti, non est*) « ceux qui nient ». Ils paraissent avoir formé des associations plus ou moins avouées sous la dénomination de *Cârvâkas* (du nom d'un de leurs maîtres) et de *Lokâyatas* « les mondains ». Comme d'autres sectes, ils ont eu leurs Sûtras attribués, par dérision sans doute, à Brihaspati, le *guru* ou précepteur des dieux. Leur doctrine est représentée comme un scepticisme abolu, et leur morale, qui nous a été conservée dans quelques *çlokas* ou distiqués écrits avec beaucoup de verve et attribués au même Brihaspati, est un simple appel à la jouissance : « tant que va la vie, amuse-toi et fais bonne chère ; une fois que le corps est réduit en cendres, il ne revivra plus[4]. »

III. — DÉCLIN

La religion que nous venons d'exposer est proprement le brâhmanisme, la religion des brâhmanes. Bien différente de celles qu'il nous reste à examiner et dont les unes, le bouddhisme et le jainisme, ont rompu avec eux dès l'origine ; dont les autres, les diverses formes du vishnouïsme et du çivaïsme, ont été adoptées par eux et se sont épanouies sous leur direction, mais ne leur ont jamais appartenu au point de ne pas pouvoir se passer de leur ministère, celle-ci est bien leur œuvre et leur propriété. Elle ne se serait pas faite sans eux, elle ne saurait exister sans eux et sans eux

1. II, 12, 5 ; VIII, 100, 3, 4.
2. Taittir. Samh. VI, 1, 1, 1 ; Katha-Up. I, 1, 20.
3. Nirukta I, 15-16.
4. Sâyana a consacré aux Cârvâkas le premier chapitre de son *Sarvadarçanasangraha* : la plus grande partie de ce chapitre se trouve traduite par M. Cowell dans la nouvelle édition des *Miscellaneous Essays* de Colebrooke, t. I, p. 456.

elle aurait disparu en nous laissant quelques souvenirs défigurés peut-être, mais sûrement pas un seul témoignage authentique. Et réciproquement ça été le secret de la force et de la durée de leur caste si faible, si nulle comme organisation, d'avoir toujours eu conscience de sa mission de gardienne de la tradition. Malgré l'ardeur avec laquelle ils se sont jetés dans la théosophie et dans les dévotions sectaires, malgré le rôle prépondérant et quasi divin qu'ils ont su se ménager dans les religions nouvelles[1], ils n'ont jamais cessé de veiller sur ce vieux patrimoine. Il est probable que déjà plusieurs siècles avant notre ère beaucoup d'entre eux avaient adopté à côté de leurs doctrines propres des croyances d'origine différente, et nous aurons à signaler plus loin quelques-unes des formes religieuses nées de ces compromis. Dans les disciplines toutefois qui se rapportent à leurs usages traditionnels et à leur vieille littérature, ils sont en général restés fidèles aux données du passé, et cela non seulement parmi les Mîmânsistes qui étaient la tradition incarnée, mais même parmi les Vêdântins, qui avaient infiniment plus d'affinités avec toutes les nouveautés. C'est le même culte au fond qui se trouve décrit successivement dans les Brâhmanas, dans les Sûtras, dans les Prayogas et dans des traités encore plus modernes. Les Smritis, bien que diversement anciennes, n'ont la plupart rien de sectaire. Quand Patanjali, qui passe cependant pour l'auteur des Yogasûtras, le plus excentrique des systèmes de philosophie, défend au début de son *Mahâbhâshya* (deuxième siècle av. J.-C.) l'utilité des études grammaticales, il se place exactement sur le même terrain que le vieux Yâska, celui de l'exégèse védique[2]. Çankara au huitième siècle, Sâyana au quatorzième étaient des Vaishnavas et passent même pour avoir été des incarnations de Vishnu ; il n'y paraît guère pourtant, quand ils commentent l'un les Vêdântasûtras et les Upanishads, l'autre l'ensemble des quatre Vêdas. Dans les traités de philosophie, la polémique contre les doctrines des diverses sectes abonde, mais elle est strictement scolastique. Il n'y a pas jusqu'au grand retour offensif contre le bouddhisme inauguré dans le Dékhan au septième et au huitième siècle par les écoles de Kumârila et de Çankara[3] et où les passions sectaires eurent en réalité une part décisive, qui, dans les documents authentiques étudiés jusqu'ici, ne paraisse se réduire à de simples discussions entre métaphysiciens. A s'en tenir à cette litté-

---

1. De Çatap. Br. II, 2, 2, 6 et Manu XI, 81, rapprocher des passages tels que Bhâgavata-Pur. III, 16, 17. Un vers proverbial moderne dit : « Le monde entier dépend des dieux ; les dieux dépendent des mantras ; les mantras dépendent des brâhmanes ; les brâhmanes sont mes dieux. » J. A. Dubois, *Mœurs des peuples de l'Inde*, t. p. 186, et O. Böhtlingk, *Indische Sprüche*, n° 7552, t. III, p. 607, 2ᵉ éd.

2. Mahâbhâshya, I, 1, 1. p, 1-5, éd. Kielhorn.

3. Pour l'âge de Kumârila Bhatta, cf. Burnell, *Sâmavidhânabrâhmana*, introd. p. vi. Çankara Acârya est généralement placé au huitième siècle ; peut-être faudrait-il adopter plutôt le neuvième. La tradition la plus accréditée le fait naître le 10 du mois de Mâdhava (avril-mai) en l'an 788 de J.-C. Kern, ap. *Ind. Studien*, t. XIV, p. 353. D'autres traditions, il est vrai, le placent au deuxième et au cinquième siècle, *Ind. Antiq.* I, 361 ; VII, 282.

rature, on dirait que l'Inde brâhmanique n'a jamais connu à côté de son Vêda, que des systèmes philosophiques, et on soupçonnerait à peine l'existence de ces puissants mouvements religieux qui nous sont révélés dans la poésie épique, dans la littérature profane et dans l'immense amas des écrits sectaires. Sans s'abstraire jamais des choses présentes et avec des moyens en somme très imparfaits, les brâhmanes ont ainsi conservé pendant plus de vingt siècles encore leur vieil héritage avec une fidélité pour laquelle, non seulement la science moderne, mais l'Inde aussi leur doit quelque reconnaissance. Car, s'il y a eu quelque chose de salutaire dans le passé de ce peuple, au milieu de ce débordement de rêveries, c'est encore la continuité de la pure tradition brâhmanique, malgré son esprit routinier et dédaigneux de l'expérience, son exclusivisme et son profond manque de charité. Aucun mouvement sectaire en somme n'a rien produit d'aussi solide que les vieilles Smritis, d'aussi indépendant et purement intellectuel que certains Sûtras philosophiques. Le vaidika qui sait par cœur et enseigne à ses disciples un ou plusieurs Vêdas qu'il comprend encore en partie du moins, est supérieur au *guru* sectaire avec ses mantras inintelligibles, ses amulettes et ses diagrammes ; le yâjnika qui possède la science compliquée de l'ancien sacrifice, doit être mis au-dessus du desservant illettré d'un temple et d'une idole, et l'agnihotrin qui, tout en soignant ses affaires, entretient ses feux sacrés et se conforme avec sa femme et ses enfants aux prescriptions de son rituel héréditaire, est un être plus utile et plus moral que le fakir et même que le moine bouddhiste.

Nous n'essaierons pas de suivre le brâhmanisme dans son déclin à travers la longue période où il n'a plus été qu'une des faces de ce Protée multiforme qui s'appelle l'hindouisme, et au cours de laquelle il a fini par être si intimement mêlé aux religions sectaires, qu'on ne peut plus l'en séparer que par abstraction. Il reste toutefois quelques points qu'il importe de relever.

Presque toute l'ancienne littérature religieuse était ésotérique ou avait fini par le devenir. Le Vêda l'était plus ou moins de droit, puisqu'il ne pouvait être transmis que par un enseignement oral dont les femmes et les castes serviles étaient strictement exclues[1] et qui, en définitive, ne s'adressait qu'aux seuls brâhmanes. Les livres accessoires l'étaient de fait[2] ; car, ou bien ils supposent la connaissance du

---

1. L'*upanayana*, la présentation de l'élève au maître, est réservé par toute la Smriti aux enfants mâles des dvijas, c'est-à-dire des membres des trois castes supérieures qui n'ont pas perdu, par leur négligence, leur droit à l'initiation. Le çûdra est formellement exclu, Apastamba Dh. S. I, 1, 5. A cet égard, point de doute. Il serait plus intéressant de savoir jusqu'à quel point les non-brâhmanes faisaient usage de leur droit. Mais la Smriti ne concerne guère en réalité que les brâhmanes, et ce qu'elle dit des autres castes est presque toujours sujet à caution. Selon toute probabilité, la communication du Vêda se réduisait pour elles (et même pour beaucoup de brâhmanes) à une simple formalité.

2. Ils affichent d'ailleurs eux-mêmes des prétentions à l'ésotérisme : Cf. Nirukta, II, 3-4 ; Manu, I, 103 ; II, 16 ; XII, 117.

Vêda, ou bien leur forme est telle qu'un initié seul pouvait les comprendre : nul profane n'eût été en état de lire par exemple un Sûtra. L'usage de l'écriture étant venu à se répandre, en présence peut-être aussi de ce qui se pratiquait dans les sectes, on s'appliqua, sans toucher à l'interdiction qui entourait le Vêda, à reproduire sous une forme abordable les doctrines présentant un intérêt plus général. Nous croyons qu'il faut voir une première tentative de ce genre dans la plupart des Upanishads, notamment dans les petites, dont le caractère est particulièrement littéraire. D'autres monuments de cette littérature ont péri ou ne sont parvenus jusqu'à nous que remaniés de fond en comble : tels sont les vieux recueils épique et légendaire, l'ancien *Itihâsa* et l'ancien *Purâna* si souvent mentionnés et dont certaines portions non sectaires du Mahâbhârata peuvent donner peutêtre quelqu'idée. Plus tard les nombreux *Dharmaçâstras* ou Codes de lois, tels que ceux de Manu, de Yâjnavalkya et d'autres[1], furent rédigés dans le même but. Ce sont des compositions relativement modernes, dont bien peu remontent au delà de notre ère et dont quelques-unes descendent bien plus bas, mais qui sont très vieilles pour le fond. Il y eut ainsi une littérature purement brâhmanique, sans aucun mélange sectaire, accessible à tout le monde, qui s'est continuée sans interruption jusqu'à nos jours. Et, comme cette littérature se produisait parfois sous les noms des plus révérés parmi les anciens sages, quelques-unes de ses œuvres ne tardèrent pas à éclipser les originaux scolastiques. Le code de Manu, par exemple, attribué à l'ancêtre et au législateur mythique de la race humaine, prit rang à la tête des Smritis et immédiatement après le Vêda.

C'est dans ces livres que le rôle de Brahmâ (masculin), le créateur, le père des dieux et des hommes, est accentué le plus nettement, figure majestueuse mais un peu pâle, comme tous les produits de la spéculation, et peu faite pour disputer la suprématie à ses redoutables rivaux issus des croyances populaires. Etranger à l'ancien culte, bien que son prototype Prajâpati y eût une assez large part, il ne paraît pas avoir tenu plus de place dans les cultes nouveaux et, parmi les innombrables sanctuaires de l'Inde, on n'en connaît qu'un seul, celui de Pushkara près d'Ajmîr en Râjastan, qui lui soit exclusivement consacré. C'est également dans ces livres que la théorie des quatre âges du monde et du triomphe progressif du mal, ainsi que celle des créations et des destructions successives de l'univers se suivant à travers d'immenses périodes, est exposée pour la première fois d'une façon précise[2]. Les doctrines relatives à la vie d'outre-tombe, notamment

---

1. Pour différentes listes de Dharmaçâstras, cf. Stenzler, *Zur Literatur der Indischen Gesetzbücher*, ap. Ind. Studien, t. I, p. 232. Une collection de vingt-six de ces textes a été réimprimée par Jîvânanda Vidyâsâgara sous le titre de Dharmaçâstrasangraha, 2 t., Calcutta, 1876.

2. Cf. R. Roth, *Der Mythus von den fünf Menschengeschlechtern bey Hesiod und die indische Lehre von den vier Weltaltern*, 1860. Cette théorie pessimiste est exprimée par l'allégorie de la Vache du Dharma, qui se tient sur quatre pieds dans le premier âge, sur trois dans le deuxième, sur deux dans le troisième, sur un seul dans l'âge actuel. — La théorie développée des quatre âges

celles qui ont rapport à l'enfer ou plutôt au purgatoire (car il n'y a pas de supplices éternels) prennent leur forme définitive. Nul effort n'est fait d'ailleurs pour relever les vieilles divinités des coups multiples qui leur ont été portés successivement par le ritualisme, par la théosophie et par les dévotions sectaires. Indra et ses pairs sont les dieux du culte : hors de là, ce sont des puissances très subordonnées, qui veillent comme gardiens sur les différentes régions du monde et dont l'homme peut, par la science et par la pénitence, devenir l'égal sinon le supérieur.

Par leur tendance éclectique et monothéiste, ces livres contribuèrent à la formation d'une certaine orthodoxie dans le sein du brâhmanisme. D'une part le Vêda fut accepté plus que jamais comme une autorité absolue, d'autant plus indiscutable en théorie qu'elle était peu gênante en pratique; d'autre part la reconnaissance d'un Dieu personnel et providentiel, dont les Brâhmanas et les Upanishads se passent parfois si aisément, devint peu à peu un dogme. Sous quelque nom qu'on l'invoquât et quelque explication métaphysique qu'on donnât de son être, il fallut confesser un Içvara, un Seigneur, et s'humilier devant lui. Le Sânkhya, qui niait cette notion, fut déclaré impie. La Mîmânsâ, qui l'ignorait, fut tenue elle-même pour suspecte[1], malgré son rigorisme traditionaliste, et elle fut obligée de l'inscrire en tête de son credo. Le Vêdânta seul, par ce privilège qu'ont toujours eu les systèmes idéalistes de concilier la dévotion avec une métaphysique qui semble devoir l'exclure, échappa parfois à la nécessité de reconnaître expressément un Dieu conscient et distinct du monde. Dans l'*Atmabodha*[2] (connaissance de l'âtman), attribué à Çankara, qui est cependant une œuvre de vulgarisation, il n'est question que du brahman neutre et impersonnel. Mais, pour peu que la pensée se reposant de l'effort spéculatif, vienne à se servir de formules moins précices, le Vêdânta subit à son tour la loi commune et parle le langage du déisme. Grâce à cette élasticité qui lui permettait de satisfaire tous les genres de piété, ce système finit par absorber tous les autres sur le terrain religieux. A partir surtout de la vigoureuse impulsion qu'il reçut de Çankara, qui paraît avoir introduit le premier dans l'école une organisation cénobitique[3], il devint à peu près la seule expression spéculative du brâhmanisme. Toute la littérature d'édification et de propagande s'en inspire et, de nos jours, la plupart des brâhmanes lettrés, une minorité en somme, à quelque secte d'ailleurs qu'ils appartiennent, professent plus ou moins le vêdântisme.

contient des données numériques qui relèvent de l'astronomie, soit chaldéenne, soit grecque. Cf. Biot, *Etudes sur l'astronomie indienne et chinoise*, p. 30 ss.

1. Chez Varâha Mihira (sixième siècle) les mîmânsistes sont assimilés aux bouddhistes. Ind. Studien, XIV, p. 353.

2. Traduit et commenté par F. Nève ap. *Journal Asiatique*, t. VII, 6ᵉ série. Cf. encore F. H. H. Windischmann, *Sancara, sive de Theologumenis Vedanticorum*, 1833.

3. Cf. Burnell, *Vamçabrâhmana*, Introd. p. xiii.

Il serait intéressant de se rendre compte de ce que devient pendant la même période le culte du brâhmanisme, et de le suivre dans sa disparition graduelle. Mais sur ce point les renseignements exacts font défaut. Une chose paraît certaine, c'est qu'il ne se confondit jamais avec le culte sectaire. Non seulement les écrits orthodoxes, tels que Manu, défendent aux brâhmanes de desservir les temples et les idoles, et d'officier aux cérémonies populaires, mais des livres aussi décidément sectaires que les poèmes épiques et même que certains Purânas (Mârkandeya-P., Vishnu-P., Bhâgavata-P.), ne mentionnent guère que les anciennes cérémonies. Ce n'est que dans les Tantras, dans les Purânas qui s'en rapprochent, dans quelques Upanishads, dans des manuels et dans des compilations techniques, c'est-à-dire dans des écrits d'une affectation très spéciale, qu'on trouve des indications précises sur le rituel sectaire. Il semble qu'aux yeux des brâhmanes même le plus profondément engagés dans les religions nouvelles, le culte de ces religions soit resté une dévotion, un tribut d'hommages, une *pújà*, radicalement différente du *yajna*, du sacrifice traditionnel. Les doctrines se mêlèrent, les rites restèrent distincts. Des anciennes pratiques, ce furent naturellement celles du rituel domestique qui à la fois persistèrent le mieux et varièrent le plus. Nous rappellerons seulement la plus importante de ces innovations, l'odieuse coutume de l'*anumarana* qui fit une loi à la veuve de se brûler avec le corps de son époux[1]. Quant au grand culte brâhmanique, qui était garanti par une tradition plus savante, il était moins menacé par le changement que par la désuétude. Ce culte était extrêmement compliqué et onéreux, et déjà dans les brâhmanas il avait fallu en venir à des accommodements[2]. Sans toucher à l'ancienne théorie, on s'arrangea de façon à rendre la pratique plus aisée. C'est une règle générale que plus un traité rituel est moderne, plus il est circonstancié et exigeant, mais plus aussi il multiplie les dispenses et les moyens de se mettre en règle à peu de frais. Toute une classe d'écrits, les *Vidhânas*, dont les origines sont d'ailleurs fort anciennes, n'ont pas d'autre objet que d'enseigner une sorte de culte au rabais, procurant les mêmes fruits que les grands sacrifices[3]. Les immolations qui étaient peu conciliables avec le précepte de l'*ahinsâ*, du respect de tout ce qui a vie, conséquence de la doctrine de la métempsychose et aussi des idées plus douces répandues par le bouddhisme, furent abolies peu à peu, et la libération de la victime, ou la substitution en son lieu et place d'une figure faite de pâte de farine, qui étaient de tolérance, finirent

1. L'endroit où une *sati* s'est ainsi dévouée, est marqué quelquefois par une cippe portant gravées à la partie supérieure deux empreintes de pieds, une grande et une petite, l'une à la suite de l'autre et dirigées dans le même sens.

2. Cf. par exemple Taittir. Samh. I, 6, 9, où les fruits des grands somayâgas sont attribués aux isthis de l'espèce la plus simple.

3. Deux Vidhânas ont été publiés jusqu'ici : celui du Sama-Vêda par M. Burnell, *The Sâmavidhânabrâhmana*, 1873, et celui du Rig-Vêda par M. R. Meyer : *Rigvidhânam*, Berolini, 1878.

par être de précepte. Le *dâna*, la libéralité envers les brâhmanes
sous forme, soit de donations en terres, soit de présents de toute
sorte (une de ces offrandes consistait à donner son propre poids
d'or ou d'argent[1]) devint peu à peu la plus méritoire des œuvres
pies, d'une efficacité bien supérieure à celle du sacrifice. En même
temps le brâhmanisme admit un grand nombre de pratiques telles
que pèlerinages, ablutions dans le Gange, etc., dont les anciens
livres ne savent rien et qui dans Manu encore ne sont pas tenues en
grande estime[2]. Sur tous ces changements, la littérature nous ren-
seigne suffisamment. Ce qu'elle ne dit pas, c'est la place que ce culte
tenait encore dans la réalité. Par les monnaies et par les inscriptions
nous savons que les grands sacrifices tels que l'açvamêdha, le vâjapêya, le paundarîka, etc., n'ont pas cessé d'être célébrés durant le
haut moyen âge[3]. Puis, à partir du huitième siècle, ces témoignages
deviennent excessivement rares, et il n'est plus question que d'une
façon générale de secours fournis aux brâhmanes pour l'accomplissement des rites. La conquête musulmane qui s'étendit d'une façon
permanente sur une grande partie du territoire, dut activer la décadence, en tarissant en de vastes provinces la source des libéralités
princières, et il est probable que c'est à cette époque qu'il faut placer
la disparition de textes rituels importants qui existaient encore au
moyen âge, et qui se sont perdus depuis. Les somayâgas qu'on sait
avoir été célébrés dans notre siècle, peuvent se compter sur les
doigts. Les brâhmanes agnihotrins, qui entretiennent les trois feux
sacrés, ne sont plus qu'un petit nombre, et l'ancien noviciat, le
brahmacarya, par lequel s'acquiert la connaissance des textes et des
rites, ne fait plus guère de recrues[4]. Le profit est ailleurs, à l'étude de
la logique, du droit, de la grammaire[5], et encore ces connaissances,
la jeunesse va-t-elle les chercher dans des collèges organisés à la
façon anglaise, plutôt que dans les *tols* ou *mathas* brâhmaniques.
En 1829, Wilson comptait encore vingt-cinq de ces institutions avec
six cents élèves à Nadiyâ, le principal siège de la science indigène au
Bengal. Moins de quarante ans après, ce nombre était réduit à la
moitié, et celui des élèves au quart[6]. Et comme il en est au Bengal, il

---

1. Cette sorte de don s'appelait *tulâ* « balance. » Dans une inscription du
douzième siècle, il est dit d'un roi de Canoje qu'il célébra cent fois le rite
tulâ. Râjendralâla Mitra : *Notes on two copperplate grants of Govindacandra
of Kannuj*, ap. Journ. As. Soc. of Bengal, t. LXII.

2. Manu VIII, 92.

3. Monnaies et inscriptions des Guptas; inscriptions dez Pallavas et des
anciens Calukyas.

4. L'upanayana, le don du cordon sacré, la communication de la Sâvitrî, etc.,
étant des sacrements, s'accomplissent encore, surtout pour les brâhmanes ;
mais toutes ces cérémonies, que les Smritis répartissent sur une durée
moyenne de douze ans, ne prennent plus d'ordinaire que quelques jours.

5. Dans une curieuse liste des membres d'une réunion littéraire tenue au
douzième siècle au Kashmîr, sur trente pandîts présents, il n'y a que quatre
Vaidikas. G. Bühler, ap. *Journ. of the Roy. Asiat. Soc. Bombay*, t. XII, extra
number, p. 50.

6. Hunter, *A statiscal account of Bengal*, t. II, p. 109.

en est à peu près partout, dans l'extrême sud, dans les pays marhattes
et même à Bénarès. Sur le terrain religieux, l'intérêt est aux œuvres
modernes du védàntisme sectaire. L'ancienne théologie ne répondant
plus à une foi et ayant cessé d'être une profession lucrative, est en
train de disparaître. On ne fait plus guère de copies des vieux
livres à mesure que les anciennes se détruisent et, bien qu'il y ait
encore dans l'Inde bien des milliers de brâhmanes qui savent par
cœur les principaux textes védiques, on peut dire que la science
européenne est venue juste à temps pour recueillir cette antique succession au moment où elle allait tomber en déshérence. L'espèce de
renaissance du védisme qui s'est manifestée dans ces derniers temps
par des publications de textes et même par des tentatives d'un
retour pratique à l'ancienne orthodoxie, patronnées par divers *Dharma-
sabhâs* (associations pour le maintien de la Loi), n'est elle-même que
le contre-coup de l'œuvre inaugurée, il y aura bientôt un siècle, par
William Jones, et elle constitue un mouvement où, malgré certaines
apparences, le goût de l'archéologie, l'esprit national et la politique
même ont plus à voir en somme que la religion.

III

BOUDDHISME

En passant aux religions plus jeunes qui se sont développées à la suite du brâhmanisme, la première qui s'offre à nous est le bouddhisme : non pas qu'il soit démontré que c'est la plus ancienne, mais parce que, avant toute autre, elle est arrivée à une existence distincte et qu'elle est en quelque sorte le rejeton direct de la vieille souche, tandis que ses rivales s'y sont greffées plutôt comme des plantes parasites. — Le bouddhisme présente en effet un double caractère. D'une part c'est bien un fait hindou, un produit pour ainsi dire naturel de l'âge et du milieu qui l'ont vu naître. Si on essaie de reconstituer sa doctrine et son histoire primitives, on arrive à quelque chose de si semblable à ce qui nous est offert dans les plus anciennes Upanishads et dans les légendes brâhmaniques, qu'il n'est pas toujours facile de déterminer quels traits lui appartiennent en propre. D'autre part il s'affirme dès l'origine comme une religion indépendante, où souffle un esprit nouveau et à qui la puissante personnalité de son fondateur a imprimé une marque indélébile. En ce sens, le bouddhisme est l'œuvre du Buddha, comme le christianisme est l'œuvre de Jésus et l'islam celle de Mahomet. Dès la mort du Maître, on se sent en présence d'un corps de doctrines et d'une institution ayant leur vie propre et dont l'histoire ne touche plus que par des rapports indirects et tout externes à celle des religions contemporaines. Cette histoire, nous n'entreprendrons pas de la faire ici. Autant que possible, nous la laisserons intacte à celui de nos collaborateurs que des études spéciales mettent mieux à même que nous de retracer en un tableau d'ensemble l'immense développement des dogmes, des institutions et des destinées du bouddhisme. C'est à peine si nous effleurerons les questions que soulèvent les sources de l'histoire du bouddhisme, ses diverses traditions si divergentes entre elles, sa double littérature d'abord conservée en sanscrit dans le Nord (livres du Népâl), en pâli dans le Sud (*Tipitaka* et Chroniques de Ceylan), et plus tard reproduite plus ou moins fidèlement dans la plupart des langues de la haute et extrême Asie. Il ne sera pas davantage question, si ce n'est en passant, de la biographie de son fondateur, de ses divers systèmes de métaphysique, de sa

morale, de son organisation ecclésiastique, de sa discipline et de
son culte, de sa mythologie et de son hagiologie, de ses écoles, de
ses hérésies, de ses conciles, de son influence probable ou possible
sur d'autres croyances telles que le manichéisme et diverses sectes
chrétiennes. En un mot, nous ne toucherons à ses doctrines et à son
histoire qu'autant qu'il sera nécessaire pour expliquer sa fortune et
pour marquer la place qui lui revient dans le développement religieux de l'Inde[1].

On n'a que des données légendaires profondément pénétrées d'éléments mythiques sur la vie de l'homme remarquable qui, vers
la fin du sixième siècle avant notre ère, posa les bases d'un système religieux qui constitue aujourd'hui encore, sous une forme
plus ou moins altérée, la foi de plus d'un tiers des habitants du
globe[2]. Il appartenait à la famille des Gautamas qui était, dit-on, la

1. Ouvrages généraux sur le bouddhisme : — Précédée par les travaux
d'Abel Rémusat et de J. J. Schmidt sur les religions et les littératures de la
haute et extrême Asie, de Csoma de Körös sur le bouddhisme tibétain (*Journ.
of the As. Soc. of Bengal*, I ; Asiat. Researches XX); préparée et rendue
possible par les recherches et découvertes de B. H. Hodgson relatives à celui
du Népâl (réimprimées en partie dans *Essays on the languages, literature and
religion of Nepâl and Tibet*. 1874) et par les travaux de G. Turnour sur les
chroniques singhalaises (*Journ. of the As. Soc. of Bengal*, VII. et *The Mahá-
vanso, with translation and an introductory essay on páli buddhistical literature*, vol. I (tout ce qui a paru), Ceylan. 1837), — l'étude directe du bouddhisme indien commence avec E. Burnouf : *Introduction à l'histoire du
Bouddhisme indien*, 1844, réimprimé en 1876 ; et *Le Lotus de la Bonne Loi*,
traduit du sanscrit, accompagné de vingt et un mémoires relatifs au bouddhisme, 1852. — R. Spence Hardy, *Eastern monachism*, an account of the
origin laws. discipline and sacred writings... of the order of mendicants
founded by Gotama Budha. compiled from singhalese MSS., 1853, réimprimé
1860.— Du même, *A Manual of Budhism in its modern development*, translated
from singhalese MSS., 1853, réimprimé 1860. — C F. Köppen, *Die Religion
des Buddha*, 2 vol. 1857-1859.— W. Wassiljew, *Der Buddhismus, seine Dog-
men, Geschichte und Literatur*, 1er theil (seul paru), traduit du russe, 1860.
Une traduction française par La Comme, 1865. Très important pour le bouddhisme indien, bien que tiré uniquement des sources tibétaines et chinoises.
— A. Schiefner, *Táranátha's Geschichte der Buddhismus in Indien*, aus dem
tibetischen übersetzt, 1869; l'auteur écrivait au commencement du dix-
septième siècle. — A ces ouvrages il faut ajouter R. C. Childers, *A Dictionary of the Pali language*, 1875, dont quelques articles sont de véritables
monographies, et qui fournit sur une infinité de points des renseignements
précieux empruntés à des ouvrages souvent peu accessibles. — Parmi les
livres de vulgarisation, il convient de citer en première ligne, J. Barthélemy
Saint-Hilaire, *Le Bouddha et sa religion*, 2e éd. 1862. et surtout un petit
volume récent (non daté, mais qui doit être de 1877) de T. W. Rhys Davids,
Buddhism, being a sketch of the life and teachings of Gautama, the Buddha,
publié par la Society for promoving christian knowledge. — Nous ne pouvons signaler ici que d'une façon toute générale les nombreux travaux de
J. d'Alwis, S. Beal, L. Feer, Ph. E. Foucaux, D. J. Gogerly, Max Müller,
A. Schiefner, E. Schlagintweit, A. Weber, H. H. Wilson. — Ch. Lassen
enfin, *last not least*, a aussi fait beaucoup pour ces études dans son grand
ouvrage, *Indische Alterthumskunde*, 1847-1874.

2. Les données statistiques les plus récentes fournissent pour les populations bouddhistes un chiffre total de 470 millions. T. W. Rhys Davids, *Buddhism*, p. 5.

branche royale des Çakyas, un clan râjpoute établi en ce temps sur les bords d'un petit affluent du Gogra, la Rohini, à quelques deux cents kilomètres au nord de Bénarès. A vingt-neuf ans, il quitta ses parents, sa jeune femme et le fils unique qui venait de lui naître, et se fit sannyâsin. Après sept ans de méditations et de luttes avec lui-même, il se déclara en possession de la vérité parfaite et prit le titre de *Buddha*, l'Eveillé, l'Illuminé. Pendant quarante-quatre autres années, il prêcha sa doctrine sur les deux rives du Gange, dans la province de Bénarès et dans le Bihâr, et entra dans le Nirvâna, à l'âge avancé de quatre-vingts ans[1]. La date de sa mort, qui est rapportée différemment par les diverses traditions bouddhiques et par toutes d'une manière inexacte, n'a été déterminée avec une certitude à peu près complète que dans ces derniers temps, grâce à trois nouvelles inscriptions de l'empereur Açoka. Il résulte de ces textes que, dans la trente-septième année du règne de ce prince, on comptait 256 ans depuis le départ du Maître, et cela dans le Magadha même, le pays d'origine du bouddhisme. Rapportée à notre chronologie, cette donnée fournit pour le Nirvâna une des années qui tombent entre 482 et 472 avant Jésus-Christ[2]. C'est la première date que nous rencon-

1. Biographie du Buddha : Ph. E. Foucaux, *Rgya-Tcher-Rol-Pa*, ou développement des jeux ; histoire du Bouddha Sakya-Mouni, publié et traduit du tibétain, 1847-1860, 2 vol. in-4°. C'est la version tibétaine du suivant : — *The Lalitavistara*, or Memoirs of the early life of Çakya Sinha, ed. by Râjendralâla Mitra, Calcutta, 1853-1877 (Biblioth. Indica). Ce texte, le seul des livres sanscrits du Népâl édité jusqu'ici, conduit la vie du Buddha jusqu'au début de son apostolat.— S. Beal, *The romantic legend of Sâkya-Buddha*, from the chinese, 1875 ; traduit d'une version chinoise de l'Abhinishkramanasûtra, ou récit de la vocation et de la retraite du Buddha. — A. Schiefner. *Eine tibetische Lebensbeschreibung Çakyamuni's*, 1849 ; l'original a été écrit en 1734. Tous ces ouvrages appartiennent au bouddhisme septentrional : les suivants sont puisés aux sources du sud : — R. C. Childers, *The Mahâpari, nibbâna Sutta*, pâli text and commentary, ap. Journ. Roy. As. Soc. t. VII et VIII, new series. Contient le récit des derniers jours et de la mort du Buddha ; la traduction, interrompue par la mort de l'auteur, n'a pas paru.— V. Fausböll, *The Jâtaka together with its commentary*, vol. I, 1877 ; l'introduction du commentaire contient une biographie détaillée du Buddha, moins les dernières années. — P. Bigandet, vicaire apostolique d'Ava et Pegou : *Vie ou légende de Gaudama...* traduit par V. Gauvain, 1878. Les deux éditions anglaises de cet ouvrage traduit du birman, ont paru à Rangoon, 1858 et 1866. — H. Alabaster, *The wheel of the Law*, 1872, d'après les sources siamoises. — Enfin on ne saurait toucher à la vie du Buddha sans mentionner le beau livre de E. Senart, *Essai sur la légende du Buddha, son caractère et ses origines*, 1875 (paru d'abord dans le Journal Asiatique, 1873-1875). On peut être d'avis que l'auteur fait parfois la place un peu trop grande à l'explication mythique ; mais, après ce livre, il ne saurait plus être question d'écrire la biographie du Buddha, comme elle est donnée, par exemple, dans l'ouvrage cité plus haut de M. Barthélemy Saint-Hilaire.

2. La question de la date du Nirvâna a été traitée principalement par Ch. Lassen, *Ind. Alterthumsk.* II, p. 53, 2e éd.—Max Müller, *Ancient sanskrit Literature*, p. 263. — N. L. Westergaard, *Ueber Buddha's Todesjahr*, traduction allemande, 1862. — H. Kern, *Over de Jaartelling der zuidelijke Buddhisten*, 1873. Elle a été tranchée par la découverte, due au général A. Cunningham, des nouvelles inscriptions : G. Bühler, *Three new edicts of Açoka*, ap.

trons dans l'histoire de l'Inde et, si on excepte celles qui en dépendent, les dix siècles qui vont suivre n'en fournissent pas, pris ensemble, une demi-douzaine de nouvelles.

Les doctrines du Buddha nous sont mieux connues que les détails de sa vie; mais il s'en faut de beaucoup qu'elles le soient d'une façon précise. Dans les documents où il y a en somme encore le plus de chance de retrouver l'écho de sa parole, dans les *Suttas* pâlis, ces souvenirs, à en juger par ce qui a été publié jusqu'ici[1], sont déjà si profondément altérés par les élucubrations d'une époque de formalisme et de scolastique (la langue de ces documents, le pâli, est plus jeune que les dialectes dans lesquels ont été rédigées, vers la fin du troisième siècle avant Jésus-Christ, les inscriptions d'Açoka), qu'en ce qui concerne la forme du moins, l'enseignement du Maître peut être considéré comme perdu. Il y a des étincelles dans cette littérature de moines, mais jamais de flamme, et ce n'est certainement pas avec ces étranges sermons que le « Lion des Çakyas » a conquis les âmes. Le fond a sans doute bien mieux résisté que la forme. Mais, si on songe aux questions semblables que soulèvent les origines du christianisme, où la tradition a été cependant fixée incomparablement plus vite, on comprendra que, s'il est aisé de distinguer entre un bouddhisme primitif et les doctrines grossièrement altérées qui se sont fait jour plus tard, il convient d'user de quelques précautions en parlant du bouddhisme du Buddha lui-même. Ces réserves faites, nous allons indiquer aussi brièvement que possible, les doctrines fondamentales de la religion établie par Gautama.

Les deux traits qui frappent d'abord dans le bouddhisme primitif et qui remontent certainement à l'enseignement du Maître, sont l'absence de tout élément théologique et une aversion marquée pour la spéculation pure. Le Buddha ne nie pas l'existence de certains êtres appelés Indra, Agni, Varuna; mais il estime qu'il ne leur doit rien et il ne s'occupe pas d'eux. Il ne songe pas davantage à s'attaquer à la tradition révélée : il passe à côté d'elle. Le Vêda que son Eglise rejettera formellement un jour, se résumait encore à cette époque en pratiques, et Çâkyamuni, en embrassant la vie d'anachorète, a naturellement rompu avec les pratiques. Sa position par rapport à la religion positive n'est donc pas bien différente de celle de beaucoup de ses con-

Ind. Antiq. VI, 149 et VII, 141; et A. Cunningham, *Corpus Inscriptionum indicarum*, t. I, p. 20-23, pl. XIV.

1. L. Feer. *Études bouddhiques*, ap. Journal Asiatique, 1866-1878. — R. C. Childers, *The Kuddakapâtha*, pâli text with translation, ap. Journ. Roy. As. Soc., t. IV, new series. — Du même, *The Mahâparinibbânasutta*, ibid , t. VII et VIII. — P. Grimblot, *Sept suttas pâlis tirés du Dîgha-nikâa*, 1876. — Coomara Svamy, *Sutta Nipâta, or the dialogues of Gôtama Buddha*, translated, 1874. — E. Burnouf a traduit plusieurs suttas pâlis dans le *Lotus de la Bonne Loi*. Des travaux presque introuvables de Gogerly sur cette partie des écritures bouddhiques, quelques-uns ont passé dans le livre posthume de P. Grimblot. — Pour le *Dhammapada* et le *Jâtaka*, voir plus bas. — Un assez grand nombre de Sûtras ont été en outre publiés ou traduits d'après les livres du Nord par E. Burnouf (dans l'*Introduction à l'Histoire du B. I.*), S. Beal, A. Schiefner, etc.

temporains. Il paraît penser comme eux que c'est affaire aux brâhmanes d'agir par les rites sur les puissances célestes et d'en obtenir
des biens auxquels, pour son compte, il n'attache aucun prix. Son
œuvre à lui est toute laïque et, comme il ne reconnaît pas un Dieu
dont l'homme dépende, sa doctrine est absolument athée. Quant à sa
métaphysique, elle est surtout négative. Il ne s'occupe pas de
l'origine des choses : il les prend comme elles sont ou qu'elles
lui paraissent être, et le problème auquel il revient sans cesse dans
ses entretiens, n'est pas celui de l'être en soi, mais celui de l'existence. Plus encore que le Vêdânta des Upanishads, sa doctrine se
renferme dans la question du salut.

Le programme de cette doctrine est exposé dans les « Quatre
nobles vérités » : 1° l'existence de la douleur ; exister c'est souffrir ;
2° la cause de la douleur ; cette cause est dans le désir qui grandit
par la satisfaction même ; 3° la cessation de la douleur ; cette cessation est possible, elle est obtenue par la suppression du désir ; 4° la
voie qui conduit à cette suppression ; cette voie qui comprend quatre
étapes ou états successifs de perfection, c'est la connaissance et
l'observation de la « bonne loi, » la pratique de la discipline du
bouddhisme et de son admirable morale. Le terme en est le Nirvâna,
l'extinction, la cessation de l'existence.

Les conditions de l'existence sont résumées dans la théorie des
Nidânas ou des douze causes successives, dont chacune est censée être la conséquence de celle qui précède. Ce sont : 1° l'ignorance ;
2° les prédispositions mentales qui déterminent nos actes, ou plus
simplement l'action, le *karman* ; 3° la conscience ; 4° l'individualité ;
5° la sensibilité ; 6° le contact des sens avec les objets ; 7° la sensation ;
8° le désir ou la soif ; 9° l'attachement à l'existence ; 10° l'existence ;
11° la naissance ; 12° la vieillesse et la mort ou la souffrance[1]. Ces
termes, dont l'interprétation a du reste varié, répondent simplement
à des faits, à des états, à des conditions de l'existence finie. Ils ne
représentent pas, dans le bouddhisme primitif du moins, des subs-
tances, des entités. Le premier, par exemple, n'est pas, comme il
l'est devenu plus tard, à la fois la non cognition et l'incognoscible,
mais désigne simplement l'état d'ignorance, le fait de prendre pour
réel ce qui ne l'est pas. Ils ne sont pas non plus toujours présentés
dans le même ordre, et il est probable que cet ordre n'a pas toujours
impliqué un enchaînement rigoureux et continu de cause à effet.
Ainsi, il est visible que la série s'étend à plusieurs existences et que les
mêmes faits y reviennent envisagés à un point de vue différent : l'activité,
par exemple, ne doit pas être conçue comme précédant absolument
l'existence, et il est non moins évident que la dixième et douzième
conditions sont au fond la même, et que 3, 7, 8, 9, ne font qu'analyser
ce qui est déjà compris dans la deuxième.

Quant à l'être qui subit l'existence, il est un composé, une résul-

1. Pour les douze nidânas cf. E. Burnouf, *Introduction à l'Histoire du
Bouddhisme indien*, p. 491, et la notice de R. C. Childers dans la nouvelle
édition des *Miscellaneous Essays* de Colebrooke, t. I, p. 453.

tante des *skandhas* ou des « agrégats ». Ces agrégats qui, chez l'homme, sont au nombre de cinq (il y en a moins pour les autres êtres), avec cent quatre-vingt treize subdivisions, épuisent tous les éléments, propriétés et attributs matériels, intellectuels et moraux de l'individu. En dehors d'eux, il n'y a rien, ni principe fixe, ni âme, ni substance simple et permanente d'aucune sorte. Ils se forment pour constituer chaque être, se modifient sans cesse avec lui et se défont à sa mort : l'individu étant de part en part un composé de composés, périt tout entier. Seule, l'influence de son karman, de ses actes, lui survit, et par elle s'opère aussitôt la formation d'un nouveau groupe de skandhas, un nouvel individu surgit à l'existence dans quelqu'autre monde et continue en quelque sorte le premier. Cette substitution a beau être si rapide que pratiquement on n'en tient pas compte, que le Buddha, par exemple, et les saints parvenus à l'omniscience sont représentés se souvenant et parlant de leurs existences antérieures comme s'ils étaient restés toujours eux-mêmes en passant de l'une à l'autre. Il n'en est pas moins vrai que le bouddhiste à proprement parler ne renaît pas, mais qu'un autre, si je puis dire, renaît à sa place, et que c'est pour éviter à cet autre, qui ne sera que l'héritier de son karman, les douleurs de l'existence, qu'il aspire au Nirvâna. Telle est du moins la doctrine des livres pâlis, non seulement du petit nombre de ceux qu'on a publiés jusqu'ici, mais de toute la littérature orthodoxe du bouddhisme méridional, de l'avis des savants les plus autorisés qui ont pu l'étudier dans le pays même[1]. Cette doctrine était-elle déjà aussi nettement formulée dans l'enseignement du Maître? Il est permis d'en douter. D'une part, les livres sanscrits du Nord paraissent admettre quelque chose de permanent, un moi passant d'une existence à une autre[2]; d'autre part, on ne s'expliquerait guère, ce semble, que le bouddhisme, non content de faire accepter le néant comme le souverain bien, eût dès l'origine rendu sa tâche plus difficile encore en faisant en définitive de la poursuite de ce bien un pur acte de charité. Mais, d'aucune façon, ce moi vaguement entrevu et faiblement affirmé ne saurait être assimilé, par exemple, à l'âme simple et impérissable de la philosophie Sânkhya : il n'est pas indépendant des skhandas, comme celle-ci l'est de leurs analogues, les principes issus du développement de la Prakriti. Il s'éteint, au contraire, quand les skandhas viennent à faire définitivement défaut. En effet, quelque difficulté qu'il y ait à dégager sur ce point la pensée exacte du fondateur de dessous le travail scolastique de plusieurs siècles, s'il est une conclusion qui s'impose comme ayant été celle du bouddhisme à tous les âges, qui découle de tout ce qu'il affirme et de tout ce qu'il ignore, c'est que la « Voie » conduit à l'extinction totale, et que la perfection consiste à ne plus être[3]. En supprimant la première des

---

1. Spence Hardy, Gogerly, Bigandet, Childers, Rhys Davids.
2. E. Burnouf, *Introduction*, p. 507.
3. La bibliographie des opinions émises sur le Nirvâna fournirait à elle seule la matière d'un long article. Comme c'est là la doctrine capitale du

douze causes, l'ignorance, on empêche toute production ultérieure
de la suivante, du karman et de tout ce qui en dérive : au moment de
la mort, il ne se reformera cette fois plus de nouveaux skhandas, et
l'individu aura disparu tout entier et sans retour. Telle est la conclusion doctrinale, logique, qui n'est pas infirmée par le fait qu'elle ne
se rencontre pas toujours exprimée en toute sa rigueur et que, dans
la croyance ordinaire surtout, elle a subi toutes sortes d'atténuations.
L'imagination même d'un Asiatique a de la peine à se fixer.à l'idée
de l'anéantissement. Ainsi, les pèlerins chinois Fa-Hian et Hiouen-
Thsang, qui visitèrent l'Inde au cinquième et au septième siècles[1] et
qui étaient des croyants orthodoxes au Nirvâna complet du Buddha,
relatent pourtant de lui des miracles et même des apparitions,
comme s'il n'avait pas cessé d'exister, et il est incontestable que,
pour beaucoup de bouddhistes d'autrefois, le Nirvâna n'a été que
ce qu'il est pour la plupart de ceux d'aujourd'hui, une sorte de
repos éternel, de béatitude négative. Cela n'empêche pas que le
bouddhisme ne soit, comme doctrine, la confession de l'absolue
vanité de toutes choses et, en ce qui concerne l'individu, une
aspiration au néant.

Cette vanité de toute existence n'aurait pas été affirmée tant
de fois par le Buddha qu'elle ressortirait rien que de la théorie
des Nidânas. La première des douze causes, l'ignorance, qui consiste à prendre pour réel ce qui ne l'est pas, implique évidemment
la non-réalité du monde, non pas comme substance, la chose en
soi étant en dehors des considérations du bouddhisme primitif,
mais du monde tel qu'il nous apparaît. Les objets que nous per-
cevons n'ont pas de réalité propre et, comme on vient de le voir,
il en est rigoureusement de même dans la doctrine des Suttas
pâlis du sujet qui les perçoit. Son individualité n'est qu'une forme,
qu'une apparence vaine. Πάντα ῥεῖ, tout n'est qu'un flux d'agrégats
qui se font et se défont sans cesse, un écoulement immense dont on

Bouddhisme, il en est question dans la plupart des ouvrages énumérés ci-
dessus. En fait d'écrits spéciaux, nous citerons : Max Muller, *On the original
meaning of Nirvâna*, dans Buddhism and buddhist pilgrims, 1857. — Du
même, *Introduction* à Buddhaghosha's Parables, 1869. — Barthélemy Saint-
Hilaire, *Sur le Nirvâna bouddhique*, en tête de la 2e édition de Le Bouddha et
sa religion, 1862. — R. C. Childers, article *Nibbânam* dans le Dictionary of
the pâli language, p. 265. — J. d'Alwis, *Buddhist Nirvâna*, Colombo, 1871.
— Ph. E. Foucaux, *Revue Bibliographique*, 15 juin 1874. — Du même, *Introduction* à la traduction française de la Vie de Gaudama de Bigandet, p.
v, 1878.

1. *Foe Koue Ki ou Relation des royaumes Bouddhiques*; Voyages dans la
Tartarie, l'Afghanistan et l'Inde à la fin du IVe siècle par Chi-Fa-Hian, trad.
par A. Rémusat, revue par Klaproth et Landresse, 1836. — S. Beal, *The
travels of the Buddhist pilgrim Fah-Hian*, translated with notes and prole-
gomena, 1869. — St. Julien, *Voyages des pèlerins bouddhistes*, t. I: *Histoire de
la vie de Hiouen-Thsang et de ses voyages dans l'Inde,...* trad. du chinois, 1853.
t. II et III : *Mémoires sur les contrées occidentales par Hiouen-Thsang*, trad. du
chinois, 1857-1859. Publication capitale non seulement pour l'histoire du
bouddhisme, mais pour celle de l'Inde ancienne en général.

ne cherche pas à savoir l'origine et auquel on ne peut échapper que
par le Nirvâna. Une fois le système arrivé à ce point, il ne restait plus
qu'une négation à formuler, mais celle-ci d'ordre purement ontolo-
gique, la négation de la substance même. Ce dernier pas fut franchi
dans l'école fondée par Nâgârjuna, un siècle environ avant notre ère,
à une époque où la doctrine d'abord fort peu spéculative de Çâkyamuni avait donné naissance à un ensemble vaste et compliqué de
conceptions métaphysiques. Dans cette école, dite des Madhyamikas,
le bouddhisme se résout en un pur nihilisme. Il est devenu ce que les
brâhmanes lui reprochent d'être, « la doctrine du vide. » Ce n'est
plus là sans doute l'enseignement du Buddha, mais on ne saurait nier
que ce n'en soit la continuation directe.

Si maintenant on compare cette doctrine avec les spéculations
contemporaines de la philosophie brâhmanique, on ne peut qu'être
frappé de leur air de famille. L'athéisme, le dédain du culte et
de la tradition', la conception d'une religion toute spirituelle, le
mépris de l'existence finie, la croyance à la transmigration et la
nécessité d'y échapper, la faible notion de la personnalité de
l'homme, la distinction imparfaite ou plutôt la confusion des
attributs matériels et des fonctions intellectuelles, l'affirmation
d'une morale ayant sa sanction en elle-même, sont autant de
traits qui se retrouvent diversement accentués, il est vrai, et dans le
bouddhisme et dans les Upanishads. Si on va plus loin, si on prend
les systèmes brâhmaniques un à un, on trouve que c'est avec le Sânkhya que la doctrine de Çâkyamuni, à première vue, a le plus de
ressemblance. Sur plusieurs points essentiels, les conclusions sont les
mêmes, et les analogies deviennent surtout frappantes si on descend
aux détails. Evidemment, les deux systèmes ont vécu côte à côte et
se sont fait de mutuels emprunts. Nous doutons cependant que les
véritables origines du bouddhisme soient à chercher de ce côté. Le
Sânkhya, tant sous la forme confusément matérialiste qu'il a dans
les plus vieilles Upanishads, que sous la forme dualiste qu'il a revêtue
plus tard, est un système solide, peu susceptible de développements
et de modifications profondes. Il est surtout fort peu sentimental, et
ce n'est pas de lui qu'a pu venir le pessimisme dont sont empreintes
toutes les conceptions du Buddha. D'autre part, on admettra difficile-
ment que cette haine de l'existence ait été inspirée directement,
comme le veut la légende, par le spectacle des misères de la vie.
L'expérience apprend qu'il y a presque toujours un naufrage métaphysique à l'origine de ces grandes douleurs, et, de nos jours, c'est
bien à la suite de l'écroulement de grands systèmes idéalistes que
nous voyons des idées fort semblables se répandre parmi nous. Quand
la spéculation, après avoir miné la notion du réel dans l'objet sensible, est obligée de s'avouer que l'objet transcendant se dérobe à son
tour, il ne reste plus que l'alternative du scepticisme ou de la philosophie de la désespérance : on est cârvàka ou bouddhiste. C'est donc
dans une doctrine idéaliste, dans le Vêdânta primitif, mais dans un
Vêdânta qui a perdu la foi dans le brahman, que nous paraît devoir

être cherché le point de départ des idées du Buddha. Il faut croire à l'Absolu pour ressentir aussi profondément l'inanité et l'imperfection des choses finies : il faut y avoir cru et avoir trouvé cette croyance vaine pour l'ignorer avec une aussi calme et inflexible résolution.

Deux siècles et demi après la mort du fondateur, le bouddhisme était devenu la religion officielle du plus puissant monarque de l'Inde, Açoka le Maurya, dont l'autorité directe s'étendait de la vallée de Caboul aux bouches du Gange et de l'Himâlaya jusqu'au sud des monts Vindhyas, et déjà ses missionnaires pénétraient dans les pays marhattes et dradiviens, et prenaient pied à Ceylan. Ces progrès rapides, il ne les devait certainement ni à ses dogmes rien moins que séduisants et, au fond, peu originaux, ni même à la supériorité incontestable de sa morale, et, s'il n'avait pas eu d'autres moyens d'action, sa fortune serait un des problèmes les plus embarrassants de l'histoire. Mais, outre ses doctrines et ses préceptes, le bouddhisme avait pour lui ses institutions, son esprit de discipline et de propagande, tout un art nouveau de gagner et de gouverner les âmes : il avait surtout le Buddha lui-même et son souvenir resté vivant dans son Eglise. On ne saurait, en effet, faire la part trop grande, dans les conquêtes du bouddhisme, à la personnalité et à la légende de son fondateur. Le brâhmanisme, où tout est impersonnel, où les sages les plus révérés n'ont laissé qu'un nom, n'a rien à opposer à la Vie du Buddha, si peu historique comme relation de faits, mais qui nous a certainement conservé la physionomie du maître et l'impression ineffaçable gardée de lui par ses disciples. Même rédigée en cet affreux style bouddhiste, le plus insupportable de tous les styles, ces récits forment une des histoires les plus touchantes que l'humanité ait imaginées, et c'est un fait bien connu que jusque dans notre Occident, où ils avaient pénétré par l'intermédiaire de copies grecques, ils ont fourni le sujet d'une légende populaire qui a été longtemps pour les nations chrétiennes un livre d'édification[1]. En tous les cas, ils ont conquis plus d'âmes au bouddhisme que ses théories de l'existence et du Nirvâna. Méditer sur les perfections du Buddha, l'admirer, l'aimer, se dire et se sentir sauvé par lui étaient des sentiments nouveaux, inconnus du brâhmanisme, et, par un contraste singulier, ce fut ainsi une religion sans Dieu, qui initia l'Inde aux joies intimes de la dévotion. Tant que le bouddhisme conserva le monopole de ces sentiments, il grandit : il sera menacé du jour où les religions néo-brâhmaniques, particulièrement le vishnouisme, s'en prévaudront à leur tour et les retourneront contre lui.

Pour mieux faire sentir ceci, il faudrait pouvoir nous arrêter à cette légende du Buddha ; il faudrait mettre en lumière l'admirable figure qui s'en dégage, ce modèle accompli de calme et douce majesté, de tendresse infinie pour tout ce qui respire et de compassion pour tout ce qui souffre, de liberté morale parfaite et

____

1. Le roman de Barlaam et Josaphat.

d'affranchissement de tout préjugé. L'idéal du brâhmane, tout élevé
qu'il est, est égoïste : c'est pour se sauver et pour se sauver seul, qu'il
aspire à la perfection. C'est pour sauver les autres que celui qui devait être un jour Gautama, a dédaigné de marcher plus tôt dans la
voie du Nirvâna et qu'il a choisi de devenir Buddha au prix d'innombrables existences supplémentaires. Le brâhmane est arrivé, lui aussi,
à professer en principe la bienveillance envers tous les êtres ; mais
parmi ses propres semblables, il en est beaucoup qu'il repousse avec
horreur et dont le contact le souille. Le Buddha sait que l'homme
n'est souillé que par le péché, et le Candâla même, qui est moins
qu'un chien, est accueilli par lui comme un frère. La morale du
bouddhisme qui, si on l'analyse précepte par précepte, ne diffère pas
essentiellement de celle qu'on peut extraire des livres brâhmaniques, se montre ainsi hautement originale et toute pénétrée d'un
esprit nouveau, si on la considère dans la vie du fondateur. Imiter le
Buddha fut en quelque sorte une loi supérieure qui donna à la religion nouvelle d'admirables disciples. La mémoire de ces disciples fut
à son tour conservée non moins pieusement que celle du Maître, et
le bouddhisme eut ainsi une incomparable collection de légendes,
une « Vie des Saints » qui, pour la délicatesse et le charme du sentiment religieux, ne le cède qu'à celle qu'offrira un jour le christianisme.

Imiter le Maître, c'était avant tout continuer son œuvre, c'était
propager comme lui la bonne doctriné. Celle-ci n'était pas, comme
le brâhmanisme, une thaumaturgie ; elle ne renfermait aucune de
ces recettes qu'on peut être tenté de garder pour soi, parce qu'elles
assurent des avantages temporels dont on envie la possession à son
voisin. C'était la bonne nouvelle pour tous, destinée à passer de
bouche en bouche et qu'il y a autant de joie à répandre qu'à connaître. Le bouddhisme fut donc une religion à propagande, la première en date dans l'histoire. C'est chez lui d'abord qu'on rencontre
la notion de la conversion, ainsi qu'un terme spécial pour la désigner[1]. Son arme fut celle qu'avait déjà employée le Maître, la prédication en langue vulgaire. Il y ajouta peu à peu une littérature toute
populaire, outre ses légendes et ses biographies, des recueils de para-
boles et de récits semi-religieux, semi-profanes, dont le sujet est
souvent pris dans les existences antérieures du Buddha, et qui sont
une de ses créations les plus originales[2]. Partout où il pénétra, il

1. En pâli *sotâpatti*, en sanscrit *srotaâpatti*, « l'entrée dans le courant. »
2. Les *Jâtakas*, « les naissances. » Sur ces récits, dont le chiffre officiel est
de 550, cf. L. Feer, ap. Journal Asiatique, t. V et VI, 1875 Un certain nombre
de Jâtakas ont été publiés de 1861-1872 par MM. V. Fausböll. J. Minayef et
J. d'Alwis. Depuis M. Fausböll a entrepris la publication de la collection entière
en collaboration, pour la traduction, d'abord avec R. C. Childers, puis, après
la mort prématurée de ce savant, avec T. W. Rhys Davids. Le 1er volume du
texte a paru en 1877 : *The Jâtaka, together with its commentary*, being tales
of the anterior births of Gotama Buddha. — Outre les Jâtakas, le bouddhisme a produit d'autres collections de contes et de fables, dont M. St. Julien
a publié un spécimen d'après un recueil chinois : *Contes et apologues Indiens*

adopta l'idiome du pays. Si, dans quelques contrées telles que Ceylan, la Birmanie, Siam, il arriva à avoir une langue sacrée, les livres canoniques n'en furent pas moins traduits et expliqués au peuple dans sa langue usuelle, bien différents en ceci du Vêda des brâhmanes, où la forme importe autant que le fond et qui, traduit dans un autre dialecte ou même simplement couché par écrit, n'est plus le Vêda.

Naturellement la mission de convertir impliquait celle de veiller sur l'œuvre de la conversion, de maintenir la bonne doctrine, d'exhorter à la bonne conduite, de stimuler la piété, de venir en aide aux défaillances. Le bouddhisme eut donc charge d'âmes. La distinction entre l'orthodoxie et l'hérésie, la discipline des opinions, la direction des consciences, l'art pastoral sont de création bouddhiste, et peut-être faut-il faire remonter jusqu'au Maître lui-même l'institution de la profession de foi et celle de la confession[1].

Ce qui certainement remonte jusqu'à lui, c'est la façon même de concevoir la mission du Buddha. Il est difficile de dire jusqu'à quel point Çâkyamuni a été un visionnaire. Mais, à moins de refuser toute créance aux témoignages qui nous parlent de lui, il faut bien admettre qu'après des années de lutte, à la suite d'une crise définitive, il eut comme une révélation et se crut en possession de la vérité absolue ; qu'il prétendit enseigner non une doctrine personnelle, sans tradition ni précédents, mais la Loi immuable, éternelle, telle qu'elle avait été proclamée d'âge en âge par des sages infaillibles, les Buddhas des temps passés, dont il était le successeur ; qu'à ses yeux enfin sa venue, aussi bien que la leur, n'était nullement un accident, mais un fait prédestiné et nécessaire. Sur ce thème il se forma ensuite, et cela de très bonne heure, toute une mythologie. On dressa une liste de vingt-quatre prédécesseurs de Gautama ; plus tard on cessa de les compter, et des *Bodhisattvas* ou Buddhas futurs en nombre infini peuplèrent les mondes et les divers degrés de l'existence. De ces sauveurs à venir, les bouddhistes méridionaux ne mentionnent d'une façon particulière qu'un seul, Maitreya, qui sera le prochain Buddha. Les Églises du Nord, au contraire, en connaissent plusieurs qui, dès les premiers siècles de notre ère, étaient devenus l'objet d'un véritable culte. La religion de Çâkyamuni, si nue à l'origine, eut ainsi non seulement une apparence de tradition, mais encore ses patrons ou, pour mieux dire, ses dieux.

Mais ce n'est pas seulement par ses doctrines et par toutes ses tendances que le bouddhisme a été ainsi de bonne heure et à l'opposé du brâhmanisme, une religion compacte et militante : il l'a été encore et surtout du fait de ses institutions. Çâkyamuni

---

inconus jusqu'à ce jour, 2 vol., 1860. On sait que la littérature de l'apologue remonte en grande partie à des sources bouddhiques. Cf. Th. Benfey, *Pantschatantra ; fünf Bücher indischer Fabeln*, t. I. 1859.

1. Cf. J. F. Dickson, *The Pâtimokkha, being the buddhist office of the confession of priests*, pâli text and translation, ap. Journ. of the Roy. As. Soc., t. VIII, new series.

assura en effet à son œuvre le plus puissant de tous les instruments de propagande, en préparant l'avènement du monachisme. Il est certain que son but fut de fonder tout autre chose qu'une école. Ses disciples ne sont pas des élèves qui viennent s'instruire auprès d'un maître, avec la pensée de le quitter un jour et d'aller vivre chacun pour son compte. Ils forment une congrégation dont l'objet est de réaliser la vie parfaite, un véritable ordre religieux, où bientôt on ne fut plus admis qu'à la suite de vœux et d'une profession de foi et d'où on ne sortit plus sans être renégat. Nous ne pouvons nous arrêter à décrire le *sangha* bouddhique. Il ne sera donc question ici ni de sa discipline savamment combinée, ni de sa hiérarchie simple et forte, ni de son recrutement entouré de précautions légales qui témoignent d'un esprit politique singulièrement avisé, ni de l'ordre de femmes qu'on finit par y adjoindre[1], ni de sa position par rapport à la communauté laïque qui ne tarda pas à se constituer sous sa direction et qui, astreinte à de moindres devoirs, forma le deuxième élément de l'Eglise[2]. Encore moins essayerons-nous de déterminer ce qui dans cette organisation peut être considéré comme l'œuvre du fondateur même. La tradition naturellement fait tout remonter jusqu'à lui, et il est à peine besoin de dire qu'elle est inadmissible. Le bouddhisme n'a certainement pas eu en naissant la constitution que nous lui voyons à l'époque d'Açoka, et ici, comme ailleurs, c'est l'opposition du dehors et la lutte avec l'hérésie qui ont façonné l'Eglise. Mais d'autre part on ne saurait, à notre avis, rejeter entièrement les témoignages qui nous montrent le sangha fonctionnant, dès la mort du Maître, comme un corps ecclésiastique déjà solidement constitué sous la direction des principaux disciples et des anciens ou *sthaviras*. En tous les cas, il eut dès le début pour caractère distinctif d'être ouvert à tous sans exception, non seulement aux classes qui avaient droit à l'enseignement brâhmanique, mais aussi à celles qui en étaient exclues, soit qu'elles fussent réduites à une condition plus ou moins servile, soit que, refusant de se plier aux usages de la population sédentaire, elles vécussent librement et de leur plein gré à l'état d'excommuniés. Le Buddha ne repoussa personne, et, dans le cercle de ses disciples, il n'y eut d'autre distinction que celles de l'âge et du mérite. Il ne faudrait toutefois pas conclure de là que l'ordre bouddhique se soit immédiatement et dans son pays d'origine largement recruté parmi les classes repoussées comme impures. Le genre de vie de la plupart de ces populations, la force même du préjugé et, dirons-nous, du préjugé en bien des cas justifié dont elles ont été de tout temps l'objet, la présence surtout dans l'ordre de nombreux brâhmanes, rendent une pareille supposition peu

---

1. Voir l'élégant petit livre de madame Mary Summer. *Les religieuses bouddhistes depuis Sakya-Mouni jusqu'à nos jours,* avec préface par Ph. E. Foucaux, 1873.

2. R. C. Childers, *The whole duty of the buddhist layman,* a sermon of Buddha, ap. Contemporary Review, march 1876. Cf. le *Sigalovâda-sutta,* ap. Grimblot, Sept Suttas Pâlis, p. 297.

probable. C'est plus tard seulement, quand un corps laïque de plus en plus considérable vint se grouper autour de l'Eglise ; c'est surtout quand celle-ci se répandit au loin chez des peuples de race et de mœurs étrangères, que le bouddhisme recueillit tout le bénéfice de la conception libre et haute que son fondateur s'était faite de la fraternité humaine. Pour faire apprécier combien sa liberté d'action sur ce nouveau théâtre était supérieure à celle du brâhmanisme, il suffira d'un seul exemple. Tandis que le Buddha enseigne que « sa Loi est une loi de grâce pour tous, » les Vêdânta-Sûtras déclarent qu'un çûdra n'ayant pas droit au Vêda, n'est pas qualifié non plus pour recevoir et pratiquer leur doctrine, en d'autres termes qu'il est incapable dans sa condition actuelle de faire son salut. Et cette proposition est expressément maintenue dans son commentaire par Çankara[1], qui était pourtant un homme du Sud et qui écrivit probablement ce commentaire dans le Sud, c'est-à-dire dans un pays où plus des neuf dixièmes de la population étaient regardés par les brâhmanes comme de purs çûdras. Evidemment le brâhmanisme, pour ne pas mourir d'épuisement, était condamné à violer sans cesse ses propres principes : pour se répandre, au contraire, le bouddhisme n'avait qu'à pratiquer les siens.

Faut-il aller plus loin et voir, comme on le fait souvent, dans l'institution du sangha et dans le bouddhisme primitif en général, une réaction contre le régime des castes et le joug spirituel des brâhmanes? Pour établir que ce n'est là qu'un roman, il faudrait rechercher ce que pouvait bien être ce régime des castes au sixième siècle avant notre ère, et jusqu'à quel point les prétentions des brâhmanes pouvaient paraître oppressives. Ce n'est pas ici le lieu d'entrer dans l'examen de cette nouvelle question. Nous nous bornerons à dire qu'il n'y a nulle apparence que la question sociale fût posée parmi les peuplades semi-agricoles, semi-pastorales au milieu desquelles s'est écoulée la vie du Buddha, ni qu'on eût songé à contester aux brâhmanes, ce qui était au fond leur grand privilège, d'être les porteurs du Vêda et, par le droit du sang, les ministres de certains rites. Ces rites, nous ne savons pas même jusqu'à quel point ils étaient populaires, et nous avons les meilleures raisons de penser qu'ils n'étaient pas d'un usage général même chez les populations parmi lesquelles des gotras brâhmaniques s'étaient établis depuis longtemps et en grand nombre. Un fait d'ailleurs suffit pour infirmer cette théorie : le bouddhisme, à l'époque où il fut dominant, ne toucha nullement à la caste dans les pays où elle existait, et non seulement il n'y toucha pas, mais ce fut lui, selon toute probabilité, qui l'importa dans des contrées où elle n'existait pas encore, dans le Dékhan, à Ceylan, dans les îles de la Sonde, partout où un afflux considérable de population hindoue pénétra à sa suite.

Ce qui est vrai, c'est que le bouddhisme portait en lui la négation, non du régime des castes en général, mais de la caste des

---

1. Çankara ad *Vêdânta-Sûtra* I, 3, 34-38, p. 325, éd. de la Biblioth. Ind.

brâhmanes, et cela indépendamment de toute doctrine égalitaire et sans qu'il y eût de sa part aucune velléité de révolte. Aussi est-il fort possible que cette opposition soit restée assez longtemps inconsciente de part et d'autre. En apparence leurs voies ne se touchaient guère. Jamais le Buddha ne s'arrogea le droit d'enseigner les mantras ou d'officier dans un sacrifice ; jamais les brâhmanes, de leur côté, ne prétendirent à la propriété exclusive des spéculations ayant rapport au salut. Çâkyamuni n'eût fait que suivre leur exemple, s'il se fût borné à nier l'efficacité suprême du Vêda et des rites. Même en rejetant pour lui et pour ses disciples toute pratique d'un culte quelconque, il ne se mettait pas encore nécessairement en hostilité avec les brâhmanes, et, tant que la communauté ne fut composée que de personnes qui, à l'exemple du Maître, avaient renoncé au monde, elle a pu fort bien éviter l'éclat d'une rupture. Mais il n'en fut plus de même quand elle eut groupé autour d'elle un corps laïque qui naturellement partagea son indifférence à l'égard des anciens rites, quand, par la force des choses, elle eut été amenée à opposer tradition à tradition, et à substituer au vieux culte un culte nouveau d'une nature toute différente, ne consistant qu'en exercices spirituels et en exhortations morales, et sur lequel les brâhmanes ne pouvaient prétendre à aucun droit. Il n'en fut plus de même surtout quand il fallut partager avec elle les libéralités des rois et des grands. Dès lors l'antagonisme fut flagrant, et la caste sacerdotale, frappée dans son ministère et dans son revenu, dut sentir que c'était son existence même qui se trouvait menacée. Les brâhmanes n'en continuèrent pas moins d'affluer dans le sangha bouddhique, car ils ne formèrent jamais un corps compact gouverné par des intérêts bien solidaires, et dès lors ils ne vivaient probablement pas tous de l'autel. Longtemps encore ils fournirent à la religion nouvelle ses principaux docteurs ; le nom de brâhmane resta un titre honorifique du bouddhisme et à Ceylan il fut donné aux rois. Mais, en tant que classe distincte et revêtue d'un privilège religieux, il n'y eut pas de place pour eux dans l'Eglise.

Une fois le sangha définitivement organisé, et il l'était certainement bien avant Açoka, le bouddhisme se trouva en possession d'une incomparable milice. Le religieux bouddhiste, le *bhikshu*, proprement le mendiant, n'est pas comme le brâhmane un thaumaturge, un intermédiaire entre l'homme et la divinité ; c'est un pénitent d'abord, et ensuite, s'il en est capable, un clerc, un prédicateur, un directeur de conscience, un docteur de la foi et, à l'occasion, un admirable missionnaire. Humble par profession, ne possédant rien, sans famille, sans intérêts autres que ceux de l'ordre, il va où ses chefs l'envoient. Personnellement le bhikshu a fait vœu de pauvreté et vit d'aumônes. Mais l'ordre possède, il est riche et l'origine de ses biens remonte même très haut, s'il est vrai, comme le veulent des traditions qui n'ont rien d'invraisemblable, que des donations en terres lui aient été faites du vivant même du Buddha. Bien différentes des donations conférées à des brâhmanes, lesquelles sont tou-

jours individuelles et où le moindre domaine, même s'il est donné à
une corporation, est toujours partagé en autant de parcelles que la
corporation compte de membres, les fondations bouddhiques restent
indivises ; elles s'accumulent et servent intégralement à la cause
commune. A mesure qu'il s'enrichit ainsi, le bouddhisme se fit
somptueux. Il lui fallut d'immenses monastères pour abriter ses
légions de moines, des monuments commémoratifs pour marquer les
lieux que le maître ou les saints avaient sanctifiés, croyait-on, par
leur présence, des édifices richement décorés pour y déposer leurs
reliques, des chapelles pour y ériger leurs images. Le culte resta
simple : la récitation d'une sorte d'office, des actes de foi et d'hommage, des offrandes de fleurs, quelques lampes entretenues devant
l'image ou la châsse du Buddha ; mais l'appareil en fut magnifique.
Tout porte à croire que ces « mendiants » furent les premiers bâtis-
seurs de l'Inde. Partout les ruines les plus anciennes et les plus
vastes proviennent d'eux [1]. Les temples hypogées, les monastères
excavés dans le roc sont leur ouvrage, et leur marque se retrouve
dans les substructions de presque tous les grands sanctuaires de
l'hindouisme. C'est pour eux surtout que paraissent avoir travaillé
ces sculpteurs, enfants perdus de l'art grec, qui firent entrevoir un
instant à l'Inde la beauté plastique vraie et correcte. Tandis que le
brâhmanisme, le plus matériel de tous les cultes, s'en est tenu
jusqu'à la fin à son outillage primitif, des hangars faits de bambou,
des mottes de terre, des brins d'herbe et quelques vases en bois, ce
fut ainsi la religion la plus abstraite et la plus nue qui, par un nouveau
contraste, s'avisa la première de frapper l'imagination en parlant aux
yeux.

Enfin on ne saurait suivre l'histoire du bouddhisme sans reconnaître qu'il fut servi par les événements pour le moins aussi bien
que par ses aptitudes. Son extension coïncide en effet avec un
changement profond survenu dans l'état politique de l'Inde. Au contact de l'empire des Achéménides et de la domination hellénique,
le régime des petits Etats y avait fait place à de grandes monarchies
basées sur la centralisation militaire et administrative, et qui ne tardèrent pas à s'étendre bien au delà des frontières du brâhmanisme.
Celles-ci comprirent bien vite quel instrument puissant et docile elles
avaient dans ces communautés militantes, à la fois détachées de tout
et prêtes à tout conquérir, humbles devant le pouvoir séculier, toujours disposées à l'introduire dans leurs affaires et dans leurs que-
relles, suffisamment organisées pour lui donner prise sur elles et pour
le servir, pas assez pour lui porter ombrage, quelque chose enfin
comme les ordres mendiants sans le pape. Le plus puissant de ces
empires, celui des Mauryas, qui naquit du contre-coup de l'agression

---

1. Cf. par exemple A. Cunningham, *The Bhilsa Topes, or buddhist monuments of central India*, 1854. La majeure partie des 6 volumes de Rapports
sur les opérations de *l'Archæological Survey of India* du même auteur, 1871–
1878, a trait à des monuments bouddhiques. Cf. encore J. Fergusson, *History
of indian and eastern architecture*, 1876.

macédonienne, était l'œuvre d'un soldat de fortune de basse naissance, d'un çûdra, au dire des brâhmanes. Il y avait donc une sorte
d'affinité originelle entre cette dynastie et le bouddhisme né d'hier
comme elle, comme elle brouillé avec la tradition et se souciant
aussi peu qu'elle des différences de race, de mœurs et de croyances.
Aussi ces princes lui furent-ils particulièrement favorables. Candragupta, le fondateur, passe pour l'avoir protégé. Açoka, son petit-fils,
l'érigea en religion d'état et le domina. Deux de ses enfants, un fils
et une fille, furent des membres influents du sangha, et lui-même
s'y fit recevoir sur la fin de son règne. Ce fils fut placé à la tête de la
mission qui introduisit le bouddhisme à Ceylan, et il y devint le chef
de l'Eglise. Ce fut également par des missions bouddhistes que le
puissant empereur entra en relation avec les rois du Dékhan sur
lesquels il paraît avoir exercé une sorte de protectorat. Sans suspecter
en aucune façon la sincérité d'Açoka, il est permis d'observer que le
bouddhisme seul se prêtait à cette alliance intime et fructueuse de la
foi et de la politique[1].

Quand la puissance des Mauryas vint à décliner, le nord-ouest
de l'Inde passa pour plusieurs siècles sous la domination de princes
étrangers, grecs, parthes, mongols. Ces derniers, qui procédèrent
à la conquête par l'invasion, réunirent même sous leur sceptre,
vers le début de notre ère, tous les pays situés au nord du Vindhya.
De ce long asservissement, la religion de Çâkyamuni fut encore
la seule à tirer profit. Le brâhmanisme était hostile et fermé à
l'étranger[2] ; les religions populaires, bien que moins exclusives,
étaient, elles aussi, profondément hindoues : seul, le bouddhisme était
cosmopolite. La littérature singhalaise nous a conservé un curieux
ouvrage dans lequel le roi grec Ménandre est représenté comme un
fervent sectateur du Buddha[3], et le règne des empereurs touraniens,
notamment celui de Kanishka, marque peut-être l'apogée de la fortune du bouddhisme dans l'Hindoustan. D'une part, il dut trouver
un prompt accueil auprès des hordes sans culture venues du Nord à
la suite des conquérants et qui s'étaient établies en grand nombre
dans les pays à l'ouest du Gange. D'autre part, comme l'autorité de
ces princes s'étendait sur l'un et l'autre versant des montagnes, elle
lui ouvrit les routes du Nord, de l'Afghanistan, de la Bactriane, de la
Chine, du Tibet, de même que la piété et la politique d'Açoka lui
avaient ouvert celles du Sud.

Nous ne savons pas jusqu'à quel point la réaction qui amena
le rétablissement de l'indépendance lui fut immédiatement préju-
diciable. Les dynasties nationales, à mesure qu'elles nous sont

1. Pour les missions bouddhiques, voir Lassen, *Ind. Altertumsk.* t. II,
p. 246, 2e éd.

2. Alexandre dut sévir contre les brâhmanes qui poussaient le peuple à la
résistance et à la révolte. Plutarch , Alexander, ch. LIX, LXIV.

3. Le *Milind panha* « les Questions de Milinda. » Spence Hardy en a
donné de nombreux extraits dans son *Eastern Monachism* et son *Manual of
Budhism.*

eonnues par les inscriptions, sont·plutôt vishnouites ou çivaïtes
que bouddhistes. Mais le bouddhisme est bien traité par elles et
il participe à leurs•libéralités. Il est visible cependant que ses
beaux jours sont passés. Il n'a plus• affaire au vieux brâhmanisme, mais à des rivaux bien autrement redoutables, les religions
de Çiva et de Vishnu, et dans cette nouvelle lutte, les avantages sont
du côté de l'adversaire. Au commencement du cinquième siècle, le
pèlerin chinois Fa-Hian le trouve encore florissant dans les diverses
parties de l'Inde. Au septième, par contre, dans les descriptions de
Hiouen-Thsang, il paraît en décadence. Au onzième, il a encore pied
dans quelques-uns de ses grands sanctuaires des provinces de l'ouest[1];
dans ceux du Magadha, à Gayâ, sa terre d'origine, on trouve même sa
trace jusqu'au quatorzième[2], et des dynasties bouddhistes paraissent
s'être maintenues dans le Bihàr et vers les embouchures de la
Godàvarî, jusqu'à la fin du douzième siècle[3]. Puis le silence se fait,
les brâhmanes continuent bien encore de polémiser contre les
Bauddhas, et Sàyana, au quatorzième siècle, leur assigne encore la
deuxième place dans sa *Revue générale des Systèmes*. Mais il est difficile de dire si ces réfutations s'adressent à des adversaires réels, ou
si ce ne sont pas plutôt de simples thèses d'école. De nos jours, le
bouddhisme, confiné dans l'île de Ceylan, dans les vallées du Népâl
et dans les districts qui touchent à la Birmanie, a complètement
disparu de l'Inde proprement dite. Ses seuls vestiges sont les innombrables ruines qu'il a laissées sur toute la surface de la Péninsule,
peut-être aussi quelques groupes sectaires, vishnouites tels que les
vaishnavavîras du Dékhan, civaïtes comme les kânphàtas de l'Hindoustan, qui ont depuis longtemps renié ou même oublié leur origine, mais qui conservent encore des saints bouddhistes dans leur
calendrier.

Comment expliquer cette extinction totale du bouddhisme dans
la contrée qui l'a vu naître et où il a si longtemps fleuri? Bien
qu'il soit en général plus difficile de se rendre compte du dépé-
rissement des religions que de leur croissance, la disparition de
celle-ci paraît avoir été si rapide et elle a été si complète, que rien
ne doit être plus aisé, semble-t-il, que d'en déterminer les causes.
Telle est pourtant l'obscurité qui dérobe encore bien des côtés du
passé de l'Inde qu'on ne peut former à cet égard que des conjectures
d'un caractère tout général. La cause à laquelle on a songé en premier lieu est aussi celle qui, dans l'état actuel des connaissances,

---

1. Les caractères imprimés sur les sceaux bouddhiques en argile trouvés
en grande quantité dans les grottes de Kanheri près de Bombay, paraissent
même ne pas remonter au delà du xiiie siècle. Journ. of the Roy. As. Soc.
Bombay. 1861, pl. VII.

2. Inscription de Gayâ ap. A. Cunningham, *Archæological Survey of India*,
t. III, pl. XXXV. et *Corpus Inscript. Indicarum*, p. V. Ces lieux ne cessèrent
d'ailleurs pas d'être un but de pèlerinage pour les bouddhistes du dehors;
voir l'inscription birmane du xive siècle, *Archæological Survey*, t. I, p. 8.

3 A. Cunningham, *Archæological Survey*, t. III, p. 119, 121. P. Goldsch-
midt, ap. Ind. Antiq. VI, 328.

paraît le moins probable, la persécution. Aucun témoignage vraiment
sérieux n'est venu établir jusqu'ici que le bouddhisme ait jamais été
l'objet, soit avant son triomphe, soit aux jours de son déclin, de
mesures de rigueur exécutées avec ensemble et sur une grande
échelle. Au contraire, les documents les plus authentiques, les monnaies, les inscriptions, témoignent d'une tolérance singulièrement
large de la part des pouvoirs publics[1]. Non seulement les princes d'une
même dynastie professent les croyances les plus diverses, mais le
même prince partage souvent ses libéralités entre plusieurs sectes, et
on ferait une assez longue liste de rois qui, sans professer le bouddhisme, en ont été les bienfaiteurs. Plusieurs des monarques, par
exemple, que Hiouen-Thsang mentionne comme des patrons déclarés
de l'Eglise, paraissent avoir été en réalité des sectateurs de l'une ou
l'autre des nombreuses religions néo-brâhmaniques. Plus tard, à
l'époque même à laquelle d'absurdes légendes᾽ nous représentent
Çankara exterminant les bouddhistes de l'Himâlaya au cap Comorin,
nous voyons des princes vishnouites appartenant à des dynasties
vishnouites, faire des donations à une religion sœur du bouddhisme,
celle des Jainas, que les brâhmanes ont tout autant détestée[2] ; et ces
témoignages ne sont nullement contredits par les documents littéraires
contemporains[3]. Ce n'est pas que l'Inde ait ignoré le fanatisme religieux. Elle l'a connu au contraire de bonne heure et pratiqué sans
merci sous la forme de l'exclusivisme le plus odieux[4]. Plus tard, elle
n'est pas restée étrangère non plus aux excès de la propagande, et
il paraîtrait que c'est précisément le bouddhisme qui, sur ce point,
lui a donné les premières leçons. Malgré son esprit de mansuétude,
celui-ci n'a pas été pour rien une Eglise à prétentions universelles et
d'aptitudes politiques. La manière même dont il fut érigé en religion
d'état par Açoka, paraît n'avoir pas été exempte, sinon de violence,
du moins de compression, à en juger par les propres paroles de ce
prince. En moins de deux ans, dit-il, « les dieux qui étaient tenus

1. Les monnaies des princes touraniens du premier siècle sont çivaïtes et
bouddhiques ; leurs inscriptions sont bouddhiques et peut-être aussi jainas.
Les rois de Valabhî étaient çivaïtes et vishnouites, et on les voit pendant
près d'un siècle, faire des donations à un monastère bouddhiste fondé par
une princesse de leur famille, Inscript. ap. *Ind. Antiq.* IV, 105, 175; VI, 15;
VII, 67. M. Kern est d'avis que les récits des persécutions qu'auraient eu à
subir les Bouddhistes sont à mettre avec les contes de ma mère l'oie, *Over
de Jaartelling der zuidelijke Buddhisten*, p. 43.
2. Inscriptions des Câlukyas du sixième et huitième siècle ap. *Ind. Antiq.*
V, 69, VII, 106; 112. Un de leurs vassaux au onzième siècle fait bâtir à la
fois un temple du Jina, un autre de Çiva et un troisième de Vishnu, ibid.
IV, 180. Les princes Ceras du Gangâvança étaient vishnouites, et leurs donations, jusqu'au dixième siècle, s'adressent indifféremment à des brâhmanes et à des jainas. Ibid. I, 363; II, 156; V, 136, 138; VI, 102; VII,
104, 112.
3. Cf. par exemple le rôle de la prêtresse bouddhiste dans le *Mâlatî et
Mâdhava* de Bhavabhûti.
4. Le véritable fanatisme brâhmanique est celui qui a inspiré le récit de
Râmâyana VII, ch. 74-76, où Râma coupe la tête à un çûdra qu'il surprend,
pratiquant des pénitences interdites à sa caste.

pour vrais dans la Jambudvîpa (l'Inde), ont été rendus vains, et ce résultat n'est pas un effet de ma grandeur, mais de mon zèle[1]. » Jusqu'ici, il n'y a pas de pendant d'origine brâhmanique à ce témoignage si significatif en sa brièveté. De bonne heure et bien avant celle des brâhmanes, la littérature des bouddhistes est violente, ouvertement agressive, toute remplie d'histoires atroces, et il n'y a pas jusqu'au livre du bon Hiouen-Thsang où ne se montre à chaque page l'expression naïve de la haine la plus cordiale dans l'âme la plus douce. Les brâhmanes, il est vrai, ne tardèrent pas à répondre sur le même ton. Les religions sectaires, non moins âpres à la propagande que le bouddhisme, furent profondément fanatiques; les disciples de Kumârila et de Çankara, organisés en ordres militants, se firent les défenseurs acharnés de l'orthodoxie sur le terrain de la tradition et de la spéculation. Que dans ces luttes multiples on ne se soit pas toujours servi des seules armes de la persuasion, que les chefs de sectes aient réussi parfois à obtenir l'intervention brutale de quelque râja ou à ameuter contre leurs adversaires les passions de la multitude, que les bouddhistes en particulier, à mesure qu'ils devenaient plus faibles, aient eu à souffrir bien des vexations, et que, pour s'emparer de leurs biens et de leurs sanctuaires, leurs ennemis n'aient pas toujours attendu que le dernier occupant en fût sorti, on l'admettra sans peine. Mais il y a loin de ces échauffourées locales à une véritable campagne de persécution entreprise en vue d'un but unique, campagne dont la possibilité ne se conçoit guère dans l'état de division politique et religieuse de l'Inde au moyen âge. Tout tend à prouver, au contraire, que le bouddhisme est mort d'épuisement et que c'est dans des vices internes surtout qu'il faut chercher les causes de sa disparition.

Il est incontestable, en effet, que le bouddhisme a été frappé d'une décrépitude précoce. Par les grandes choses qu'il a faites, par les idées nouvelles qu'il a répandues dans le monde, par les dévouements sans nombre qu'il a inspirés, nous savons qu'il fut un temps où il a dû être jeune et plein de sève. Mais, à vrai dire, nous n'en avons aucun témoignage direct. A l'exception de quelques stances admirables[2] et de légendes d'une pénétrante beauté malgré leur rédaction informe, tout ce qu'il nous a laissé porte la marque de la sénilité. Il ne peut réclamer une part appréciable ni dans la poésie, ni dans la science hindoue ; nulle part il n'a su créer une littérature nationale, ni s'élever au-dessus du conte populaire et de la

---

1. Inscript. de Sahasrâm, de Rupnâth et de Bairât, ap. *Ind. Antiq.* VI, 156, et *Corpus Inscript. Indic.*, pl. XIV.

2. Notamment celles du recueil intitulé Dhammapada. Le texte pâli avec traduction latine et de copieux extraits du commentaire de Buddhaghosha, a été publié à Copenhague par V. Fausböll, 1855. Il a été traduit en allemand par A. Weber, *Zeitschr. d. Deutsch. Morgenl. Gesellsch.*, t. XIV ; en anglais par Max Müller dans son Introduction à l'ouvrage de H. T. Rogers, *Bud dhaghosha's Parables* translated from the Burmese, 1869, et par S. Beal (sur le texte chinois), *Scriptural texts from the buddist canon commonly known as the Dhammapada* 1878; en français par F. Hû, 1878.

chronique. Bien des causes ont pu contribuer à réduire le bouddhisme à cette monotone et incurable médiocrité, et il ne serait pas difficile d'en découvrir dans la doctrine même de Çâkyamuni, dans son aversion pour le surnaturel, dans ses conceptions trop abstraites pour un peuple sensuel et d'une imagination exubérante, dans sa façon malsaine surtout de poser et de résoudre le problème de la vie. Nous n'en signalerons ici qu'une seule, parce qu'elle a été, à notre avis, la plus directe et la plus efficace, l'institution même à laquelle le bouddhisme a dû ses rapides triomphes, le monachisme. On se plaît à voir parfois dans le bouddhisme un affranchissement spirituel, une sorte de Réforme hindoue, et il est incontestable qu'à certains égards il a été l'un et l'autre. Mais en remplaçant la caste brâhmanique par le sangha, il créa une institution bien autrement illibérale et redoutable à l'indépendance de l'esprit. Non seulement toute la vitalité de l'Église resta concentrée dans un clergé séparé du monde, mais dans ce clergé même l'ardeur conquérante des premiers siècles s'assoupit peu à peu sous l'influence du quiétisme et de la discipline. Les *vihâras* continuèrent sans doute, en dépit d'un relâchement attesté par maint indice, d'abriter des sentiments d'humble et sincère piété et la pratique des plus touchantes vertus. Mais toute fierté, toute véritable originalité de la pensée finit par disparaître au sein de cette organisation énervante ; les intelligences s'usèrent dans la scolastique ou s'endormirent dans la routine, et le temps arriva où il ne se produisit même plus d'hérésies. Le bouddhisme de Ceylan n'a plus guère changé depuis l'époque de Buddhaghosha (cinquième siècle) et celui du Népâl ou, plutôt, de l'Hindoustan, n'a rien trouvé de mieux pour vivre que d'en arriver à une sorte de fusion avec le çivaïsme. C'est dans cet état d'apathie, quand il se survivait pour ainsi dire à lui-même, que le bouddhisme eut à subir la concurrence des sectes néo-brâhmaniques, qui, elles, se renouvelaient sans cesse et, à chaque transformation, rentraient dans l'arène avec l'ardeur des néophytes. Si on songe que la plupart de ces sectes combattaient avec ses propres armes, qu'elles prêchaient comme lui l'égalité religieuse de tous les hommes, qu'à la figure du Buddha elles opposaient les figures, moins parfaites sans doute, mais tout aussi personnelles, tout aussi capables de provoquer une dévotion passionnée, de leurs dieux à biographie, de Mahâdêva, de Krishna, de Râma, pour ne rien dire de leurs déesses ; si on songe qu'elles savaient pour le moins aussi bien que lui parler aux yeux avec leurs temples, leurs images, leurs fêtes pompeuses et théâtrales, qu'elles possédaient de plus une fable splendide, tandis qu'il n'avait réussi qu'à s'affubler d'une mythologie abstraite et factice ; si on ajoute enfin qu'elles avaient à leur tête les brâhmanes et à leur service la poésie populaire, que leurs croyances faisaient corps pour ainsi dire avec la légende nationale et rappelaient tous les souvenirs de gloire et d'héroïsme de l'ancienne épopée, on comprendra que le bouddhisme devait succomber. Pour vivre, il lui eût fallu avoir les apôtres des anciens jours, et il n'avait plus que des bonzes.

Mais en disparaissant comme Église, il n'emportait pas avec lui les germes qu'il avait eu longuement le temps de répandre, et il laissait les religions mêmes qui avaient fini par l'étouffer, plus ou moins pénétrées de son esprit. Il est incontestable qu'il y a dans la littérature sanscrite ou, pour mieux dire, dans les littératures hindoues, comme un courant d'idées bouddhiques. Qu'on prenne, par exemple, la fable du Mahâbhârata, et qu'on voie combien l'esprit dans lequel elle est traitée est différent de celui dans lequel elle a été conçue, ou, pour prendre un exemple encore plus frappant, qu'on se reporte à la poésie du Râmâyana. Il y a là des accents d'ardente charité, de compassion, de tendresse, d'humilité douce et plaintive qui ont plus d'une fois fait songer à des influences chrétiennes et qui, en tout cas, contrastent singulièrement avec l'orgueil et la dureté de cœur, fruits de l'esprit de caste, dont cette littérature n'est pas moins remplie. Tout aussi remarquable sous ce rapport est le changement qui s'est fait peu à peu dans les pratiques religieuses de ce peuple, la désuétude progressive du sacrifice au profit de l'aumône, des œuvres pies et d'un culte de latrie, l'aversion surtout pour l'effusion du sang qui fit restreindre de plus en plus le sacrifice animal et qui aboutit finalement à ces bizarres exagérations de la charité envers les bêtes, à ces hospices fondés en leur faveur[1] dans un pays où il n'y en avait pas pour les hommes. Ce serait abuser des coïncidences historiques que de voir indistinctement dans tous ces faits l'action directe du bouddhisme. Mais on ne saurait nier non plus qu'ils n'appartiennent à un mouvement d'idées dont le bouddhisme a été la plus forte expression.

1. Heber, *Narrative of a Journey through the upper provinces of India*, 1824-1825. ch. XXV.

IV

JAINISME

Avant de passer aux sectes néo-brâhmaniques, il nous reste
à parler d'une religion sœur du bouddhisme et l'une des moins
bien connues parmi celles qui ont joué un grand rôle dans le
passé de l'Inde, la religion des jainas. Ce n'est pas que les documents
fassent absolument défaut pour l'histoire et les doctrines du jainisme.
Nous possédons, entre autres, un manuel de sa morale, le *Yogasûtra*[1],
du douzième siècle, la traduction d'une biographie de son fondateur, le *Kalpasûtra*, qui prétend remonter au sixième siècle[2], des
extraits étendus d'un autre ouvrage biographique et légendaire, le
Çatrunjaya-mahâtmya[3], qui s'attribue le même âge, mais qui a été probablement remanié au treizième ou au quatorzième siècle, et quelques spécimens des *stotras* ou de la poésie lyrique des jainas[4]. Mais, à
l'exception d'un unique fragment de la *Bhagavati*[5], nous n'avons pas

1. E. Windisch, *Hemacandra's Yogasûtra; ein Beitrag zur Kenntniss der
Jaina Lehre*, ap. Zeitsch. d. Deutsch. Morgenl. Gesellsch., t. XXVIII, p. 185.
— L'*Abhidhânacintâmani*, du même auteur, un lexique de synonymes édité
par O. Böhtlinghk et Ch. Rieu, 1847, contient également beaucoup de renseignements sur les jainas.
2. Stevenson, *The Kalpasûtra and Nava Tatva*, two works illustrative of
the Jaina religion and philosophy, translated from the magadhi, 1848. —
Depuis M. H. Jacobi en a publié le texte avec une savante introduction : *The
Kalpasûtra of Bhadrabâhu*, edited with an introduction, notes and a prâkrit-
sanskrit glossary, 1879.
3. A. Weber, *Ueber das Çatrunjaya Mâhâtmyam*, ein Beitrag zur Geschichte
der Jaina, 1858. La biographie du Jina y est rattachée à la glorification de la
montagne sainte de Çatrunjaya dans la presqu'île de Gujarât. M. G. Bühler
tient l'ouvrage pour entièrement apocryphe. Ind. Antiq. VI, 154.
4. H. Jacobi, *Zwei Jaina-stotra*, ap. Ind. Stud. XIV, p. 359.
5. A. Weber, *Ueber ein fragment der Bhagavati*; ein Beitrag zur Kenntniss
der heiligen Litteratur der Jaina. 2 parties, 1866-1867, dans les Mémoires
de l'Académie de Berlin.

encore un seul de leurs textes canoniques, et c'est toujours encore
aux sources bràhmaniques que nous sommes réduits à demander une
vue d'ensemble de leur système. Or, celles-ci ne s'occupent que du
côté spéculatif des doctrines, et de plus elles ne font aucune distinction d'époques. D'autre part, nous savons que les jainas forment plusieurs sectes profondément divisées entre elles et qui ne s'accordent
pas même sur le nombre et le choix de leurs écrits fondamentaux, les
Angas[1]. Dans ces conditions, il serait téméraire de prétendre exposer
et juger en détail une doctrine qui ne nous est encore connue que
par une sorte de moyenne abstraite et dont nous ignorons absolument
le développement historique[2].

Pris dans son ensemble, le jainisme est une reproduction si
exacte du bouddhisme qu'on a quelque peine à s'expliquer et
leur longue existence parallèle, et la haine cordiale qui semble
de tout temps les avoir divisés. Les jainas sont les sectateurs du
Jina, du « Victorieux, » comme les bauddhas sont ceux du Buddha,
de « l'Eveillé. » Un Jina (ce terme qui, ainsi que beaucoup d'autres,
est commun aux deux sectes, est chez les bouddhistes un des
nombreux synonymes de Buddha) est un sage parvenu à l'omniscience, qui vient rétablir dans sa pureté la Loi, quand elle s'est cor-
rompue parmi les hommes. Il y a eu vingt-quatre de ces Jinas, y
compris le Jina actuel, qui était de la race royale des Kàçyapas.
Comme les jainas soutiennent que Gautama Buddha a été disciple de
leur fondateur, ce chiffre correspond exactement à celui des vingt-
quatre prédécesseurs du Buddha, dont le dernier est également un
Kàçyapa. Ces Jinas se sont succédé à travers d'immenses périodes,
leur taille et leur longévité allant toujours en décroissant, depuis le
premier, Rishabha, qui avait cinq cents toises de haut et vécut plus
de huit millions d'années, jusqu'à Vardhamàna, le dernier, dont l'àge
et la stature ne dépassèrent pas ceux de l'humanité actuelle[3]. Ces
fantaisies qui, avec bien d'autres, se retrouvent dans le bouddhisme
septentrional des basses époques, avec cette différence toutefois que
l'amplification et la systématisation plus avancée sont presque toujours du côté des jainas, montrent que très tard encore les deux religions ont exercé une certaine influence l'une sur l'autre. Comme les
Buddhas, les Jinas sont devenus de véritables divinités et les objets
directs du culte. Ils ont à leurs côtés des déesses exécutrices de leurs

---

1. G. Bühler. ap. *Ind. Antiq.* VII, 28 ; H. Jacobi, *Kalpasútra*, p. 14 ; S. J.
Warren, *Over de... Begrippen der Jainas*, p. 7 ; A. C. Burnell, ap. *Ind
Antiq.* II, 354. Cf. Ibid. III, 129.

2. Outre les ouvrages ci-dessus, voir pour des aperçus généraux sur les
jainas et leurs doctrines, Colebrooke, *Miscellaneous Essays*, t. II, p. 171
(1807) et t. I, p. 402 (1826); à ce dernier article M. Cowell a joint p. 444
l'analyse détaillée du 3e chapitre du *Sarvadarçanasangraha*, où Sâyana expose
le système des jainas. — H. H. Wilson, *Select works*, t. I, p. 276. — Lassen,
Ind. Alterthumsk, t. IV, p. 755. — S. J. Warren, *Over de godsdienstige en
wijsgeerige Begrippen der Jainas*, 1875.

3. Cf la liste détaillée ap. *Ind. Antiq.* II, 134.

commandements, les *Çâsanadêvîs*[1], qui rappellent les Çaktis des religions néo-brâhmaniques et dont le pendant se retrouve également chez les bouddhistes du Nord, dans les *Târâs* des livres sanscrits du Népâl. Leurs images parfois colossales, surtout dans le Dékhan[2], se trouvent en grand nombre dans les sanctuaires de la secte, laquelle a beaucoup bâti et dont les constructions se distinguent presque toutes par un style spécial et d'une grande élégance. Au-dessous des Jinas se placent leurs disciples immédiats, les *Ganadharas*, qui reçoivent des hommages en qualité de saints protecteurs, et un grand nombre de divinités que les jainas ont empruntées peu à peu au panthéon hindou, mais qui n'ont point part au culte régulier. Ce culte lui-même se rapproche beaucoup de celui des bouddhistes. Ce sont les mêmes offrandes, les mêmes actes de foi et d'hommage ; l'usage des clochettes est commun aux deux, et les femmes y participent du même droit que les hommes. De part et d'autre, on pratique la confession, une grande importance est attachée aux pèlerinages, et quatre mois de l'année sont consacrés d'une façon plus spéciale aux jeûnes, à la lecture des livres sacrés et aux méditations spirituelles.

Comme les bouddhistes, les jainas rejettent le Vêda des brâhmanes, qu'ils déclarent apocryphe et corrompu, et auquel ils opposent leurs propres *Angas* comme étant le Vêda véritable. Pas plus qu'eux ils n'admettent l'existence d'une caste sacerdotale, bien qu'actuellement, dans quelques-unes de leurs communautés du moins, leur clergé se recrute de préférence dans certaines familles et même, paraît-il, parmi les brâhmanes. Pour le reste, ils observent les règles de caste, aussi bien entre eux que dans leurs rapports avec les dissidents, mais, comme plusieurs sectes hindoues du reste, sans y attacher une signification religieuse. En général, et bien que nous ne sachions pas au juste quelle était à cet égard la pratique des bouddhistes dans l'Inde même, ils paraissent avoir moins que ceux-ci rompu avec l'hindouisme et, de fait, ils se déclarent Hindous. Ils ont pris une part bien plus active à la vie littéraire et scientifique de l'Inde. L'astronomie, la grammaire, la littérature romanesque leur doivent beaucoup. Cela n'a pas empêché qu'il n'y ait eu entre eux et les brâhmanes une grande hostilité qui a été marquée parfois, dans le Gujarât et dans l'extrême Sud entre autres, par des épisodes sanglants[3].

Comme les bouddhistes, ils sont partagés en un clergé et en un corps laïque ; mais le monachisme paraît avoir été moins développé chez eux. Actuellement, leurs *yatis* forment des sortes de collèges entretenus aux frais des communautés, mais dont les membres ne vivent plus d'aumônes, et ils n'admettent plus comme autrefois un ordre de femmes. Ils se divisent en deux sectes principales, les *çvêtâmbaras*, « les Robes blanches, » et les *digambaras*, « ceux qui sont vêtus d'air, »

---

1. A. Weber, *Çatrunjaya Mâhâtmyam*, p. 24.
2. *Ind. Antiq.* II, 129, 353 ; V, 37.
3. G. Bühler, ap. *Ind Antiq.* VI, 186 ; Lassen, *Ind. Alterthumsk.* t. III, p. 240 ; R. Caldwell, *A Comparative Grammar of the Dravidian languages*, Introduction, p. 89, 138.

c'est-à-dire qui vont nus, dénominations qui, du clergé, ont passé également aux laïques. Actuellement, les çvêtâmbaras tiennent généralement le premier rang. Mais les digambaras, appelés aussi plus spécialement *nirgranthas*, « ceux qui ont rejeté tout lien, » paraissent être es plus anciens. Du moins ce dernier nom se trouve-t-il déjà dans les inscriptions d'Açoka[1] et, selon toute probabilité, comme désignation des jainas. L'une et l'autre secte est mentionnée dans des documents épigraphiques du Maisor, qui remontent probablement au sixième, peut-être au cinquième siècle[2], et, pour le septième, leur présence est également attestée à Canoje[3]. Leur situation respective rappelle celle des sectes bouddhistes du Grand et du Petit Véhicule, c'est-à-dire que, en dépit de différences considérables, ils sont plutôt rivaux qu'ennemis déclarés. A cette division est venue, comme pour les bouddhistes, s'en superposer une autre, celle en jainas du Nord et jainas du Sud qui, purement géographique à l'origine, a fini par s'étendre aux doctrines, à la littérature canonique et à tout l'ensemble des traditions et des usages[4]. Actuellement les yatis digambaras n'observent plus la nudité, excepté pendant leurs repas, quand ils les prennent en commun. Mais il est évident qu'autrefois la pratique a dû être plus rigide, et Hésychius (troisième siècle) a sans doute été bien informé, quand il traduit Γέννοι par l'ὑμνοσοφισταί. Cet indice joint à bien d'autres, tels que la pratique de l'épilation, semble indiquer qu'à l'origine une des principales différences entre les jainas et les bouddhistes a été la profession d'un ascétisme plus rigoureux de la part des premiers. Nulle secte hindoue n'a poussé plus loin l'*ahinsā*, le respect et l'abstention de tout ce qui a vie. Non seulement ils s'abstiennent absolument de toute chair, mais les plus rigides d'entre eux ne boivent que de l'eau filtrée, ne respirent qu'à travers un voile et s'en vont balayant le sol devant eux de peur d'avaler ou d'écraser à leur insu quelqu'animalcule invisible. A tous ces égards, le bouddhisme primitif avait bien moins de scrupules : les excès de l'ascétisme, en particulier la nudité, ont été formellement condamnés par Çâkyamuni ; quelques-uns de ses premiers disciples ont même rompu avec lui pour ce motif, et on sait que la tradition le fait mourir lui-même d'une indigestion de chair de porc. Au sujet d'une autre pratique également réprouvée par le Buddha, le suicide religieux, les jainas ont varié. Un de leurs livres canoniques le condamne : « le suicide accroît la vie, » est-il dit énergiquement dans la Bhagavatî[5]. Mais, d'autre part, des inscriptions recueillies dans des sanctuaires du Dékhan ne laissent aucun doute sur la fréquence de cette

1. VIII* édit de Delhi, l. 5, ap. *Corpus Inscript. Indic.* pl. XX.
2 Inscriptions des anciens Kadambas, ap. *Ind. Antiq.* VI, 23-32 ; VII, 33-37 ; dans ce dernier document le revenu d'un village est partagé entre les Çvêtapatas (Çvetâmbaras) et les Nirgranthas.
3. Bâna, ap. F. E. Hall, *Vâsavadattâ*, Pref. p. 53.
4. *Ind Antiq.* II, 354 ; III, 129.
5. Apud A. Weber, *Ueber ein fragment der Bhagavatî*, 2ter theil, p. 267.

coutume chez les jainas du Sud pendant une longue période du moyen âge[1].

C'est encore au bouddhisme que nous sommes ramenés, si nous examinons la doctrine générale des jainas. Les points essentiels, la conception du monde et la philosophie de la vie sont à peu de chose près les mêmes de part et d'autre. Comme les bouddhistes, les jainas sont athées. Ils n'admettent pas de créateur; le monde est éternel, et ils nient expressément la possibilité d'un être parfait de toute éternité. Le Jina est devenu parfait, il ne l'a pas toujours été. Comme les bouddhistes du Nord, cette négation ne les a pas empêchés ou, du moins n'a pas empêché certains d'entre eux de revenir à une sorte de déisme et, de même que dans les livres du Népâl on voit surgir un *Adibuddha*, un Buddha suprême, on trouve dans des documents épigraphiques du Dékhan un *Jinapati*, un Jina suprême qualifié de créateur primordial[2], contrairement aux déclarations les plus nettes tirées de leurs écrits les plus autorisés. L'ensemble des êtres se divise en deux catégories, animés et inanimés. Les êtres animés sont formés d'une âme et d'un corps, et ces âmes radicalement distinctes de la matière, sont éternelles. C'est là un des points essentiels peu nombreux où la doctrine jaina s'écarte du bouddhisme. Elle se rapproche beaucoup par contre de la conception sânkhya, et elle explique d'une manière toute semblable comment l'âme, qui est pure intelligence, est néanmoins en proie à l'illusion et condamnée de ce chef à subir le joug de la matière à travers une série indéfinie d'existences. Ce n'est donc pas le fait d'être qui est le mal aux yeux des jainas; c'est la vie qui est mauvaise, et le Nirvâna pour eux n'est pas l'anéantissement de l'âme, mais bien sa délivrance et son entrée dans la béatitude sans fin. La voie du Nirvâna est naturellement révélée par le Jina. Les moyens d'y arriver constituent le *Triratna*, les « trois joyaux » : 1° la foi parfaite ou la foi dans le Jina; 2° la science parfaite ou l'intelligence de sa doctrine; 3° la conduite parfaite ou l'observation rigoureuse de ses préceptes. Sous une forme à première vue sensiblement différente, on reconnaît là aisément le Triratna des bouddhistes, à savoir : le Buddha, la loi et le Sangha. On surprend ainsi d'un bout à l'autre entre les deux croyances comme une préoccupation constante de ne pas trop se ressembler, qui, plus encore que leurs rencontres manifestes, établit leur étroite parenté. Le développement de « la conduite parfaite » par exemple, est l'exact pendant de la morale et de la discipline bouddhiques. Mais, à l'exception d'un petit nombre de points tels que la classification des mérites et des péchés, qui est la même, tout y est transposé : les mêmes choses sont appelées de noms différents et les mêmes noms y désignent des choses différentes. On dirait deux mosaïques de dessin divers, mais faites de pièces semblables. Comme point de détail, on remarquera que les digam-

---

1. Inscriptions de Çravana Belgola, ap. Ind. Antiq. II, 322; III, 153.
2. Ind. Antiq. VII, p. 106, l. 51.

baras s'accordent avec les bouddhistes pour dénier aux femmes
la capacité d'attéindre au Nirvâna, tandis que les çvêtâmbaras la
leur reconnaissent. En ceci encore, les premiers paraissent avoir
conservé plus fidèlement la doctrine primitive. Enfin, la négation de
la réalité objective des concepts de l'esprit, qui est une des doctrines
fondamentales des bouddhistes, a son pendant dans le probabilisme
des jainas. Ceux-ci soutiennent, en effet, qu'on ne peut rien affirmer
ni nier absolument d'un objet et qu'un prédicat n'exprime jamais
plus qu'une possibilité. Aussi les brâhmanes, qui appellent les
bauddhas des *çûnyavâdins* « ceux qui affirment le vide » désignent-ils
les jainas par le terme de *syâdvâdins* « ceux qui disent peut-être. »

Mais où le parallélisme des deux religions devient réellement
embarrassant, c'est quand on passe à leurs traditions, à celles surtout
qui concernent leurs fondateurs respectifs. La légende de Vardha-
mâna ou, pour le désigner par son titre le plus usité, de Mahâvîra,
« le grand héros, » le Jina de l'âge actuel, présente des points de
contact si nombreux et d'une nature si particulière avec celle de
Gautama Buddha, qu'on est invinciblement amené à conclure qu'il
s'agit dans l'une et dans l'autre d'un seul et même personnage[1]. Tous
deux ils sont de race royale ; les mêmes noms reparaissent parmi leurs
parents et leurs disciples ; le même pays les a vus naître et mourir, et à
la même époque. Le Nirvâna du Jina correspond en effet officiellement
à 526, celui du Buddha à 543 avant Jésus-Christ, et en tenant compte
des incertitudes inhérentes à ces déterminations (on sait que l'année
vraie de la mort du Buddha tombe entre 482 et 472 avant Jésus-Christ),
les deux dates peuvent être considérées comme identiques. Des
coïncidences toutes semblables se produisent dans la suite des
deux traditions. De même que les bouddhistes, les jainas prétendent
avoir été protégés par les princes Mauryas. Les premiers ont eu
Açoka ; les seconds se réclament de Sampadi, son petit-fils, et même
de son aïeul Candragupta qui, d'après les traditions du Sud se serait
fait ascète jaina[2]. Presque toujours une contrée qui est une terre
sainte pour les uns, est aussi une terre sainte pour les autres, et
leurs sanctuaires sont voisins dans le Bihâr, dans la presqu'île de
Gujarât, au mont Abu en Râjastan et ailleurs. En présence de
cet ensemble de conformités de doctrine, d'organisation, de pratiques et de traditions, la conclusion qui semble inévitable c'est
que l'une des deux religions est une secte et en quelque sorte la
copie de l'autre. Cela étant, si on songe aux relations multiples qu'il
y a entre la légende du Buddha et les traditions brâhmaniques, relations qui font défaut à la légende de Mahâvîra ; si on considère de
plus que le bouddhisme a pour lui l'autorité des édits d'Açoka et
que dès lors, au troisième siècle avant notre ère, il était en possession
d'une littérature dont quelques titres nous ont été transmis[3], tandis

---

1. Cf. A. Weber, Ueber das *Çatrunjayamâhâtmya*, p. 2 ; H. Kern, *Over de
Jaartelling der zuidelijke Buddhisten*, p. 28.
2. Ind. Antiq. III, p. 155.
3. Inscription de Bairât ap. *Corpus Inscript. Indic.*, pl. XV.

que les plus anciens témoignages irrécusables en faveur du jainisme
ne remontent pas au delà du cinquième siècle après Jésus-Christ
(car la mention des Nirgranthas dans les édits d'Açoka ne constitue
qu'une probabilité, et l'application aux jainas d'une inscription de
Mathurâ du premier siècle est douteuse [1]), si on considère en outre
que la principale langue sacrée des bouddhistes, le pâli, est presqu'aussi ancienne que ces édits, tandis que celle des jainas, l'*Ardha-
Mâgadhî*, est un dialecte prâkrit notablement plus jeune [2]; si on
ajoute à tout cela les inductions très peu sûres, il est vrai, dans l'état
actuel des connaissances, que fournissent les caractères internes du
jainisme, sa systématisation plus avancée, sa tendance à tout ampli-
fier, sa préoccupation constante de se vieillir, on n'hésitera pas à
reconnaître que le bouddhisme est celui des deux qui a le plus de
droits à être tenu pour l'original [3]. Nous devons ajouter toutefois que
le savant qui connaît le mieux la littérature encore inédite des jainas
du Nord, M. G. Bühler, de Bombay, pense avoir acquis la preuve que
les traditions concernant Mahâvîra remontent à un personnage réel,
différent de Gautama Buddha et à peu près son contemporain, dont
le nom véritable aurait été le nirgrantha Jnâtiputra, « l'ascète
des Jnâtis », Jnâti désignant le clan râjpoute auquel le nirgrantha
aurait appartenu [4]. Ce fait, s'il était parfaitement établi, serait évidemment d'un grand poids, et il n'en faudrait pas beaucoup de
semblables pour modifier singulièrement les conclusions qui précèdent. Mais, à lui seul, il ne saurait prouver ni l'autorité de la
biographie du Jina, ni surtout l'originalité du jainisme, lequel, au
point de vue de la filiation des doctrines, n'en reste pas moins pour
nous, jusqu'à nouvel ordre, une secte issue du bouddhisme.

A quelle époque cette secte est-elle arrivée à une existence vraiment
indépendante ? Pour répondre à cette question, il faudrait pouvoir
dire d'abord ce qu'a été le jainisme primitif, et c'est là un problème
qui ne sera abordable que quand on aura accès aux livres fondamentaux de la secte. Jusqu'à présent on est réduit à cet égard aux témoignages externes. Nous avons vu déjà que les nirgranthas des incrip-
tions d'Açoka étaient, selon toute probabilité, sinon des jainás, du
moins des ancêtres du jainisme actuel. Par ses caractères philolo-
giques, la langue sacrée de la secte nous reporterait pour l'origine
de sa littérature, à une époque inférieure de plusieurs siècles

---

1. A. Cunningham, *Archæological Survey*, t. III, p. 35. La nudité de la
figure n'est peut-être pas décisive en faveur d'une origine jaina. Cf. cependant, ibid., t. I, p. 94.

2. Pour l'âge des écrits jainas, cf. maintenant H. Jacobi, *Kalpasútra*,
Introd., p. 15.

3. Colebrooke avait adopté la solution opposée, *Miscellaneous Essays*, t. II,
p. 276, éd. Cowell. H. H. Wilson, au contraire, ne croyait pas les jainas
plus anciens que le huitième ou le neuvième siècle, Select Works, t. I,
p. 334

4. Ind. Antiq. VII, p. 143. Depuis, M. H. Jacobi, qui partage avec
M. Bühler l'honneur de cette découverte, l'a exposée avec plus de détails,
Kalpasútra, p. 6.

au début de notre ère. Dès le cinquième siècle par contre, nous trouvons les jainas solidement établis jusqu'à l'extrémité de la péninsule, et c'est à eux et aux bouddhistes, qui les avaient précédés du reste dans ces contrées, que remonte la première culture littéraire des langues canarèse et tamoule. Au septième siècle, du temps de Hiouen-Thsang, ils étaient la secte dominante dans le Dékhan. Aujourd'hui leur nombre est beaucoup réduit (environ un demi million), et comme Eglise, ils sont en décadence. Mais ils forment toujours encore des agglomérations notables dans le Sud, où ils sont en général agriculteurs, et dans l'Hindoustan occidental, où ils se livrent de préférence au commerce et où leurs communautés, riches pour la plupart, ne présentent plus guère de traces de l'ascétisme primitif. Dans presque toutes les grandes villes, de Lahore à Bombay et à Calcutta, on les trouve établis comme négociants ou banquiers, et cette aptitude particulière pour le trafic ne laisse pas de rappeler le grand rôle que les marchands, les orfèvres, les armateurs jouent dans les légendes et dans les inscriptions bouddhistes. Dans le Bihâr, leur pays d'origine, où le sanctuaire de Pârasnâth (forme vulgaire de Pârçvanâtha, l'avant dernier Jina), est toujours encore un but de pèlerinage[1], ils ont à peu près disparu comme population sédentaire. — Il serait aisé de former des conjectures pour expliquer cette survivance des jainas, en présence du sort si différent des bouddhistes. Nous n'en hasarderons qu'une seule. Quelle que soit la date des origines premières du jainisme, son avènement comme religion est postérieur à celui du bouddhisme et historiquement il est plus jeune. Il a pu atteindre ainsi l'époque de la domination musulmane qui a eu pour effet d'arrêter la propagande de l'hindouisme et qui, en poussant indirectement au morcellement religieux, politique et social de la nation, a été partout conservatrice des minorités, des petites associations et des petites Eglises.

1. Cf. Hunter, *A Statistical Account of Bengal*, t. XVI, p. 216.

V

HINDOUISME

Les religions sectaires ou néo-brâhmaniques que nous comprenons sous la dénomination générale d'hindouisme, et qui de nos jours sont professées par environ 180 millions d'hommes [1] dans l'Inde britannique, dans le Népâl, à Ceylan, dans l'Indo-Chine, aux îles de la Sonde, à l'île Maurice, au Cap, et jusqu'aux Indes occidentales où elles ont été introduites par les coolies, ne forment pas un ensemble aussi homogène que le vieux brâhmanisme ni, à plus forte raison, que le bouddhisme et le jainisme. Malgré les tentatives qui ont été faites à diverses époques et à des points de vue différents pour les ramener à une sorte d'unité, elles ont constamment résisté à tout essai de systématisation. Elles constituent une masse flottante de croyances, d'opinions, d'usages, de pratiques, de notions religieuses et sociales où l'on retrouve bien un certain fond commun et un air prononcé de famille, mais d'où il serait bien difficile de dégager une véritable définition. Actuellement il est à peu près impossible de dire au juste ce qu'est l'hindouisme, où il commence et où il finit. La diversité en est l'essence même et sa véritable expression est la secte, la secte constamment mobile et poussée à un état de division dont rien n'approche dans aucune autre forme religieuse. Dans le passé, ce morcellement a sans doute été moindre, mais, aussi haut qu'on remonte, on trouve ou du moins on devine un état de choses qui a dû ressembler plus ou moins à ce qui s'observe aujourd'hui. Aussi, dans l'examen qu'il nous reste à faire de ces croyances, ne saurait-il être question de descendre jusqu'à

1. Le recensement de 1872 compte dans l'Inde britannique, sur un total de 245 millions, 140 millions d'Hindous Dans ce chiffre ne sont pas comprises les populations à demi-assimilées, qui socialement sont exclues de l'hindouisme, mais qui, au point de vue religieux, ne sauraient en être nettement séparées.

l'unité sectaire, bien que ce soit la seule vraie au fond ; mais, pour ne pas nous perdre dans un détail infini ou dans des énumérations insignifiantes, nous serons obligé de rester dans les généralités et de procéder par catégories.

A plusieurs reprises déjà nous avons eu occasion de caractériser la position de ces religions par rapport à celles qui les ont précédées, ou dont le développppement a été contemporain du leur. De même que le bouddhisme, elles ont dû en général leur essor à l'insuffisance de la vieille théologie brâhmanique, dont les divinités s'étaient effacées peu à peu derrière des abstractions trop subtiles pour la conscience des masses. Mais, à l'inverse de la de la secte de Çàkyamuni, elles n'ont pas ouvertement rompu avec le passé. Elles prétendent au contraire le continuer ou, plutôt, elles se donnent pour ce passé même. La plupart elles se disent basées sur le Vêda, avec lequel au fond elles n'ont presque rien de commun, qu'elles ont remplacé par une littérature toute différente, mais que, en dépit d'aveux contraires qui leur échappent parfois[1], elles n'en continuent pas moins d'invoquer comme leur autorité suprême. Et, jusqu'à un certain point, il y a du vrai dans cette prétention. Elles ont toujours largement puisé à ce vieux fonds, lui empruntant en partie leurs formules, leurs usages, leurs légendes et jusqu'à leurs doctrines, le défigurant presque toujours, mais arrivant aussi parfois, dans leurs formes plus savantes, à se fondre plus ou moins avec lui. Leur culte propre, par exemple, est radicalement distinct du culte brâhmanique : ce dernier pourtant n'est pas aboli pour cela. Au fond, il est vrai, elles le dédaignent et elles finiront par le tuer. Mais dès qu'elles ont intérêt à le faire, elles en vantent l'excellence. Dans la Bhagavad-Gîtà, Krishna déclare expressément qu'il considère tout acte religieux accompli avec foi comme adressé à lui-même[2]. On pouvait ainsi être à la fois brâhmaniste orthodoxe et fervent sectaire.

Ce caractère traditionnel et en quelque sorte mixte de la plupart de ces religions s'explique naturellement par le rôle prépondérant qu'y ont joué les brâhmanes. Sauf en ce qui concerne l'autorité du Vêda, de laquelle dépendait leur propre primauté, ceux-ci en effet n'ont pas été les conservateurs exclusifs pour qui on veut parfois les faire passer. Comme ils formaient l'aristocratie intellectuelle et religieuse de la nation, ils devaient au contraire ressentir plus vivement que d'autres l'insuffisance de doctrines vieillies et, de fait, on les trouve à la tête de toutes les nouveautés. Ici d'ailleurs ils avaient un intérêt visible à ne pas repousser des croyances qui

---

1. Par exemple, Mahâbhârata I, 269, il est dit que les dieux ayant mis dans une balance, d'un côté les 4 Vêdas, de l'autre le seul Mahâbhârata, celui-ci l'emporta sur les 4 Vêdas. L'Agni-Purâna I, 8-11, déclare qu'il est la révélation du brahman suprême, dont le Vêda n'est que l'expression inférieure. La Bhagavad-Gîta ne tient pas un autre langage, II, 42-45 ; IX, 21. C'est là un echo des Upanishads.

2. IX, 24-25 ; VII, 20-23.

devaient leur permettre de lutter avec avantage contre les progrès bien autrement dangereux pour eux du bouddhisme. En tous les cas et quels qu'aient pu être leurs motifs, ils se sont jetés dans le mouvement avec ardeur. Presque toute la littérature de ces religions est plus ou moins leur ouvrage et, parmi les fondateurs de sectes dont l'histoire a gardé le souvenir, il en est peu qui n'aient pas été de leur caste. Et ils ne se sont pas contentés d'être les théologiens des cultes nouveaux ; ils en ont été aussi les ministres. Malgré les défenses de leurs Smritis, beaucoup d'entre eux se sont faits les desservants des temples et des idoles, les prêtres, les guides et les entrepreneurs des pèlerinages et des dévotions locales. Seulement il importe d'observer que la vieille défense n'a jamais été levée et qu'aujourd'hui encore ceux qui exercent ces fonctions, forment autant de classes inférieures que les brâhmanes de haute caste méprisent, même s'ils partagent leurs croyances, et auxquels ils contestent plus ou moins le droit de porter le cordon sacré.

Il y a là, en effet, un indice qui tend à montrer que, si la caste sacerdotale a pris une part très considérable dans le développement de ces religions, celles-ci n'ont pourtant jamais été, ni à l'origine, ni depuis, entièrement en sa dépendance. Et cet indice n'est pas le seul. La partie la plus ancienne de la littérature sectaire qui, dans sa forme actuelle, est certainement l'œuvre des brâhmanes, ne leur a pas toujours appartenu. Le Mahâbhârata, plusieurs Purânas sont mis dans la bouche de bardes profanes [1] et, bien qu'on les qualifie de cinquième Vêda [2], on n'a jamais vu de mal à ce qu'ils fussent traduits dans les dialectes vulgaires. Si on excepte les *mantras*, les formules proprement dites, où la teneur verbale est chose essentielle, il n'y a pas eu pour les sectes une langue sacrée. Des poésies populaires, chantées dans tous les idiomes de l'Inde, ont été au contraire un de leurs principaux moyens de propagation et, parmi les auteurs de ces chants, qualifiés de *dâsas*, d'esclaves du dieu qu'ils célèbrent, beaucoup ont été et sont encore de basse caste. Le *Kural* de Tiruvalluvar [3], cet admirable recueil de stances en langue tamoule d'une inspiration si pure et si haute et dont les brâhmanes acceptent parfaitement l'autorité, est l'œuvre d'un Pareiya [4]. Il y a des légendes qui font de Vâlmîki, l'auteur du Râmâyana, un Koli, c'est-à-dire un membre d'une des tribus aborigènes les plus méprisées de la côte de Bombay. Le plus grand nom de la poésie épique et sectaire, Vyâsa, l'auteur mythique du

---

1. Les sûtas, les écuyers. Voir ce qu'en dit E. Burnouf, *Bhâgavata-Pur.*, t. I, Préf. p. xxv.

2. Chândog. Up VII, 1, 2; Mahâbhârata III, 2247.

3. C. Graul, Bibliotheca Tamulica, t. III : *Der Kural des Tiruvalluver*, ein gnomisches Gedicht über die drei Strebeziele des Menschen, 1856 ; G. de Du Mast, *Maximes des Courals de Tirout-Vallouvar*, ou la morale des parias, 1854.

4. R. Caldwell, *A comparative Grammar of the dravidian languages*. Introd., p. 131, 2ᵉ éd. Tiruvalluvar signifie le saint (tiru = sanscrit çrî) Valluvar ; les Valluvar sont les pûjâris ou prêtres des parias.

Mahâbhârata et des Purânas, aurait été lui-même, d'après le dire de
ces ouvrages, un brâhmane d'une pureté plus que contestable[1], et des
récits analogues ont cours sur le compte du célèbre Çankara[2]. Sans
exagérer la portée de ces traditions, il est permis d'en noter la persistance. Si on les rapproché de la doctrine d'une fraternité plus large
professée en somme par la plupart de ces religions, ainsi que du fait
que de nos jours encore, pas plus qu'au temps des vieilles Smritis,
ces cultes ne sont tombés entièrement entre les mains des brâhmanes,
que certaines fonctions sacerdotales, dans le Sud surtout, sont attri-
buées de préférence à des hommes du peuple et que les *Gurus* eux-
mêmes, les chefs spirituels, peuvent être des membres d'une autre
caste (dans les temps modernes on a même vu ce rôle tenu par des
femmes[3]), on s'apercevra qu'on est ici sur un terrain sensiblement
différent du vieux brâhmanisme, et qu'un certain élément populaire
n'est pas à méconnaître dans ces religions. L'examen de leur théologie
nous conduira à la même conclusion.

I. — LES DIVINITÉS SECTAIRES

Le caractère commun de la plupart de ces religions est le culte de
divinités nouvelles mises au-dessus de toutes les autres et dont la conception très concrète et très personnelle aboutit à des sortes de biographies. Ces divinités sont identifiées, soit avec Çiva, qui lui-même se
rattache au dieu védique Rudra, soit avec Vishnu et, selon que les unes
ou les autres sont élevées au rang suprême, les religions sont dites
çivaïtes ou vishnouites, et leurs sectateurs respectifs qualifiés de *çaivas*
ou de *vaishnavas*. La genèse de ces religions est extrèmement obscure.
Les écrits védiques les rencontrent et les côtoient pour ainsi dire dans
la période même de leur formation; mais ils les traitent plus ou
moins en étrangères et les détails qu'ils nous ont conservés, sont
plutôt faits pour irriter notre curiosité que pour la satisfaire.

Des deux divinités principales. *Çiva* « le Propice », bien que son
nom se rencontre à peine dans le Vêda, est encore celle dont on peut le
mieux suivre la formation[4]. Déjà dans l'Atharva-Vêda on voit grandir

---

1. Il est né de l'union irrégulière d'un brâhmane et d'une jeune fille de la
caste impure des pêcheurs, une dâsakanyâ, une fille esclave, comme elle est
appelée, *Bhâgavata-P.* IX, 22, 20.

2. Ind. Antiq. VII, 286.

3. Voir plus loin pour Mîrâ Bâî (seizième siècle), Sahaji Bâî (dix-huitième
siècle) : encore récemment les Kartâbhâjs du Bengal avaient pour chef une
femme, Hunter, *Statistical account of Bengal*, t. I, p. 74.

4 M. J. Muir a consacré tout le IV° volume de ses *Sanskrit. Texts* (2° éd.
1873) à l'histoire des deux grandes divinités sectaires. Nous ne pouvons

le rôle de Rudra, la vieille divinité de l'ouragan, le père des Maruts, qui sera absorbé par Çiva. On l'invoque comme le maître de la vie et de la mort et, de préférence à sa nature bienfaisante qui domine dans les Hymnes du Rig, on exalte ses aspects terribles et meurtriers. On l'identifie plus fréquemment avec Agni, le feu conçu comme élément destructeur. A ses côtés apparaissent *Bhava* « le Prospère » *Çarva* « l'Archer », qui se fondront tous deux dans la personne du nouveau dieu ; et *Kâla*, le temps qui produit et dévore toutes choses, et qui sera lui aussi un des éléments ou des « formes » de Çiva, est invoqué comme le premier principe de tout ce qui existe. Dans le Yajur-Vêda l'identification de Rudra avec Agni est devenue courante. Il reçoit les noms d'*Içâna*, d'*Içvara* « le Seigneur », de *Mahâdêva* « le grand dieu ». En même temps apparaissent les légendes qui relatent sa naissance, ses victoires sur les Asuras dont il détruit le Tripura, la « triple cité » terrestre, aérienne et céleste ; d'autres qui le montrent faisant irruption au milieu des dieux et s'emparant de vive force des offrandes de leur sacrifice. Çiva héritera de tout cela, et de ces récits qui formeront le fond de sa biographie, et de cette affinité avec le Feu qui, dans le Mahâbhârata encore, est une de ses « formes ». De cette parenté il restera en outre des traces dans la plupart de ses noms qui sont aussi des noms d'Agni, dans les noms de sa contre-partie féminine qui sont ceux des flammes ou des « langues » d'Agni, dans l'épithète obscure de *Tryambaka*[1] « celui qui a trois mères », où il y a peut-être un souvenir de la triple naissance d'Agni, dans plusieurs légendes, par exemple dans celle de Skanda, le dieu de la guerre, qui est à la fois son fils et celui d'Agni, et enfin dans un de ses principaux attributs, le trident, qui est un symbole de l'éclair. Dans un autre de ses attributs, dans le troisième œil qu'il porte au milieu du front et d'où s'échappe une flamme qui doit un jour dévorer le monde, on reconnaît de même l'œil du Cyclope et la trace d'une ancienne affinité solaire. Cependant quelque grande figure que Rudra fasse parfois dans ses textes, non seulement il n'y arrive pas à la souveraineté, mais il ne s'élève pas au-dessus du niveau moyen des dieux. Dans ces diverses données il n'y a rien qui dépasse la mesure ordinaire du syncrétisme des Brâhmanas, et, si elles fournissent certains éléments de Çiva, elles sont loin de suffire à l'explication de son être. Cette ex-

mieux faire que de renvoyer une fois pour toutes à la riche collection de passages qu'il a rassemblés des Sanhitâs du Rig et de l'Atharva-Vêla, des Brâhmanas, du Mahâbhârata, du Râmâyana et des Purânas. On y trouvera également réunies les opinions des principaux savants qui se sont occupés de cette matière, en première ligne MM. Lassen et A. Weber.

1. Déjà RV. VII, 59, 12 (= AthV. XIV, 1, 17; Vâj. S. III, 60; Taitt. S. I, 8, 6, 2), dans un vers ajouté après coup et pour lequel il n'y a pas de pada. Les MSS. du commentaire de Sâyana varient sur ce vers. Quelques-uns le passent sous silence ; ceux qui l'expliquent rendent tryambaka par « producteur des trois mondes, » ou par « père des trois dieux, Brahmâ, Vishnu et Rudra, » ou, ce qui est l'explication ordinaire, par « celui qui a trois yeux. » Le Niruk̤ta, XIV, 35 (pariçishta), et le Rigvidhâna le rendent simplement par Rudra, Mahâdêva.

plication, il nous semble au contraire qu'elle est suggérée dans un autre texte d'apparence assez moderne, mais qui a trouvé place dans toutes les recensions du Yajur-Vêda, le *Çatarudriya*, l'hymne aux cent Rudras[1]. Dans ce morceau, qui est une de ces invocations en forme de litanies si fréquentes dans la littérature postérieure, Rudra apparaît avec tous les caractères d'une divinité franchement populaire, associée à tous les côtés de la vie rude et troublée qui de temps immémorial a été celle de l'Inde. On l'invoque lui et ses *ganas*, les « troupes » auxquelles il commande[2], pour la protection de la maison, des champs, des troupeaux, des chemins. Il est le patron des gens de métier, des charrons, des charpentiers, des forgerons, des potiers, des chasseurs, des bateliers : il est lui-même un rusé marchand. Mais il est aussi le chef des armées, le dieu des braves, des fantassins et de ceux qui combattent sur des chars, de tous ceux qui vivent de l'arc, de la lance et de l'épée. C'est son cri qui retentit dans la mêlée, et sa voix qui résonne dans le tambour de guerre[3]. Etant soldat, il est bandit, car en Orient c'est un peu la même chose : il est le patron des voleurs, des maraudeurs, des brigands, de tous ceux qui vont la nuit par troupes et qui vivent de rapine. Il est aussi le dieu des mendiants et des fakirs, de ceux qui portent les cheveux longs et nattés et de ceux qui se rasent la tête. Il est omniprésent par lui-même ou par les esprits innombrables auxquels il commande, dans les maisons et aux champs, dans les rivières et dans les fontaines, dans le vent et dans le nuage qui passent, dans l'herbe qui pousse, dans l'arbre qui verdoie, dans la feuille qui tombe. Mais il réside surtout dans les forêts et dans les solitudes et il règne sur les montagnes. On ne saurait rien imaginer de plus vivant[4] que la figure qui se dégage de ce morceau d'un réalisme si brutal, mais rien aussi de moins brâhmanique. Dans cette interminable série d'épithètes, où l'on trouve presque tous les noms de Çiva, il ne se rencontre pas une seule expression rituelle, pas une allusion à un usage sacré. Ce Rudra qui « se manifeste à des bouviers et à des porteuses d'eau », est déjà bien le Çiva dont le culte pourra se célébrer sans brâhmanes, et à qui ses adversaires reprocheront parfois d'être le dieu des çûdras et des gens de rien[5]. Sans doute, ici non plus, il n'est pas encore une divinité souveraine ; mais il est comme marqué pour le devenir, et on entrevoit quelles raisons ont dû décider les brâhmanes

1. Taitt. S. IV, 5, 1-11 ; Vâj. S. XVI, 1-66 ; Kâthaka XVII, 11-16. Le morceau forme aussi une Upanishad spéciale. Il a été traduit par M. A. Weber, *Ind. Stud.*, II, 32, et par M. J. Muir, *Sanskrit Texts*, IV, 322.

2. Ces ganas sont appelés eux-mêmes Rudras. Leur nombre est diversement indiqué : le Bhâgavata-Purâna VI, 6, 17, les compte par dizaines de millions.

3. Cf. AthV. V, 21. Sur les monnaies des rois indo-scythes, Çiva est figuré portant un tambour, Lassen, *Ind. Alterthumsk.*, t. II, p. 839, 841, 2e éd.

4. Cette observation s'applique du reste en général au personnage de Rudra dans l'Atharva-Vêda et dans les Brâhmanas. Il semble que ce dieu y ait pour ainsi dire plus de corps que les autres.

5. Muir, *Sanskrit Texts*, IV, p. 377. Vasishtha-Smriti citée par Banerjea, *Nârada-Pancarâtra*, Pref., p. 5.

à le choisir entre tant d'autres pour l'élever à ce rang. Ils n'auront
qu'à l'adopter pleinement, qu'à infuser pour ainsi dire leur théologie
et leur métaphysique à cette figure sauvage si vivante dans la conscience populaire, et elle sera réellement Mahâdeva, le Grand dieu.

Cette adoption était un fait accompli plusieurs siècles avant notre
ère. Dans le Mahâbhârata, qui pourtant, dans sa rédaction actuelle, est
plutôt vishnouite, le culte le plus répandu est celui de Çiva[1]. C'est
le Dionysos de Mégasthènes, qui rapporte qu'on l'adorait surtout
dans les montagnes, le culte rival d'Héraclès ou de Krishna étant
dès lors dominant dans la plaine gangétique[2]. Il est élevé bien
au-dessus de la foule des dieux : pour ses sectateurs il est le
plus grand de tous ; pour tout le monde il est un des plus grands
et qui n'a d'égaux ou de supérieurs à lui que Brahmâ ou Vishnu.
Il trône sur le Kailâsa, la montagne fabuleuse du Nord, par delà
l'Himavat, entouré et servi par les *Yakshas* et par une multitude de
génies de nature et de formes diverses, qui obéissent aux ordres
de son fils adoptif *Skanda*, le dieu de la guerre et le nourrisson des
Pléiades, de *Ganeça* le « chef des troupes », le dieu à la tête d'éléphant, l'inspirateur des ruses et des bons conseils, devenu plus tard
le patron des lettres et des lettrés, de *Kubêra* le dieu des trésors, de
Virabhadra « le vénérable héros », personnification de la fureur
guerrière, dont le culte est fort répandu dans le Dékhan et qui est
regardé parfois comme une « forme » de Çiva même. On parle diversement de sa naissance, mais en réalité il est éternel : il est *Mâhâ-
kâla*, le temps sans bornes qui engendre et dévore toutes choses[3].
Comme producteur, il a pour symboles le taureau et le phallus,
ainsi que la lune qui lui sert de diadème. Comme destructeur, il revêt
des « formes » terribles ; il est armé du trident et il porte un collier
de crânes. Il est assimilé à *Mrityu*, la Mort[4], et son vieux surnom de
Paçupati, de « Seigneur des troupeaux », prend le sens sinistre de
« Maître du bétail humain », peut-être celui de « Maître des victimes », car plus que tout autre dieu il est cruel et il exige un culte
sanglant[5]. Il est le chef des *Bhûtas*, des esprits malfaisants, des goules
et des vampires qui hantent les places d'exécution et celles où l'on
brûle les morts, et il rôde avec eux à la tombée de la nuit. Il y a un
côté orgiaste dans sa nature : il est *Bhairava*, le dieu de la folie furieuse qui, revêtu de la peau sanglante d'un éléphant, mène la danse
sauvage du Tândava. Mais il est aussi par excellence le dieu de l'ascétisme et des austérités. Il est le chef des yogins ; comme eux il va nu,

1. Lassen, *Ind. Alterthumsk.* I, 922. Muir, *Sanskrit Texts* IV, 283.

2. Megasthenis Indica, p. 135, éd. Schwanbeck. Lassen, *Ind. Alterthumsk.*
I, 795; 925. Cette interprétation du passage de Mégasthène a été contestée
par M. A. Weber, Ind. Stud. II, 409.

3. Sous cette forme, il avait un sanctuaire célèbre à Ujjayinî en Mâlava,
Meghadûta, 35.

4. Dans les bas-reliefs des grottes de Bâdâmi, il est figuré sous la forme
d'un squelette; Ind. Antiq. VI, p. 359.

5. AthV. XI, 2, 9; Açvalâyana Gr. S. IV, 8; Pâraskara Gr. S. III, 8. Mahâbhârata, ap. Muir, *Sanskrit Texts* IV, 284; 288.

le corps barbouillé de cendres, ses longs cheveux tressés et ramenés
en nœud sur le sommet de la tête. Les légendes sont pleines de ses
mortifications épouvantables, et elles racontent comment d'un seul
regard de son œil de Cyclope, il réduisit en cendres *Káma*, l'Amour,
qui avait osé porter le trouble dans son cœur. A ses côtés trône *Umá*
« la Gracieuse », fille de l'Himavat, qui déjà dans quelques passages
védiques est l'épouse de Rudra, tandis qu'*Ambiká* « la Bonne mère »,
qui maintenant est identifiée avec elle, n'y est encore que la sœur du
dieu. Comme son époux, dont elle est l'exacte contre-partie, elle a beaucoup de noms et beaucoup de « formes ». On l'adore comme *Dévi* « la
Déesse », *Párvati* « la fille de la montagne », *Durgá* « l'Inaccessible », *Gaurî*
« la Brillante », *Sati* « l'Epouse dévouée », *Bhairavi* « la Terrifiante », *Kâlî*
« la Noire », *Karálá* « l'Horrifique », et sous une infinité d'autres dénominations qui expriment sa double nature de déesse de la vie et de
la mort.

Si, pour Çiva, la littérature védique fournit quelques données
qui permettent d'entrevoir le mode de formation de sa personnalité et de conclure à la coëxistence probable de son culte à l'état de
religion populaire, elle ne nous a conservé par contre, aucun indice
semblable au sujet de son rival, le *Vishnu* sectaire. Vishnu, il est vrai,
la vieille personnification du soleil, est déjà dans les Hymnes un dieu
de premier ordre et, dans plusieurs passages, on le trouve revêtu
d'une sorte de souveraineté. Mais c'est là une distinction qu'il partage avec d'autres divinités et dont les écrits postérieurs paraissent
même se souvenir fort rarement. Quant le Soleil est invoqué comme
dieu suprême, c'est de préférence sous d'autres noms, sous celui de
Savitri par exemple, dans l'Atharva-Vèda sous celui de Rohita, « le
Rouge[1] », et plus tard les sectateurs de religions strictement solaires
l'adoreront sous ceux de Sùrya et d'Aditya. Dans les nombreuses
légendes recueillies dans les Bràhmanas et qui ont conservé tant de
traits caractéristiques de la destinée des dieux, on ne voit pas davantage que Vishnu soit en train de se transformer ni d'agrandir son
rôle. Ces légendes racontent avec plus de détails le vieux mythe qui
lui fait parcourir ou conquérir les trois mondes en trois enjambées ;
elles font de lui la personnification du sacrifice et, à ce propos, elles
parlent de sa mort violente, trait qui convient bien à une divinité
solaire et qui se retrouve dans la catastrophe finale de Krishna. Mais
elles ignorent la théorie des Avatâras et, dans aucun de ces récits,
pas plus que dans la liturgie ou dans le rituel (nous exceptons naturellement des compilations aussi tardives que le dernier livre du
Taittirîya-Aranyaka), il n'y a la moindre trace d'un acheminement
de Vishnu vers le rang suprême. Dans la poésie épique au contraire,
dans le Mahâbhârata, Vishnu est en pleine possession de ce rang.
Mais en même temps apparaît un héros, un homme-dieu, Krishna,
qui est déclaré une incarnation de son essence divine, et cette figure
absolument inconnue au Vêda, est sans aucun doute possible une

____

1. XIII, 1.

divinité populaire. Il faut en conclure, ce semble, qu'il y a une relation entre la suprématie de Vishnu et son identification avec Krishna, et on est amené à se demander si Krishna a été assimilé à Vishnu parce que celui-ci était arrivé à occuper le premier rang, ou si la primauté du dieu brâhmanique n'a pas été plutôt la conséquence de sa fusion avec le dieu populaire. De ces deux solutions, c'est la dernière qui nous paraît la plus probable[1]. Nous avons déjà vu que le Véda ne fait nullement pressentir la suprématie de Vishnu. Elle ne paraît pas non plus être bien ancienne dans le Mahâbhârata, qui, en général, n'est vishnouite qu'autant qu'il est krishnaïte. Le culte le plus répandu en somme y est celui de Çiva, et même, dans les épisodes les moins remaniés de ce poème essentiellement éclectique, la figure souveraine n'est encore ni Çiva ni Vishnu, mais le vieux roi des cieux Indra. Il semble donc qu'il ne reste guère de place pour le développement d'une religion purement vishnouite, d'autant moins, que le culte de Krishna paraît remonter assez haut. « Krishna le fils de Devakî » est nommé une fois du moins dans un écrit védique qui fait de lui purement et simplement le disciple d'un sage[2], et cette représentation absolument évhémirique paraît déjà moins originale que celle que montre l'épopée. Dès le deuxième siècle avant notre ère, l'histoire de Krishna était le sujet de représentations dramatiques analogues aux solennités bachiques et à nos anciens mystères[3]. Enfin il est extrêmement probable qu'il faut voir ce personnage dans l'Héraclès dont Mégasthènes, au début du troisième siècle av. J.-C., trouvait le culte dominant dans la plaine gangétique. Si ces conjectures sont fondées, les deux grandes divinités sectaires se seraient formées à peu près de la même manière. La religion de Vishnu serait la plus jeune, mais, comme celle de son rival, elle serait le résultat de l'adoption par les brâhmanes et de la fusion avec une de leurs vieilles divinités, de dieux populaires, dans le cas spécial de Krishna, d'un héros qui était probablement à l'origine la *kuladêvatâ*, le dieu ethnique de quelque puissante confédération de clans râjpoutes[4].

1. Nous nous écartons ici sensiblement de l'opinion commune qui tend à admettre une progression assez lente et chronologiquement déterminable. dans la déification de Krishna et, ajouterons-nous de suite, de Râma. On s'appuie pour cela d'ordinaire sur les parties du Mahâbhârata et du Râmâyana où Krishna et Râma sont *encore* représentés comme de simples héros, où ils ne sont pas *encore* identifiés avec le dieu suprême. A notre avis, le mot encore est là bien souvent de trop. Non seulement par leurs parties supplémentaires, mais par tout l'ensemble de leur rédaction actuelle, les deux poèmes appartiennent à l'époque du plein développement de la théorie des Avatâras, et leurs héros sont à la fois vraiment hommes et vraiment dieux. Pour l'opinion contraire, cf. surtout A. Weber, *Krishnajanmâshtamî*, p. 316; *Die Râma-tâpanîya-Upanishad*, p. 275; *Ueber das Râmâyana*, au début. — Il y a du reste pour Krishna des traces de plusieurs tentatives diverses de l'introduire dans le panthéou brâhmanique, notamment celles qui le font venir d'un cheveu de Vishnu ou qui l'identifient, lui et Arjuna, avec Nara et Nârâyana.

2. Chândogya-Up. III, 17, 6.

3. Mahâbhâshya, ap. Ind. Stud., XIII, 353.

4. Lassen a été, croyons-nous, le premier à faire ressortir cette origine

Une fois élevé au rang suprême, Vishnu devient de plus en plus étranger à son ancienne nature solaire, dont le souvenir ne persiste plus que dans quelques attributs, tels que le disque, le *cakra*, qui est son arme de guerre, ou que l'oiseau *Garuda* qui lui sert de monture et qui est resté l'objet d'un culte[1]. Il trône dans son paradis le Vaikuntha, avec son épouse *Çrî* ou *Lakshmî*, la déesse de la Beauté, de la Volupté et de la Victoire. Se dérobant peu à peu dans un lointain mystérieux, il assume les fonctions qui appartenaient auparavant à Brahmâ : il est identifié avec Hiranyagarbha, avec Nârâyana surtout, l'aîné des êtres qui, porté sur les replis de *Çesha* ou *Ananta*, le serpent « sans fin », symbole de l'éternité, apparut à l'origine des choses flottant au-dessus des eaux primordiales. Selon qu'il veille ou qu'il se replonge dans le sommeil mystique, il donne naissance à la création ou il la fait rentrer en lui-même, et c'est de son nombril que s'élève le lotus d'or d'où procèdent Brahmâ et les dieux démiurges. Mais c'est moins par lui-même qu'il intervient dans les affaires du monde et qu'il recueille les hommages des hommes, que par l'intermédiaire de ses incarnations. Celles-ci sont fort nombreuses, car Krishna, qui est probablement la plus ancienne, n'est pas la seule figure sous laquelle il se soit montré ici-bas. « Chaque fois, est-il dit dans la Bhagavad-Gîtâ, que la religion périclite et que l'impiété triomphe, je m'émets moi-même. Pour la défense des bons et la répression des méchants ; pour l'affermissement du droit, je deviens manifeste d'âge en âge[2] ». C'est là la théorie des *Avatâras* ou des « Descentes », qui non seulement est caractéristique du vishnouisme, mais qui marque une phase nouvelle et nettement accusée dans le développement religieux de l'Inde. En effet, en permettant d'adorer la divinité en une série d'hypostases non plus abstraites, comme celles qu'avait imaginées l'ancienne théologie, mais très concrètes, très personnelles et, mieux que cela, humaines, elle résolvait d'une façon neuve le vieux problème tant de fois poursuivi de concilier les apirations à un certain monothéisme avec l'irrésistible penchant pour des cultes multiples. Mieux que l'expédient naïf des généalogies divines ou que la conception des « formes » diverses d'un même dieu qui prévaut encore dans les religions çivaïtes, elle répondait par son élasticité et par son côté mystérieux à tous les instincts de ce peuple à la fois très sensuel, très superstitieux et très spéculatif, également avide de théosophie raffinée et de représentations grossières et qui n'a jamais su ni se contenter d'un seul Dieu, ni se résigner à en adorer plusieurs. Un Avatâra au sens le plus élevé et le plus complet (car ils n'ont pas eu tous la même valeur), n'est pas une apparition passagère de la divinité, encore moins la procréation par l'union d'un dieu et d'une mortelle d'un être en quelque sorte intermédiaire ; c'est la présence mystique et en même temps réelle de

populaire des cultes de Vishnu et de Çiva ; *Ind. Altertumsk*, t. I 925 ; t. II, 441.

1. Pour Garuda, cf. *Mahâbhârata* I, 1239-1545.
2. IV, 7-8.

l'Etre suprême dans un individu humain qui est à la fois vraiment dieu
et vraiment homme, et cette union intime des deux natures est conçue
comme survivant à la mort de l'individu en qui elle s'est réalisée.
Bref, c'est un mystère, dans la contemplation duquel les esprits spéculatifs pourront s'abîmer à leur aise, tandis que le vulgaire se conten-
tera d'y trouver les satisfactions commodes qu'offrent l'anthropomorphisme ou même le zoomorphisme unis à l'idolâtrie la plus grossière.
— De ces Avatâras, un seul est fondé sur un mythe originairement
propre à Vishnu, celui du brâhmane Nain qui reconquit pour les
dieux les trois mondes usurpés par les Asuras, en se faisant accorder
par leur chef l'espace mesuré par trois de ses pas, et qui aussitôt, en
ses trois fameuses enjambées, franchit la terre, le ciel et les enfers.
Les autres sont d'origine diverse. A côté de légendes védiques, mais
qui, dans le Vêda (et ailleurs aussi), sont rapportées à d'autres dieux,
notamment à Prajâpati, celles par exemple de la Tortue qui supporte
la terre, du Sanglier qui la retire du fond des eaux, du Poisson qui
dirige l'arche dans laquelle Manu échappe au déluge[1], il y en a d'autres dont le développement appartient plus particulièrement à la
poésie épique et aux Upanishads sectaires, telles que la légende de
Nrisinha, de « l'Homme-lion. » forme sous laquelle Vishnu mit en
pièces un démon contempteur des dieux, ou celle de *Paraçurâma*, de
« Râma à la Hache, » un terrible brâhmane de la race de Bhrigu qui
extermina à trois fois sept reprises la race impie des Kshattriyas.
Cette théorie fournit ainsi un cadre commode qui servit à rattacher
à Vishnu une bonne partie de l'ancienne fable, et dans lequel même
on fit rentrer plus tard un grand nombre de figures plus ou moins
historiques. C'est ainsi qu'il s'ouvrit pour le Buddha, en la personne
duquel le Seigneur apparut ici-bas pour consommer la ruine des
méchants en les séduisant par de fausses doctrines[2]. C'est ainsi encore
que l'espoir d'une revanche nationale trouva son expression en
Kalkin, un vengeur futur qui devait mettre fin à la domination des
Mlecchas, des barbares, et que la plupart des *Gurus* ou des fondateurs
de sectes, soit après leur mort, soit même de leur vivant, furent
regardés par les fidèles comme des Avatâras du Très-Haut. Aussi le
nombre de ces « Descentes » est-il diversement indiqué[3] : on en
compte 10, 12, 22, 24, 28, et de bonne heure on les déclare innombrables[4]. Réduites ainsi en système, ces apparitions sériaires de res-
taurateurs de la Loi présentent une analogie incontestable avec la
succession des divers Buddhas. On les distingue en incarnations complètes, où le dieu est présent tout entier, et en incarnations partielles.

---

1. La légende védique du déluge, d'après le Çatapatha-Brâhmana, a
été publiée et commentée pour la première fois par M. A. Weber, Ind. Stud.
I, p. 161.
2. Agni-Pur. XVI, 1-5; Bhâgavata-Pur. I, 3, 24. Gîtagovinda, I, 13;
dans le Vishnu-Pur. III, ch. XVII et XVIII, il s'agit peut-être des jainas.
3. Mahâbhârata XII, 341; 12941; Bhâgavata-Pur. I, 3, 5-26; Agni-Pur.
I-XVI; Gîtagovinda I, 5-17; le nombre officiel est 10.
4. Bhâgavata-P. I, 3, 26; Agni-P. XVI, 12.

(*ançâvatâras*) qui ne contiennent qu'une fraction de son être. Çrî
« descend » d'ordinaire en même temps que son époux et s'incarne
dans des femmes-déesses. Enfin de Vishnu, cette faculté a passé à
d'autres dieux, et il est peu de figures du panthéon dont on ne puisse
citer quelque manifestation semblable. De ces seules indications, il
ressort déjà que beaucoup de ces Avatâras relèvent plutôt de la
mythologie que de l'histoire religieuse. Quelques-uns paraissent être
de simples fables poétiques, bien que ce décompte soit assez difficile
à faire à la distance à laquelle nous sommes placés[1]. D'autres sont des
légendes pieuses, où il y a parfois l'écho de quelque culte local et
qui ont pu servir d'aliment à des dévotions spéciales, mais qui ne
semblent pas avoir abouti à des religions distinctes. Il en est autrement des Avatâras de Krishna et de Râma qui, avec les figures accessoires, constituent deux vastes cycles où le vishnouisme a trouvé ses
véritables divinités.

Considéré dans ses origines naturalistes, *Krishna* est une figure
complexe, en laquelle sont venus se fondre des mythes du feu,
de l'éclair, de l'orage et, en dépit de son nom (Krishna signifie le
Noir), du ciel et du soleil. Par une singulière rencontre, que nous
ne pouvons qu'indiquer ici, mais qui jette un jour curieux sur le
travail de fermentation en quelque sorte qui paraît s'être accompli
entre les éléments religieux en présence dans l'Inde plusieurs
siècles avant notre ère, la plupart de ces mythes se retrouvent,
et souvent avec une similitude frappante de détails, dans la biographie légendaire du Buddha[2]. Comme personnage épique au contraire et tel qu'il a été accepté par le vishnouisme, Krishna est un
prince belliqueux, un héros, également irrésistible à la guerre et en
amour, très brave, mais surtout très rusé et d'une moralité singulièrement équivoque, comme toutes les figures, du reste, qui ont conservé fortement l'empreinte mythique. Fils de *Vasudêva* et de *Dêvakî*,
derrière lesquels se cache le vieux couple du mâle céleste et de l'Apsaras (Vasudêva est synonyme du simple Vasu, qui est un vieux nom
des génies célestes, les Brillants ; Dêvakî, qui signifie à la fois « la
Divine » et « la Joueuse[3], » rappelle la nymphe des eaux, la femme-
nuée, décevante et multiforme, *Viçvarûpâ*, qui, dans le Vêda, est
l'épouse de Vivasvat), il naquit à Mathurâ, sur la Yamunâ, entre
Delhi et Agra, dans la race des Yâdavas, nom qui reparaît plus tard
dans l'histoire comme celui d'une puissante tribu râjpoute. De même
que ceux de beaucoup de héros solaires, ses débuts furent entourés
de toutes sortes de dangers et d'obstacles. La nuit même de sa nais-

---

1. Dans le Mahâbhârata, par exemple, et aussi dans Pânini (IV, 3, 98),
il y a des indices d'un ancien culte d'Arjuna tout à fait analogue à celui de
Krishna.

2. Ces rapports sont mis en pleine lumière dans le savant ouvrage de
M. Senart, *La légende du Buddha, son caractère et ses origines*, 1873-
1875.

3. M. A. Weber a été le premier, croyons-nous, à signaler ce jeu étymologique à propos de la Mâyâ-Dêvî bouddhique.

sance, ses parents durent l'éloigner pour le soustraire aux recherches de son oncle, le roi Kansa, qui avait été averti par une voix céleste que le huitième fils de Dêvakî le mettrait à mort et qui par suite faisait tuer régulièrement les princes, ses neveux. De même, dans le Vêda, le soleil, sous la forme de Mârtânda, est le *huitième* fils d'Aditi, et sa mère le *rejette*, comme Dêvakî, qui est représentée parfois comme une incarnation d'Aditi, *éloigne* Krishna. Porté sur le bord opposé de la Yamunâ, et remis aux soins du pâtre *Nanda* et de sa femme *Yaçodâ*, il fut élevé comme leur fils dans les bois du Vrindâvana, avec son frère *Balarâma* « Râma le fort, » sauvé comme lui du massacre. Celui-ci, qui a pour mère tantôt Dêvakî elle-même, tantôt une autre femme de Vasudeva, *Rôhinî* « la Rouge » (encore un nom mythique appliqué tantôt à l'Aurore, tantôt à une étoile), et qui passe pour être l'Avatâra de Çesha ou d'Ananta, le serpent sans fin qui sert de couche à Vishnu, paraît être une ancienne divinité agricole présidant au labour et à la moisson. Il est armé d'un soc de charrue, d'où son surnom de *Halabhrit* « Porte-soc, » et son caractère distinctif est un penchant immodéré à la joie bachique, à l'ivresse et à l'amour. Les deux frères grandirent au milieu des pâtres, tuant les monstres et les démons acharnés à leur perte et folâtrant avec les *Gopîs*, les Vachères du Vrindâvana. Ces scènes de la nativité et de l'enfance, ces exploits juvéniles, ces jeux érotiques avec les Gopîs, toute cette idylle du Vrindâvana qui rappelle les mythes de la jeunesse d'Indra et d'Agni, devinrent par la suite la partie essentielle de la légende de Krishna, de même que les lieux qui en furent le théâtre, sont restés jusqu'à nos jours le centre le plus célèbre de son culte. Arrivés à l'adolescence, les deux frères mirent à mort Kansa, leur persécuteur, et Krishna régna sur les Yâdavas. Il continua de purger la terre de monstres, fit des guerres heureuses contre des rois impies, et prit une part décisive à la grande lutte des fils de Pându contre ceux de Dhritarâshtra qui fait le sujet du Mahâbhârata. Dans l'intervalle, il avait transporté le siège de sa puissance dans la cité fabuleuse de *Dvârakâ* « la Ville des portes, » des portes du Couchant, bâtie au sein de la mer occidentale, et dont le site a été localisé depuis dans la presqu'île de Gujarât. C'est là qu'il fut atteint, lui et sa race, par la catastrophe finale. Après avoir vu mourir son frère et les Yâdavas s'entre-tuer jusqu'au dernier dans une lutte furieuse, il périt lui-même, frappé au talon, comme Achille, par la flèche d'un chasseur. Malgré le caractère aimable dont la poésie s'est plu à parer Krishna (et c'est là un trait général des religions vishnouites comparées à celles de Çiva), il y a donc quelque chose de lugubre et même de cruel au fond de sa légende. C'est en souriant qu'il préside à toutes ces destructions, qu'il voit approcher la fin de son peuple et qu'il la prépare. Car il est venu pour cela, et c'est pour soulager la Terre du fardeau d'une race superbe devenue trop nombreuse, qu'il s'est incarné dans le sein de Dêvakî. Pour être moins farouche que Çiva, Vishnu n'en est pas moins, par un de ses côtés, un dieu inexorable : lui aussi, il est le Temps qui dévore tout.

Cette analyse sommaire de la légende de Krishna ne saurait donner aucune idée de la richesse étonnante des mythes qui ont contribué à la former. Il y a là, comme du reste dans la poésie épique en général, un prodigieux regain de fables qui, pour être conservées dans des monuments de rédaction* relativement moderne, n'en sont pas moins la plupart fort anciennes, et dont l'ensemble montre, en tout cas, combien le vieux brâhmanisme est loin de nous avoir transmis au complet la masse des vieilles croyances et traditions de l'Inde. De même, nous avons dû laisser de côté les nombreuses figures qui composent le panthéon particulier du krishnaïsme et qui ont été presque toutes identifiées, d'une part avec des divinités brâhmaniques dont elles sont censées être des incarnations, d'autre part avec les conceptions abstraites de la spéculation. C'est ainsi que toute la fable du Mahâbhârata a été pour ainsi dire absorbée par le vishnouisme, et que le culte des cinq fils de Pàndu, aujourd'hui répandu jusque dans l'extrême Sud, est devenu une sorte d'appendice de celui de Krishna. De ses innombrables épouses, nous ne mentionnerons que *Rukmini*, l'Avatàra par excellence de Çrî et mère de *Pradyumna* « le Resplendissant, » incarnation lui-même de *Kâma*, l'Amour, dont le culte, très répandu au moyen âge, fut ainsi rattaché au vishnouisme, comme ceux de Skanda, le dieu de la guerre, et de Ganêça, le patron des lettres, étaient rattachés plus spécialement aux religions çivaïtes.

Le cycle de *Râma* est plus restreint que celui que nous venons d'analyser. Il nous a été conservé principalement dans le *Râmâyana*, qui est une œuvre plus homogène, plus artistiquement conçue que le Mahâbhârata, et dont les origines sont bien moins anciennes. Bien que placé dans l'histoire fabuleuse de l'Inde, à une époque plus reculée que Krishna, Râma paraît être une figure plus jeune, du moins comme Avàtara de Vishnu. Sa signification mythique est bien plus effacée, et son culte spécial, qui n'est attesté que par des Upanishads sectaires et par des œuvres appartenant décidément à la littérature moderne, paraît non seulement s'être développé plus tard, mais avoir été moins répandu. Le Mahâbhârata a consacré un long épisode à sa légende[1]; il est le héros de plus d'un poème célèbre; mais il n'a pas obtenu les honneurs d'un Purâna particulier et, de nos jours encore, bien que la dévotion à Râma soit à peu près générale, le nombre est assez faible de ceux qui l'invoquent de préférence à tout autre dieu.

Comme Krishna, Râma est un héros, un exterminateur de monstres, un guerrier victorieux. Mais, idéalisé par la poésie d'un âge plus délicat et moins dominé par le mythe, il est en même temps, ce qu'on ne saurait prétendre de la figure énigmatique du fils de Dêvakî, le type accompli de la soumission au devoir, de la noblesse morale et de la générosité chevaleresque. Fils aîné et héritier de Daçaratha, roi d'Ayodhyâ, l'Oude moderne, il renonce au trône par respect pour

1. Mahâbh. III, 15872-16602.

une promesse imprudente que son père a fait-à une marâtre, et
s'exile pour quatorze ans au fond des bois. Il y est suivi par un de
ses frères, *Lakshmana*, comme lui une incarnation de Vishnu, et associé à son culte comme Balarâma l'est à celui de Krishna, et par sa
femme *Sîtâ*, la fille de Janaka, roi de Mithilâ, née d'un sillon tracé
autour de l'autel. Dans ce dernier trait, on reconnaît la Sîtâ, le
« sillon » déjà divinisé dans les Hymnes et la déesse du même nom,
épouse d'Indra, qui, dans le rituel domestique, est invoquée à l'occasion du labour et des semailles[1]. Peut-être y a-t-il là l'indice d'une
identité originelle du fils de Daçaratha et du Râma Halabhrit ou
« Porte-soc » du cycle de Krishna. Dans une légende du Yajus Noir,
« Sîtâ, fille de Savitri, » s'unit d'amour à Soma. Or Soma, le roi des
plantes et le dieu de la fécondité, était identifié dès lors avec la Lune,
et le souvenir d'un rapport du Daçarathide avec la Lune semble précisément s'être conservé dans le nom de *Râmacandra* « Râma-
Lunus, » par lequel il est parfois distingué de ses homonymes. Ce
sont là des traces bien faibles : si on osait les suivre, elles condui-
raient, pour notre héros, à une divinité agricole, à un dieu lunaire
présidant aux travaux des champs et distributeur de la joie et de
l'abondance. Avec cette origine s'accorderaient bien et le nom de
Râma, qui signifie le Réjouisseur, et la description qui est faite de
son règne comme d'une sorte d'âge d'or[2]. Mais, à cela près, il n'est
rien resté de ces paisibles commencements dans le personnage du fils
de Daçaratha, dont les vicissitudes rappellent plutôt celles des divinités solaires. Sîtâ, de même, n'a gardé de sa nature champêtre que
son nom et la légende relative à sa naissance : dans les religions
vishnouites, est elle l'Avatâra de Çrî et le type idéal de l'épouse. — Les
exilés ont pris le chemin des grandes forêts du Sud. C'est là que Sîtâ
est enlevée par le roi des démons, *Râvana*, qui l'emporte au delà des
mers, à Lankâ, l'île de Ceylan. Râma retrouve la trace du ravisseur.
Il fait alliance avec Sugrîva, le roi des singes qui sont les habitants
de ces solitudes et parmi lesquels se distingue *Hanumat* « aux fortes
mâchoires, » le fils du Vent, le dieu singe, dont le culte est aujour-
d'hui encore un des plus répandus de l'Inde. A la tête d'une innombrable armée de quadrumanes, le fils de Daçaratha envahit Lankâ,
après avoir construit à travers la mer une digue dont les débris se
voient encore dans la longue chaîne de récifs qui semblent relier
Ceylan au continent voisin. Lankâ est prise, Râvana tué, Sîtâ rendue
à son époux, qui revient avec elle régner dans Ayodhyâ. Après de
longues années, pendant lesquelles le monde a joui d'une félicité
incomparable, Râma se sépare de nouveau d'elle, mais cette fois par
un acte de sa volonté, parce qu'il cède à d'injustes soupçons. Cette
seconde séparation, selon un procédé familier des mythes, n'est au
fond qu'un doublet de la première. Elle se termine par une réconci-

---

1. RV. IV, 57, 6-7; Pârask. Gr. S. II, 17; Kauçikasûtra, ap. A. Weber,
Zwei Vedische Texte über Omina und Portenta, p. 368.

2. Pour ces rapports, voir surtout A. Weber, *Die Râma-tâpanîya Upanishad*,
p. 275.

liation suprême, après laquelle Sîtâ rentre dans le sein de la terre d'où elle était jadis sortie. Avant de disparaître, elle a remis à Râma ses deux fils qui continueront la lignée des rois solaires dans Ayodhyâ.

Nous ne poursuivrons pas plus loin cet inventaire des matériaux qui ont servi aux religions néo-brâhmaniques. Il suffit d'un examen même sommaire pour s'apercevoir combien peu au fond ils diffèrent de ceux qu'on a vus mis en œuvre dans les plus anciens documents. Ici comme là-bas, on est en présence de personnalités divines qui se résolvent en mythes naturalistes, et ces mythes, à leur tour, aboutissent aux mêmes phénomènes physiques. Nous n'avons relevé à titre d'exemples qu'un petit nombre de ces rapports; d'autres se seront dégagés peut-être d'eux-mêmes de notre exposé ; les signaler tous serait une tâche infinie. Mais si l'Inde a ainsi recommencé dans ces religions l'œuvre de son plus lointain passé, elle est arrivée cette fois à des résultats bien différents. Les divinités du vieux brâhmanisme sont restées franchement mythiques. La piété du Vêda a toujours repoussé les figures trop concrètes et, derrière ces dieux, elle n'a jamais cessé de voir les forces de la nature dont ils étaient l'expression. Aussi aux premiers efforts de la réflexion, ces dieux se sont-ils dissous comme d'eux-mêmes dans le panthéisme. Les types nouveaux au contraire, bien que formés des mêmes éléments, sont d'une personnalité plus résistante. Ils n'ont été adoptés par la théologie savante, qu'après avoir subi la transformation épique et y avoir revêtu des traits précis, dont la dévotion la plus mystique ne parviendra plus à les dépouiller complètement. Même Çiva, qui est resté plus archaïque et à qui l'amalgame de ses différentes *formes* a donné quelque chose de vague et de monstrueux, n'en est pas moins un dieu à biographie : on connaît ses habitudes, ses résidences favorites, l'endroit précis où il a accompli tel haut fait, et à plusieurs égards sa personnalité n'est guère plus indécise que celle du Zeus d'Homère. Quant aux principales incarnations de Vishnu, l'anthropomorphisme chez elles est complet; ce sont des figures aussi nettement arrêtées qu'Hercule ou que Thésée. Aussi la tendance de ces divinités n'est-elle pas, comme celle des anciennes, vers un panthéisme plus ou moins physique ou abstrait, bien que la spéculation, en s'en emparant, doive les ramener à ses formules panthéistes, mais vers un certain monothéisme personnel, ou, si on aime mieux, vers un polythéisme organisé avec un dieu suprême, et qui approchera du monothéisme à des degrés divers et parfois d'assez près pour se confondre avec lui.

Des différentes combinaisons auxquelles on fut ainsi amené, il en est une qui se rattache plus étroitement que les autres aux conceptions antérieures du brâhmanisme : c'est celle de la *Trinité* hindoue, dans laquelle Çiva et Vishnu sont associés à Brahmâ, de façon à former avec lui la triple personnification du brahman suprême. Elle constitue en quelque sorte une solution intermédiaire entre l'ancienne orthodoxie sous sa dernière forme et les religions nouvelles : elle est en même temps l'essai le plus large qui ait été tenté de concilier ces religions entre elles. C'est dire qu'à nos yeux elle ne représente pas un premier acheminement vers les croyances sectaires, dont elle suppose au contraire l'existence, mais qu'elle est simplement une explication éclectique de ces croyances faite au point de vue brâhmanique. Et de fait, la trinité, dans laquelle Creuzer croyait avoir trouvé le dogme primitif de l'Inde[1], n'a été signalée jusqu'ici dans aucun écrit qui puisse passer pour antérieur au développement des cultes sectaires (la *Maitry Upanishad*, où on la trouve nettement formulée[2], est une œuvre tellement interpolée, qu'elle doit être recusée comme moderne, bien qu'elle ait trouvé place dans un Brâhmana). L'idée, il est vrai, d'associer les dieux par triades est très ancienne dans l'Inde. Il y en a des exemples déjà dans les Hymnes[3]. Plus tard, dans les Brâhmanas, on voit souvent émettre l'opinion qu'il n'y a en réalité que trois dieux : Agni, Vâyu et Sûrya[4], c'est-à-dire une divinité pour la terre, le Feu ; une autre pour l'atmosphère, le Vent ; une troisième pour le ciel, le Soleil, et le vieil exégète Yâska, qui reproduit cette division, la complète par une curieuse répartition des principales figures du panthéon dans l'une ou l'autre de ces trois catégories[5]. Il est probable que le dogme de la trinité sectaire a trouvé un point d'appui dans cette ancienne triade, ainsi que dans quelques autres vieilles conceptions ternaires ; mais il en diffère trop pour en être directement sorti. Ici, en effet, il ne s'agit plus d'une répartition cosmographique des forces divinisées de la nature, mais d'une triple évolution de l'unité divine. Le brahman, l'Absolu, se manifeste en trois personnes, Brahmâ le créateur, Vishnu le conservateur et Çiva le destructeur. C'est en elles qu'il devient capable d'action et qu'il participe aux trois « qualités » de bonté, de passion et d'obscurité, principes subtils répandus en toutes choses, et en qui l'ancienne philosophie Sânkhya résume les énergies de la Nature. Chacune de ces personnes est représentée par une des trois lettres *a, u, m*, dont la réunion forme la syllabe sacro-sainte *om*, le symbole de l'Absolu. Comme lieu commun théologique, le dogme de la trinité a passé dans toutes les littératures sectaires ; mais on en a beaucoup exagéré la portée comme croyance religieuse. Sous la forme relativement orthodoxe surtout, dans laquelle Brahmâ est la première de trois personnes égales, il paraît n'avoir jamais été bien populaire. Cependant on trouve des représentations figurées de cette triade qui remontent assez haut[6], et, comme l'Inde est par excellence le pays où

---

1. Symbolik, t. I, p. 568, 2ᵉ éd.

2. V, 2. Il y a encore moins de fonds à faire sur des mentions telles que celle d'Amritavindu-Up. 2, ou celles de Nrisinha-Up., recueillies ap. Ind. Stud. IX, 57.

3. RV. X, 185, 1.

4. Taitt. Sanh. VI, 6, 8, 2, = Çatap. Br. **IV**, 5, 4. Brihaddêvatâ ap. Ind. Stud. I, 113. Pour d'autres renvois au Çatap. Br. vid Weber, *Zwei vedische Texte*, p. 386.

5. Nirukta VIII, 5 ; 8-11 L'arrangement des hymnes dans plusieurs livres du Rig-Vêda, et aussi celui de Naighantuka 5, sont faits d'après le même principe.

6. Entre autres à Eléphanta.

rien ne se perd, on voit encore aussi tard que le quinzième siècle un
roi de Vidyânagara, dans le Maïsour, lui dédier un temple[1].

Mais d'ordinaire, quand les écrivains sectaires acceptent la notion de la
triade, ils l'interprètent d'une façon plus conforme à leurs préférences
respectives. L'une des personnes, soit Çiva, soit Vishnu, est identifiée
directement avec l'Être suprême, et les deux autres, Brahmâ surtout,
sont réduites à un rôle subordonné. Cette subordination, naturellement, est susceptible de bien des degrés, et il n'est pas rare de la
voir varier au cours d'un même écrit. Mais, en général, elle est très
accentuée ; parfois même elle est exprimée en des termes qui impliquent une hostilité assez vive contre les membres ainsi sacrifiés et une
véritable réprobation de leur culte. Aussi la triade n'est-elle, pour la
plupart des sectes, qu'une formule à peu près vide de sens. Brahmâ
n'y figure que pour faire nombre, et rien au fond n'est changé quand,
renonçant à la combinaison ternaire, on le laisse quelquefois entièrement de côté, ou qu'on ajoute une quatrième personne aux trois
autres, comme dans le *Brahmavaivarta-Purâna*, où Krishna est super-
posé à la triade Brahmâ-Vishnu-Çiva[2]. Il n'y a de réellement en présence que Vishnu et Çiva, ou, plus exactement, si on veut descendre
dans la conscience sectaire, que les incarnations du premier et les
formes du second, en y comprenant de part et d'autre les manifestations de leurs contre-parties féminines. Ce sont là les véritables éléments de la théologie sectaire, les deux pôles en quelque sorte entre
lesquels elle se meut. D'ordinaire elle se prononce, sinon avec net-
teté, du moins avec beaucoup de passion entre les deux rivaux : d'un
côté le dieu, de l'autre tout au plus son lieutenant, presque toujours
le premier de ses dévots. Dans les formes les plus caractérisées du
vishnouisme, qui en somme est encore le plus accommodant des
deux, Çiva n'est que le *guru gurûnâm*, le docteur des docteurs, une
sorte de prophète surhumain de Bhagavat, de Vishnu le Très Haut[3].
Le dieu qui se trouve réduit ainsi au rôle de satellite ne cesse pas
d'être glorifié ; mais sa majesté est d'emprunt, et il est entendu que
les hommages qu'on lui rend remontent en définitive à celui qu'on
exalte. Considérées ainsi dans leurs expressions extrêmes, les religions néo-brâhmaniques forment deux groupes nettement opposés et
même hostiles. Mais dans la pratique, cette opposition est presque
toujours atténuée par des compromis. L'ardeur jalouse avec laquelle
la partie militante des sectes maintient d'ordinaire les droits exclusifs
de son dieu à la suprématie et à l'adoration, et qui s'est traduite plus

---

1. Lassen, *Ind. Alterthumsk.*, t. IV, p. 181.
2. H. H. Wilson, *Select Works*, t. III, p. 99. De même dans la Nrisinha-
Upanishad, les trois personnes de la triade sont subordonnées à Nrisinha.
Au fond, toutes les sectes en sont là : leur quatrième terme (le turîya) est
encore une personne, et elles n'ont pas plutôt posé l'Absolu qu'elles le limitent par les formes les plus concrètes.
3. C'est le rôle qu'il a, par exemple, dans le *Nârada-Pancarâtra* I, 9 ; 31 ;
38-42 ; 46 ; etc.

d'une fois par de violents conflits[1], est rarement partagée par la masse
de la population. En règle générale, un Hindou révère une divinité
favorite, le plus souvent une des formes de Vishnu, de Çiva ou de
Dêvî, au *mantra* (formule mystique d'invocation qui doit être tenue
secrète) de laquelle il a été initié par un *guru*, divinité à qui il
s'adresse en ses grands besoins, qu'il invoquera au moment de la
mort et en laquelle il espère pour son salut. Mais à cette dévotion
principale, il est toujours prêt à en joindre un nombre indéfini
d'autres de n'importe quelle provenance. Il se peut que cette dévotion de son choix soit venue elle-même se superposer chez lui à
quelque superstition locale ou au culte héréditaire d'une *kuladevatâ*,
d'une divinité familiale appartenant peut-être à un tout autre cycle
religieux, et, pour peu qu'il ait quelque teinture de philosophie, il
trouvera en outre le moyen d'associer à tout cela une bonne dose de
mysticisme unitaire abstrait. C'est ainsi que parmi les Câlukyas, qui
ont régné dans le Dékhan du cinquième au douzième siècle et qui
avaient pour kuladevatâ Vishnu, quelques-uns du moins ont professé
le çivaïsme[2] et que la plupart des autres montrent dans leurs inscriptions un grand zèle pour le culte de Skanda et de ses Mères, qui
appartiennent au panthéon çivaïte. Cet éclectisme en quelque sorte
individuel, très peu dogmatique, mais nullement banal comme celui
qui s'étale dans la littérature, était d'ailleurs singulièrement favorisé
par le mysticisme spéculatif, dont de vagues notions avaient filtré
lentement à travers toutes les couches de la société. Un adepte du
Vêdânta ou du Yoga n'était pas obligé de subordonner Vishnu à Çiva
ou Çiva à Vishnu ; dans l'un et dans l'autre, il pouvait à volonté voir
l'Etre unique. « Un dieu, Çiva ou Vishnu ! » s'écrie dans une de ses
stances Bhartrihari[3], qui était çivaïte. Un autre çivaïte, Abhinavagupta,
a commenté la Bhagavad-Gîtâ[4], qui est en quelque sorte l'évangile de
Krishna. Çankara, qui paraît avoir incliné plutôt au vishnouisme, est
réclamé à la fois par les çaivas et par les vaishnavas, et, de nos jours
encore, les brâhmanes smârtas (« observateurs de la Smriti, orthodoxes ») du Dékhan, qui passent pour être ses héritiers directs, participent aux dévotions sectaires sans se déclarer formellement pour
aucune. Dans l'Hindoustan, il en est de même de la plupart des
membres des classes supérieures et lettrées. Aussi y a-t-il eu des
sectes qui, au lieu de choisir entre les deux grandes divinités, les ont
associées dans un culte commun. A côté du dieu triple et un, on a
eu ainsi le dieu double et un, Harihara (Hari-Hara, c'est-à-dire
Vishnu-Çiva ; les çivaïtes purs interprètent ce nom par « Çiva [le
maître] de Vishnu »), qui, de simple formule mystique qu'il était
d'abord, a fini par devenir une figure parfaitement concrète, ayant sa

1. Cf. l'outrage infligé en 1873 par trois dévots çivaïtes au **Vishnu de**
Pandharpour, Ind. Antiq., II, 272 ; IV, 22.
2. Cf. *Vikramânkacarita*, éd. Bühler, IV, 58.
3. III, 30, éd. Bohlem.
4. G. Bühler, ap. Journ. of the Roy. As. Soc. Bombay, t. XII, extra
number, p. 76.

mythologie propre. Comme objet d'un culte particulier et bien défini, il paraît être assez récent. Ce n'est guère qu'à partir du dixième siècle que l'invocation *ex æquo* de Çiva et de Vishnu est attestée avec une certaine emphase dans les inscriptions [1], et Harihara lui-même n'y apparaît pas avant la fin du treizième. Il serait bien plus ancien toutefois si on était sûr, d'une part, que l'hymne en son honneur contenu dans le *Harivamça* [2] faisait déjà partie de la rédaction primitive de ce poème (il en existait une dès le sixième siècle [3]), et, d'autre part, que les sculptures du grand hypogée de Bàdàmi, où ce dieu est figuré [4], sont contemporaines de l'établissement de ce sanctuaire, qui est également du sixième siècle. Quoi qu'il en soit, à partir du quatorzième siècle, son culte est fort répandu dans le Dékhan, particulièrement dans le Maïsour, et encore aujourd'hui Harihara est une des divinités les plus populaires du pays tamoul [5].

II. — HISTOIRE ET DOCTRINES DES SECTES

D'après ce qui précède, il est aisé de voir que les différentes manières d'associer ou de combiner les personnes divines, qui tiennent une si grande place dans la littérature et dont une au moins, la triade, a eu une certaine célébrité parmi nous, ne constituent en réalité qu'un point secondaire de la théologie des sectes et dont elles ont laissé plus ou moins la décision aux préférences individuelles. Leur œuvre propre est ailleurs, dans la doctrine qu'elles se sont faites chacune de son dieu principal et dans les conséquences pratiques qu'elles en ont chaque fois tirées. Ce sont là les véritables données de leur histoire et, partant, de celle des religions de l'Inde depuis passé deux mille ans. Malheureusement toute une moitié, et la plus intéressante, de cette histoire est enveloppée d'une profonde obscurité. Sur quelques points, les détails abondent; mais la chronologie manque absolument. Sur d'autres points, les faits eux-mêmes font défaut. Le grand poème épique le *Mahâbhârata*, qui est en somme la source la plus ancienne pour la connaissance de ces religions, n'est pas daté même d'une façon approximative : il s'est lentement accru à travers les âges et il est d'ailleurs d'un caractère essentiellement encyclopédique [6]. Le *Râ-*

1. Cf. les inscriptions ap. Ind. Antiq., VI, p. 51; V, 342.
2. Ch. CLXXXI.
3. Un Harivamça est mentionné *Vâsavadattà*, p. 93, éd. F. E. Hall.
4. Ind. Antiq.,VI, 358.
5. Cf. F. Foulkes, *The legends of the shrina of Harihara*, Madras, 1876.
6. Pour le Mahâbhârata et ses diverses rédactions, cf. surtout Lassen, *Ind. Alterthumsk.*, I, 1004 ; II, 494, 2ᵉ éd. Les éditions les plus répandues sont

mâyana, qui est avant tout une œuvre d'art dans laquelle une haute
inspiration religieuse et morale s'allie à beaucoup d'arbitraire poétique, prête à des incertitudes semblables[1]. Il en est de même des dix-
huit *Purânas* principaux, dont pas un n'est daté, qui se citent presque
tous les uns les autres et dont la période de rédaction embrasse
peut-être une dizaine de siècles[2]. On n'est pas arrivé davantage à fixer
l'âge des *Upanishads* sectaires, dont quelques-unes ont d'autant plus
de valeur qu'elles ne sont pas éclectiques comme la plupart des écrits
précédents, ni celui des *Bhakti-Sûtras* et du *Nârada-Pancarâtra*[3], si
importants l'un et l'autre pour le développement du vishnouisme et de
la doctrine de la foi. Une obscurité plus grande encore pèse sur les
Sûtras, les *Agamas*, les *Tantras* qui contiennent les dogmes et le
rituel des çaivas, notamment tout ce qui est relatif au culte des
Çaktis, des divinités femelles : de toute cette volumineuse et compliquée littérature, dont les œuvres datées ne remontent pas plus haut

celle de Calcutta, 4 vol. in-4º, 1834-1839, et celle de Bombay, in-fº, 1863.
Une soi-disant traduction française par H. Fauche, qui comprend les huit
premiers chants, a paru en 10 vol., 1863-1870.

1. Cf. A. Weber, *Ueber das Râmâyana*, 1870 (Mémoires de l'Académie de
Berlin). — Le Râmâyana a été édité et traduit en italien par G. Gorresio,
11 vol., 1843-1867. Une traduction française par H. Fauche a paru en 9 vol.,
1854-1858. L'édition de Schlegel avec traduction latine, 1829-1830, n'a pas
été achevée. Il y a plusieurs éditions indigènes du Râmâyana, entre autres
celle de Calcutta, 1859, et celle de Bombay, 1859.

2. Pour les Purânas en général, cf. H. H. Wilson, *Analysis of the Purânas*,
ap. Journ. of the Roy. As. Soc., t. V (1838), reproduit dans les Select
Works, t III ; ne comprend que six de ces ouvrages : Brâhma, Padma, Agni,
Brahmavaivartta, Vishnu et Vâyu. — Du même, Préface de la traduction du
Vishnu-Purâna (1840), ainsi que les nombreuses notes comparatives jointes
à la traduction. Ces notes ont été complétées par F. E. Hall dans la nouvelle
édition (1864-1877). — A. Weber, *Verzeichniss der Sanskrit-Handschriften der
K. Bibliothek zu Berlin*, 1853, p. 127-148. — Surtout Th. Aufrecht, *Catalogus
codicum MSS. sanscriticorum bibliothecæ Bodleianæ*, 1859, p. 7-87. — L'ouvrage de Vans Kennedy, *Researches into the nature and affinities of ancient
hindu mythology*, 1831, repose principalement sur les Purânas.
Les deux Purânas les plus célèbres, le Vishnu-P. et le Bhâgavata-P., sont
bien connus, l'un par la traduction de H. H. Wilson, 1840 ; 2e éd. 1864-
1877 ; l'autre par l'édition et la traduction de E. Burnouf (ne comprend que
les livres I-IX), 3 vol., 1840-1847. De tous deux il existe plusieurs éditions
indigènes. — La collection de la Bibliotheca Indica comprend : le Mârkan-
dêya-P., publié par K. M. Banerjea, 1862 ; l'Agni-P., par Râjendralâla
Mitra, 1873-1879, 3 vol. ; et le Vâyu-P., commencé par le même. — Il y a en
outre des éditions indigènes du Matsya-P., du Linga-P., du Brahmavai-
vartta-P., du Kûrma-P., et de fragments (principalement des Mâhâtmyas)
de plusieurs autres. Outre les 18 Purânas principaux, on compte 18 *Upapurânas* ou Purânas secondaires, dont on peut voir l'énumération ap. Wilson,
préface de la traduction du Vishnu-P., p. LXXXVII, nouv. éd. Les listes offi-
cielles des Purânas et des Upapurânas ne comprennent pas, tant s'en faut,
tous les ouvrages qui prétendent à ce titre, et, pour le moment, il est
encore impossible de présenter une bibliographie critique de cette littérature.

3. Publiés dans la Bibliotheca Indica, les premiers par R. Ballantyne,
1861 ; le second par K. M. Banerjea, 1865. Les Bhakti-sûtras sont postérieurs à la Bhagavad-Gîtâ, qu'ils citent sûtra 83.

que le huitième siècle, on ne connaît jusqu'ici que des titres et quelques extraits[1], auxquels il faut joindre le résumé de la métaphysique çivaïte, résumé théorique, nullement historique, que Sâyana (quatorzième siècle), a inséré dans son *Abrégé général des systèmes*[2]. Arrivera-t-on jamais à établir pour cette première période des religions sectaires, un réseau chonologique quelque peu précis? Il est permis d'en douter, car la difficulté semble inhérente à la nature même des documents, qui sont la plupart des œuvres impersonnelles où l'apocryphe et la fraude tiennent parfois une place énorme. Dans ces conditions les points de repère, si précieux d'ailleurs, qui sont fournis par les sources étrangères, grecques et chinoises, par quelques ouvrages profanes à peu près datés, par l'épigraphie surtout, pourraient eux-mêmes devenir illusoires, si on s'en servait sans précautions. Rien n'autorise par exemple à reporter sur les pàncaràtras mentionnés au septième siècle par Bàna et par Kumàrila, les doctrines exposées dans notre *Pancaràtra*, ni à identifier les bhàgavatas, qui figurent dans les inscriptions dès la fin du deuxième siècle, d'une part avec ceux du Mahàbhàrata et d'autre part avec ceux contre qui polémise Çankara. Même des écrits de ce dernier maître, il n'y a pas grand profit à tirer pour l'histoire des sectes, parce qu'il se borne dans ses discussions à l'examen de quelques points de métaphysique dont il est à peu près impossible de rétablir soit la filiation historique, soit la forme religieuse. Il est un ouvrage, il est vrai, sur lequel on a parfois fait fonds et qui, en effet, si on osait s'en servir, donnerait pour l'époque de cet homme célèbre plus que de simples indices et quelque chose comme une statistique des opinions sectaires : nous voulons parler du *Çankaravijaya* « les triomphes de Çankara[3] », dans lequel Anandagiri, le disciple de Çankara, est censé relater au long les polémiques soutenues par le maître contre quarante-huit sectes différentes. Mais, depuis que l'ouvrage est publié, il suffit de le comparer à la polémique authentique de Çankara, notamment à son commentaire sur le deuxième livre des Vêdànta-Sûtras, pour se convaincre que ce n'est là qu'un roman apocryphe, sans valeur pour le huitième siècle. Quelques autres compositions sur le même sujet, dont on a signalé l'existence, sont tout aussi suspectes[4]. Jusqu'à nouvel ordre il faut donc s'y résigner : pendant une période de mille ans et plus, il n'y a, pour les religions sectaires, qu'une sorte de chronologie interne, extrêmement vague et plus ou moins conjecturale. Leur histoire positive ne commence guère qu'avec l'apparition des chefs d'écoles du douzième siècle (pour le çivaïsme kashmi-

---

1. Les renseignements les plus détaillés que nous ayons sur les Tantras se trouvent chez Th. Aufrecht, Catalogue des MSS. de la Bodleienne, p. 88-110.

2. Le Sarvadarçanasangraha, publié plusieurs fois dans l'Inde, entre autres dans la Bibliotheca Indica.

3. Dans la Bibliotheca Indica par Jayanàràyana Tarkapancànana, 1868.

4. Cf. F. E. Hall, *A contribution towards an Index to the Bibliography of the Indian philosophical Systems*, 1859, p. 167, 168.

rien un peu plus tôt, au neuvième[1]), c'est-à-dire à une époque où, en fait de doctrines essentielles, chacune de ses croyances avait dit plus d'une fois déjà son dernier mot.

En effet, ces mêmes sectes qui ont vécu d'une vie si intense et si variée et qui, jusqu'à nos jours, ont su modifier et renouveler sans cesse leur organisation, leurs pratiques et leur esprit, ont été réduites de bonne heure à se répéter pour ce qui est des principes mêmes de leur théologie. Ceux-ci leur étaient fournis par l'ancienne spéculation brâhmanique. Elles s'approprièrent ces formules abstraites, tantôt les appliquant telles quelles, tantôt les modifiant de façon à les rendre plus conformes à des sentiments religieux bien autrement déterminés que ceux qui avaient inspiré les auteurs des vieilles Upanishads et les rédacteurs des Darçanas. Car évidemment ni le brahman impersonnel et substance unique du Vêdânta, ni la Nature féconde mais aveugle, la première cause du Sânkhya, ne répondaient aux nouveaux objets de dévotion. Le Vêdânta eut à reconnaître plus ou moins explicitement, un Dieu distinct du monde, et pour cela il lui fallut ou nier la réalité du monde en développant jusqu'au bout la théorie de l'illusion, de la *Mâyâ*, ou renoncer à son dogme fondamental de l'*Advaita*, de la non dualité, de l'ἓν καὶ πᾶν. Quant au Sânkhya, il eut à se transformer en un système déiste. Ces solutions, dont il a été déjà plusieurs fois question, mais dont la véritable origine paraît devoir être cherchée ici, dans les religions sectaires, ont reçu une double expression : l'une technique, dans des écrits qui, pour la plupart, ne sont encore connus que de seconde main et où, comme dans presque toutes les productions de la scolastique hindoue, la précision des formules est souvent en raison directe du vague des doctrines ; l'autre littéraire et poétique, dans des œuvres où règnent d'ordinaire une confusion et une incohérence dogmatique sans bornes, mais aussi où le mysticisme s'affirme parfois avec une incomparable grandeur.

Nulle part ce dernier caractère n'apparaît mieux que dans l'œuvre célèbre qui contient l'exposé dogmatique probablement le plus ancien que nous ayons, non seulement du vishnouisme, mais d'une religion sectaire en général, la *Bhagavad-Gîtâ* « le chant du Très-Haut ». Dans ce poème intercalé comme épisode dans le Mahâbhârata[2], Krishna, identique à l'Etre suprême, révèle lui-même le mystère de sa nature transcendante. La doctrine, comme c'est en général le cas pour le vishnouisme, est essentiellement unitaire, c'est-à-dire védantique, bien qu'on y fasse largement usage de la nomenclature et des conceptions du Sânkhya. Krishna est, sous l'apparence humaine, l'Etre absolu, immuable, unique ; le monde et lui-même sous sa

---

1. Grâce surtout aux renseignements rapportés récemment du Kashmîr par G. Bühler, et consignés par lui dans le t. XII extra number du Journ. of the Roy. As. Soc. Bombay.

2. VI, 830 1532. Depuis la traduction qu'en a faite Ch. Wilkins en 1785, ce livre a été publié bien des fois, et il en existe aujourd'hui des traductions dans toutes les langues de l'Europe.

forme mortelle sont le produit de sa Mâyâ, de sa magic décevante ; lui seul est réel, et ceux qui se savent un avec lui, ont la paix et le salut. La même doctrine, mais moins pure, moins élevée tant sous le rapport de la conception que sous celui de la forme, reparaît dans plusieurs Upanishads krishnaïtes. Elle est appliquée à la religion de Nrisinha, de Vishnu conçu comme homme-lion, une secte dont il n'est plus guère question ailleurs, dans la *Nrisinhatâpanîya-Upanishad*, et à celle de Vishnu-Râma dans la *Râmatâpanîya-Upanishad*. Si Çankara, le grand champion de l'Advaita orthodoxe, a professé une doctrine sectaire, ç'a été celle-là. C'est d'elle en somme que s'inspirent le *Kural* de Tiruvalluvar et les chants de sa sœur Auvaiyâr, ces joyaux de l'ancienne littérature tamoule. Nous la retrouverons dans le çivaïsme. Elle domine dans les Purânas vishnouites, notamment dans le *Bhâgavata-Purâna*, qui a mis à son service une ampleur et une richesse de style qui rappellent parfois le langage inspiré de la Bhagavad-Gîtâ. Enfin la grande influence exercée par ces deux ouvrages, l'a rendue familière à toutes les sectes modernes, du moins dans l'Hindoustan et dans le Dékhan septentrional. Elle a profondément pénétré dans la poésie populaire, et on en rencontre les formules aussi bien au Bengal dans les *Kîrtans* des sectateurs de Caitanya, que chez les Marhattes dans les chants de Tukarâma, ou qu'au Penjâb dans l'*Adigranth* des Sikhs.

Mais il est clair aussi qu'un pareil credo ne doit pas être serré de trop près quand il s'agit de la foi du grand nombre. La pensée même des spéculatifs a de la peine à s'y fixer, et souvent elle est trahie par le langage, jusque dans les traités qui affectent la rigueur scolastique. A plus forte raison en est-il ainsi dans les effusions mystiques d'une poésie qui ne redoute nullement de se contredire et qui vise moins à convaincre les esprits qu'à les dompter en leur infligeant une sorte de vertige. Aussi est-il souvent difficile de distinguer cette doctrine d'une autre, de tradition également ancienne, mais dont on ne trouve l'exposé systématique que dans des documents plus jeunes, celle des pâncarâtras ou, comme on les appelle parfois d'un nom plus général, des bhâgavatas[1]. Ceux-ci considéraient, dit-on, le monde et les âmes individuelles, les *jivas*, comme des émanations de l'Etre suprême, destinées à s'absorber de nouveau en lui, mais constituant dans l'intervalle des êtres à la fois réels et distincts de Dieu. Çankara, à qui on doit les premiers renseignements sur cette doctrine, dit qu'elle fut imaginée en contradiction avec le Vêda, par Çândilya[2] et, en effet, il y est fait très nettement allusion dans les *Bhaktisûtras*[3], qui nous sont parvenus sous le nom d'un Çândilya. D'un bout à l'autre de la littérature vishnouite il y a une infinité de passages qui

---

1. Il en est traité dans la 4e section du Sarvadarçanasangraha. Colebrooke leur a consacré un chapitre de ses Mémoires sur la philosophie des Hindous, *Miscellaneous Essays*, t. I, p. 437, ed. Cowell.

2. Çankara ad Vêdânta-sûtra, II, 2, 42-45, p. 600, éd. de la Biblioth. Ind.

3. Bhakti-sûtras, 31.

sont en parfaite conformité avec elle, mais aucun des anciens livres (on ne saurait considérer comme tel le *Nârada-Pancarâtra*[1]), où elle était exposée d'une façon spéciale, ne nous a été conservé. Historiquement on n'en sait pas grand'chose. Déjà le Mahâbhârata suppose un étroit rapport entre les pâncarâtras et les bhâgavatas[2] dont il vante la foi parfaite en un seul Dieu, foi qui leur aurait été apportée du dehors, du Çvêtadvîpa, « l'Ile Blanche», sorte d'Atlantide située dans l'extrême Nord, par delà la mer de Lait[3]. Plus tard, au septième siècle, le poète Bâna en parle comme de deux sectes distinctes[4]. Dans les inscriptions les bhâgavatas sont mentionnés fréquemment, dans les provinces gangétiques dès le deuxième siècle, sur la côte de Coromandel au quatrième, dans le Gujarât au cinquième et au sixième[5]. Mais il n'est nullement certain que dans ces différents textes les mêmes mots désignent toujours les mêmes choses, il est même probable que dans les documents épigraphiques, le terme de bhâgavata a simplement le sens d'adorateur de Vishnu.

Au douzième siècle, cet idéalisme mitigé fut repris avec éclat par Râmânuja, un brâhmane natif des environs de Madras[6], qui l'exposa systématiquement dans son commentaire sur les Vêdânta-Sûtras[7]. Il combattit l'Advaita absolu de Çankara, maintint la réalité distincte mais finie des êtres individuels et rejeta la théorie de la Mâyâ. Ses sectateurs, appelés de son nom les râmânujas, révèrent Râma comme représentation du Dieu suprême ; ils se divisent en plusieurs branches et sont très nombreux, particulièrement dans le Sud. Au quatorzième siècle, un des chefs de la secte, Râmânanda, alla s'établir à Oude et à Bénarès. De lui dérivent directement les nombreuses subdivisions des râmânandis, qui ne diffèrent des râmânujas que par les pratiques, et qui sont très répandus et très influents dans l'Inde septentrionale. Le célèbre poète Tulasîdâsa, l'auteur du Râmâyana hindî (seizième siècle) fut un des leurs. Indirectement

---

1. Ne serait-ce qu'à cause de la façon dont y est employé le nom de *Vaishnava*.

2. Bhâgavata signifie adorateur de Bhagavat, du Très-Haut ; quant à Pâncarâtra, que les livres de la secte expliquent métaphoriquement par « possesseur du Pancarâtra, de la quintuple connaissance, » l'origine en est obscure : pancarâtra signifie un espace de cinq nuits, et il y a des cérémonies védiques de ce nom ; d'autre part le *Nârada-Pancarâtra* est divisé en cinq livres intitulés râtras ou nuits.

3. Mahâbhârata XII, 12702 ss.

4. Dans son Harshacarita ap. *Vâsavadattâ*, éd. Hall, préf., p. 53. Le Çankaravijaya les distingue également, ch. vi et viii, éd. de la Biblioth. Ind.

5. Inscriptions des Guptas à Bihâr et à Bhitari, ap. A. Cunningham, *Archæological Survey*, t. I, pl. xvii et xxx. — Inscriptions des Pallavas de Vengî, ap. *Ind. Antiq.* V, 51 ; 176. — Inscriptions de Valabhî, *passim*.

6. Pour les sectes historiques, nous renvoyons une fois pour toutes à H. H. Wilson, *Sketch of the religious sects of the Hindus*, publié dans les Asiatic Researches, t. XVI et XVII, 1828-1832, et reproduit dans le t. I des Select Works du célèbre indianiste.

7. Une courte exposition du Vêdânta par le même a été publiée récemment à Calcutta, *The Vêdântatattvasâra of Râmânuja*, 1878.

Râmânanda exerça une grande influence sur la plupart des sectes vishnouites modernes de l'Hindoustan et du Bengal, celles de Caitanya, de Kâbir, de Nânak et une foule d'autres de moindre importance. Râmânuja avait rompu avec les préjugés de caste ; mais il avait conservé le sanscrit comme langue religieuse, et il attachait une grande importance. aux pratiques et aux prescriptions de pureté légale. Râmânda s'affranchit encore davantage de l'usage orthodoxe. Il adopta les dialectes vulgaires et enseigna la vanité des observances purement extérieures. Parmi ses principaux disciples. figurent des vanniers, des tisserands, des barbiers, des porteurs d'eau, des corroyeurs.

A peu près à la même époque que Râmânuja, un autre homme du Sud, Anandatîrtha, né à Kalyâna sur la côte de Malabar, poussa bien plus loin que lui la réaction contre l'idéalisme de l'école de Çankara. Il enseigna que la matière, les âmes individuelles et Dieu, c'est-à-dire Krishna-Vishnu, sont autant d'essences irréductibles et éternellement distinctes. C'était se rapprocher du principe fondamental du déisme Sânkhya (et pourtant Anandatîrtha était un vêdântin et il a commenté les Brahma-Sûtras !), c'est-à-dire d'un système qui n'a pas eu en somme les préférences du vishnouisme. Mais, même dans le cercle de la théologie vaishnava, ce n'était encore pas là une doctrine nouvelle. En effet, si la conception dualiste ne domine dans aucune des œuvres vishnouites importantes qui nous sont parvenues, elles n'en sont pas moins toutes, à commencer par la Bhagavad-Gîtâ, si profondément pénétrées d'idées qui en relèvent, que, malgré l'affinité intime de la théorie des Avatâras avec les idées védantiques, on ne saurait douter qu'il n'y ait eu de bonne heure un vishnouisme à métaphysique sânkya. Les sectateurs d'Anandatîrtha appartiennent presqu'exclusivement à l'extrême Sud, où ils sont très nombreux. Les membres de la congrégation proprement dite, les mâdhvas, ainsi appelés d'un surnom du maître, sont tous brâhmanes, car, à l'opposé de Râmânuja, Anandatîrtha a été un observateur rigoureux des distinctions de caste ; mais la doctrine, dite celle du Dvaita ou de la dualité, est largement répandue dans les masses, et les chants populaires des Dâsas, dont beaucoup sont de basse caste, l'exaltent avec une fougue sectaire voisine du fanatisme [1].

Pour n'avoir pas à revenir plus tard indéfiniment sur les mêmes choses, nous quittons ici pour un instant le vishnouisme et nous achevons immédiatement ce qui concerne la métaphysique sectaire par le résumé des doctrines spéculatives du çivaïsme. Les religions çivaïtes paraissent être plus anciennes que celles de Vishnu ou, du moins, avoir été adoptées plus anciennement par les brâhmanes. Nous avons déjà vu que ce sont les seules qui aient laissé une trace dans le Vêda et que, de son côté, la poésie épique, qui dans sa rédaction actuelle est en somme vishnouite,

---

1. Cf. F. Kittel, *On the Karnâtaka Vaishnava Dâsas*, ap. Ind. Antiq., II, p. 307.

suppose également une prépondérance antérieure du culte de Mahâdêva. Les premières représentations d'un caractère incontestablement religieux qui se rencontrent sur les monnaies (rois indo-scythes, vers le début de l'ère chrétienne[1]), sont des figures çivaïtes alternant avec des symboles bouddhiques. Enfin le çivaïsme semble être resté longtemps une religion en quelque sorte professionnelle des brâhmanes et des lettrés[2]. La plus ancienne littérature dramatique parvenue jusqu'à nous, se place sous patronage çivaïte[3]. Il en est de même des compositions romanesques[4]. C'est également à Çiva que la légende rattache les origines de la grammaire[5], et Ganêça, qui est devenu de bonne heure le dieu des arts et des lettres, est une figure du panthéon çivaïte. Et pourtant nous n'avons pour le çivaïsme aucune exposition doctrinale ancienne qui, pour la beauté de la forme, puisse être comparée par exemple à la Bhagavad-Gîta. La poésie épique religieuse lui a échappé de bonne heure. Parmi les Purânas, ceux qui lui appartiennent en propre sont les plus ternes de la collection : ce sont des compilations dans lesquelles domine le récit légendaire ou qui s'attachent de préférence aux rites et aux pratiques, et qui affectent alors, comme les Tantras, dont ils se rapprochent beaucoup, un caractère très spécial, sinon ésotérique. Il ne paraît avoir inspiré aucune œuvre éclatante telle que le Bhâgavata Purâna, et, à l'exception d'hymnes la plupart modernes et de quelques morceaux devenus réellement populaires, comme le *Dêvîmâhâtmya*[6], dans sa littérature il semble n'avoir pas connu de milieu entre les productions d'un art raffiné ou fantaisiste et le traité technique. Des écrits de cette dernière espèce on ne connaît encore qu'un fort petit nombre de date peu ancienne, par des traductions faites sur des originaux tamouls[7]. Aussi est-on réduit, pour la plupart des doctrines çivaïtes,

1. Voir les figures ap. R. Rochette, *Notice sur quelques médailles de rois de la Bactriane et de l'Inde*, ap. Journ. des Savants, 1834, fig. 7, p. 389. — Du même, Supplément à la Notice précédente, ibid., 1835, pl. II, fig. 22, 23, 24. — Cf. Lassen, *Ind. Alterthumsk.*, II, p. 808 ss., 2e éd.

2. Encore maintenant la proportion des brâhmanes est très forte chez les çivaïtes; presque tous ceux du Bengal et d'Orissa, par exemple, appartiennent à la caste brâhmanique.

3. Les drames de Kâlidâsa, la Mricchakatikâ, le Mâlatî-Mâdhava de Bhavabhûti.

4. L'ancienne Brihatkathâ, la source aujourd'hui perdue de la plupart des recueils de contes, s'ouvrait déjà par un dialogue entre Çiva et Pârvatî

5. Pânini a reçu de Çiva la révélation de sa grammaire.

6. Forme les chap. LXXXI-XCIII du Mârkandêya-Purâna, p. 424-485, éd. de la Biblióth. Ind. — L. Poley en a donné une édition avec traduction latine, 1831. — Une traduction française par E. Burnouf a paru en 1824 dans l'ouvrage de son père, L. Burnouf: *Examen du système perfectionné de conjugaison grecque de Thiersch*. — Le Dêvîmâhâtmya est le principal texte sacré des adorateurs de Durgâ dans l'Inde septentrionale.

7. Th. Foulkes, *The Siva-prakasha-pattalai*, or the elements of the Saiva philosophy, transl. from the tamil, Madras, 1863. — Du même, *Catechism of the Saiva religion*, ibid, 1863. — Trois traités çaivas traduits du tamoul par H. R. Hoisington dans le Journ. of the American Orient. Society, t. IV. —

à des documents de seconde main, particulièrement à l'exposé qu'en
a fait Sàyana (quatorzième siècle) dans son *Sarvadarçana sangraha*[1],
et aux renseignements réunis par H. H. Wilson dans son *Esquisse des
sectes religieuses de l'Inde*. Des témoignages ainsi recueillis, aucun sans
doute n'est contemporain des pâçupatas (adorateurs de Paçupati) du
Mahàbhàrata, ni même des màhêçvaras (adorateurs de Mahêçvara,
du Grand Seigneur) que mentionnent les inscriptions du cinquième
siècle[2]. Il n'en est pas moins probable que, sous la rubrique de doctrine des pàçupatas, des màhêçvaras, ils nous ont conservé les
vieilles spéculations du çivaïsme, et que celui-ci, bien avant Çankara
et Gaudapâda qui a précédé Çankara de deux ou trois générations
(c'est à ces deux polémistes que nous devons les premières indications
précises, mais très sommaires sur la métaphysique des çaivas[3]), avait
adopté en somme les formules du Sânkhya déiste. De même que
dans ce dernier système, l'âme y est nettement distinguée de la matière d'une part et, d'autre part, de Dieu. La matière, la Prakriti, est
éternelle : elle est le milieu fécond, mais aveugle, où opèrent la
Màyà et les divers modes de l'Energie divine, et où se déroulent pour
l'âme les conséquences des actes. Unie à la matière, l'âme est séparée de Dieu : elle est en proie à l'erreur, au péché, et elle tombe sous
la loi de la mort et de l'expiation. Elle est un *paçu*, un animal retenu
par un lien, la matière, qui l'empêche de retourner à son *pati*, à son
maître (c'est là le sens figuré qu'on trouve dans le vieux nom de
Paçupati « le maître des troupeaux »), et c'est à rompre ce lien que
doivent tendre tous les efforts du fidèle. Dieu, c'est-à-dire Çiva, est
pur esprit, bien que, pour se rendre perceptible et imaginable, il
daigne assumer un corps « fait non de matière, mais d'énergie. » Il
est la cause efficiente de toutes choses, cause absolue selon les uns,
déterminant tout sans être déterminée par rien, cause toute-puissante
selon les autres, mais qui laisse à l'âme une certaine action sur sa
propre destinée. Le problème de la liberté, du mérite et de la grâce,
que nous retrouverons également chez les vaishnavas, recevait ainsi
parmi ces sectes une double solution : les pàçupatas tenant pour la
prédestination, d'autres, les sectateurs du Çaivadarçana proprement
dit, laissant à l'homme l'initiative de son salut. Les uns et les autres
admettaient des manifestations inférieures de la divinité et surtout
distinguaient plus ou moins nettement entre Çiva et les divers modes
de son Energie, de sa Çakti, par laquelle il produit, conserve et détruit
le monde. Elle est la cause instrumentale, comme la Prakriti est la
cause matérielle, et qu'il est lui-même la cause efficiente. Elle est à
la fois sa Màyà et sa Grâce, et se personnifie en Dêvî ou Mahàdêvî

Colebrooke a traité des Mahêçvaras et des Pâçupatas dans ses mémoires
sur la philosophie des Hindous, *Miscellaneous Essays*, I, p. 430, éd.
Cowell.

1. Chap. vi-ix.
2. Inscriptions de Valabhî, *passim*.
3. Çlokas de Gaudapâda II, 26, imprimés avec la Mândûkya-Upanishad,
p. 427, ed. de la Bibl. Ind. — Çankara, ad Vêdanta sûtras, II, 2, 1-10, p. 497
ss., et II, 2, 37-41, p. 591 ss., éd. de la Bibl. Ind.

« la Grande Déesse » aux mille noms et aux mille formes, son épouse[1].

La personnification de la Çakti n'est pas particulière au çivaïsme. Chaque dieu a la sienne, et Laksmî auprès de Vishnu, Sarasvatî auprès de Brahmâ jouent le même rôle que Dêvî auprès de Çiva. Dans la Râmatâpanîya-Upanishad, Sîtâ est la Çakti de Râma ; elle forme avec lui un couple inséparable, un seul être en quelque sorte à double face, et l'union de Krishna et de sa maîtresse favorite Râdhâ est parfois conçue d'une façon toute semblable (par exemple dans le Nârada-Pancarâtra), bien que l'érotisme mystique, qui est pour beaucoup dans ces représentations, ait pris en général dans le culte de Krishna un cours différent. Mais c'est dans le çivaïsme que ces idées ont trouvé le terrain le plus favorable à leur épanouissement et qu'elles ont abouti aux plus monstrueuses aberrations. Toute une moitié des religions çivaïtes et en effet caractérisée par le culte de la divinité androgyne ou de la divinité femelle. Telle qu'elle apparaît dans ces cultes, la Çakti ne relève plus de la métaphysique que nous venons d'esquisser. Elle a ses racines lointaines dans ces conceptions aussi vieilles que l'Inde d'un dualisme sexuel placé à l'origine des choses (dans un Brâhmana du Yajur-Vêda, Prajâpati est androgyne), ou d'une matrice commune des êtres qui est aussi leur commun tombeau. Directement elle procède de la Prakriti du pur Sânkya, de la Nature éternellement féconde, d'où sortent et les formes sensibles et les facultés intellectuelles, et en face de laquelle l'esprit, l'élément mâle, n'a qu'un rôle effacé et stérile. A quelle époque ces idées se sont-elles traduites en des croyances religieuses ? Il est difficile de dire quelque chose de précis à cet égard. Les témoignages anciens font défaut : dans l'épopée, Çiva ne paraît pas encore sous sa forme hermaphrodite, et il est douteux qu'il faille le reconnaître dans l'ΑΡΔΟΧΡΟ des monnaies indo-scythes[2]. Quant à la prédominance de la divinité femelle, elle ne s'affirme que dans quelques Purânas et dans la littérature des Tantras. Mais peut-être y a-t-il ici des raisons particulières pour ne pas donner trop de crédit à l'argument négatif. Ces cultes paraissent en effet s'être compliqués de bonne heure de rites, soit terribles, soit obscènes, qui ont dû les faire reléguer dans une littérature spéciale, plus ou moins occulte. D'ailleurs les recueils de contes, basés sur la Brihatkathâ où le culte des déesses sanguinaires joue un si grand rôle, ont des origines qui remontent bien haut, jusqu'au quatrième ou troisième siècle peut-être de notre ère, et, d'autre part, les immondices des Tantras çivaïtes ont profondément pénétré dans les Tantras bouddhiques du Népâl (entre autres dans le *Tathâgata-Guhyaka* qui est un des neuf livres canoniques), et de là dans les traductions tibétaines, dont la plupart sont antérieures

---

1. Sarvadarçanasangraha, ch. vi-vii.
2. Lassen, *Ind. Alterthumsk.* II, 826 ss. — Voir une de ces monnaies figurée ap. R. Rochette, Journal des Savants, 1834, p. 392, fig. x. — Çiva androgyne (ardhanârîçâ) paraît dans les bas-reliefs de Bâdâmi, Ind. Antiq., VI, p. 359.

au neuvième siècle. Cette infiltration n'a pu se faire que lentement, et, comme elle implique le développement préalable des doctrines et des pratiques hindoues, il est permis de reporter celles-ci jusqu'aux origines mêmes du moyen âge. Quoi qu'il en soit, le culte des Çaktis tel qu'il est formulé dans quelques Upanishads, dans plusieurs Purânas et surtout dans les Tantras, ne saurait être confondu avec les hommages ordinaires rendus par toutes les sectes aux épouses des dieux. Il forme une religion à part, celle des çâktas, qui se subdivise elle-même en plusieurs branches ayant leurs doctrines et leurs initiations particulières, et au sein de laquelle il s'est formé une mythologie toute spéciale. Au sommet et à la source des êtres est Mahâdêvî, en qui viennent se fondre les conceptions de la Mâyâ et de la Prakriti. Au-dessous d'elle prennent rang ses émanations, les Çaktis de Vishnu, de Brahmâ, de Skanda, etc. (cet ordre est naturellement changé au profit de Laksmî ou de Râdhâ, dans le petit nombre d'écrits appartenant à la classe des Tantras qu'a produits le vishnouisme), et toute une hiérarchie très compliquée et aussi variable que compliquée, de puissances femelles, les *Mahâmatris* « les Grandes Mères, » personnifications des forces productrices et nourricières de la nature, les *Yoginis* « les Magiciennes, » dont l'intervention est violente et capricieuse, les *Nayikâs*, les *Dâkinîs*, les *Çâkinîs*, bien d'autres classes encore, sans attributions uniformément définies, mais presque toutes malfaisantes, et dont la faveur ne s'obtient qu'au prix des plus répugnantes pratiques[1]. Tout cela, réuni aux divinités mâles, forme le panthéon le plus monstrueux que l'homme ait jamais imaginé. Inconcevable elle-même en son essence suprême, la Mahâmâyâ, « la Grande Illusion, » est adorée sous mille noms et revêt une infinité de formes. Mais en même temps on distingue entre ces formes comme entre des êtres différents, et chacune d'elles a son cercle spécial de dévots. Elles répondent la plupart à l'un des aspects de sa double nature, *blanche* ou *noire*, bienveillante ou cruelle, et elles constituent ainsi deux séries de manifestations de la Force infinie, en quelque sorte deux séries de déesses suprêmes, les unes présidant plus particulièrement aux énergies créatrices de la vie, les autres représentant plutôt celles de la destruction. Aux unes et aux autres s'adresse un double culte : le culte avoué, public, le *dakshinâcâra* ou « culte de la main droite » qui, à l'exception d'un seul point, la persistance du sacrifice animal en l'honneur de Durgâ, de Kâlî et des autres formes terribles de la Grande Déesse, ne diffère pas essentiellement des usages généraux de l'hindouisme, et le *vâmâcâra* « le culte de la main gauche, » dont les pratiques ont toujours été tenues plus ou moins secrètes. Les conjurations, les maléfices, la magie et la sorcellerie vulgaire tiennent une grande place dans ce dernier, et beaucoup de ces rites étranges n'ont pas d'autre objet que l'acquisition des diverses *siddhis* ou facultés surnaturelles. Ce sont là des poursuites bien vieilles dans l'Inde, puisqu'elles ont de profondes

---

1. Cf. le 5ᵉ acte du *Mâlatî-Mâdhava* de Bhavabhûti.

racines dans le Vêda, et qu'un système spécial de philosophie, le Yoga,
leur a été consacré ; mais nulle part elles n'ont trouvé un sol aussi
bien approprié que dans le çivaïsme et dans le culte des Çaktis. On
ne saurait douter non plus que le sang de victimes humaines n'ait
coulé fréquemment sur les autels de ces sombres déesses, devant les
horribles images de Durgâ, de Kâlî, de Çandikâ, de Câmundâ. Des
témoignages formels viennent confirmer les nombreuses allusions
que font à cet usage les contes et les drames[1]. Au seizième siècle, les
Musulmans le trouvent établi dans le Bengal septentrional[2]; au dix-
septième, les Sikhs avouent que leur grand réformateur Guru Govind
se prépara à sa mission en immolant un de ses disciples à Durgâ[3];
l'évêque Heber (1824) a encore connu des personnes qui avaient vu
sacrifier de jeunes garçons aux portes mêmes de Calcutta[4], et, presque
de nos jours, les Tugs prétendaient assassiner leurs victimes en
l'honneur de Kâlî. Peut-être faut-il voir dans ces pratiques une
contagion ou un héritage des cultes sanglants des tribus aborigènes. Il est incontestable que beaucoup de *formes* de la Grande
Déesse (et on peut en dire autant pour Çiva et pour Vishnu) sont
de vieilles divinités locales adoptées par l'hindouisme : plusieurs,
et des plus cruelles, paraissent être originaires de l'Inde centrale
et, pour l'une d'elles au moins, son nom même de Vindhyavâsinî
« l'habitante du Vindhya », indique qu'elle a régné sur ces montagnes où le sacrifice humain faisait encore partie, il y a moins d'un
demi-siècle, du culte national des Gonds, des Kols, des Uraons[5]. De
nos jours la police anglaise a mis fin à ces rites qui, dans les parties
civilisées de l'Inde, ont toujours été du reste des faits plus ou moins
exceptionnels. Il n'en est pas de même des pratiques grossièrement
sensuelles et obscènes qui forment l'autre face de ces cultes secrets,
et dont les Tantras exposent minutieusement les immondes prescriptions. L'usage de la viande et celui des boissons spiritueuses poussé
jusqu'à l'ivresse sont de règle dans ces étranges cérémonies, où la
Çakti est adorée en la personne d'une femme nue, et qui se ter-
minent par l'accouplement charnel des initiés ; chaque couple
représentant Bhairava et Bhairavî (Çiva et Dêvî), et devenant ainsi
momentanément identique avec eux. C'est là le *Çrîcakra* « le saint
cercle », ou le *Pûrnâbhishêka* « la pleine consécration », l'acte
essentiel ou plutôt l'anticipation du salut, le rite suprême de ce

---

1. Par exemple *Mâlatî-Mâdhava*, acte 5e ; *Hitopadeça* III, fable viii (histoire
de Vîravara). Le Kâlikâ-Purâna (un Upapurâna) décrit ces rites en détail;
H. H. Wilson, preface du Vishnu-Purâna, p. xc, éd. Hall.

2. H. Blochmann, *Contributions to the geography and history of Bengal*, ap.
Journ. of the As. Soc. of Bengal, t. XLII.

3. T. Trumpp, *The Adi Granth*, translated ; Introduction, p. xc.

4. Lettre du 10 janvier 1824 à Mrs. Douglas, dans la Correspondance
imprimée à la suite du *Narrative of a Journey through the Upper provinces of
India*.

5. W. Hunter, *Statistical account of Bengal*, t. XVI, p. 291 ; 313; XVII,
281; 283; XIX, 218. Pour un cas récent (1872) chez des Tamouls de Ceylan,
vid. Ind. Antiq. II, 125.

mysticisme en délire. Car il n'y a pas que du libertinage dans ces
aberrations. Les livres qui prescrivent ces pratiques sont, non moins
que d'autres, remplis de hautes visées spéculatives et morales, voire
même de théories ascétiques ; autant qu'ailleurs on y professe l'horreur du péché et une religiosité pleine de scrupules : c'est pieusement,
la pensée absorbée dans la prière, que le fidèle doit participer à ces
mystères, et ce serait les profaner que d'y chercher la satisfaction
des sens. De fait, un çâkta de la main gauche est presque toujours
un hypocrite et superstitueux débauché ; mais on ne saurait douter
que parmi les auteurs de ces abjects catéchismes, plus d'un n'ait cru
sincèrement faire œuvre de sainteté. La statistique a naturellement
peu de prise sur des pratiques pareilles. Aucun hindou qui se res-
pecte n'avouera qu'il est affilié aux vâmâcârins. Mais ils passent
pour être nombreux, beaucoup de sectateurs qui se disent de la main
droite appartenant en secret à l'autre rite. Ils forment de petites
confréries qui admettent des gens de toute condition, mais qui,
notamment au Bengal, se recrutent, dit-on, dans une forte proportion parmi les brâhmanes et les classes riches. Il convient d'ajouter,
toutefois, que ceux qui ne font pas mystère de leur initiation nient
que leur secte doive être jugée d'après ses livres, et il est probable
en effet qu'il y a des degrés dans ces turpitudes et que, parmi des
gens raffinés et de peu de foi, une sorte d'épicuréisme superstitieux
a succédé aux orgies de l'ancien rituel. Quant aux çâktas dakshinâ-
cârins ou sectateurs de la main droite, ils sont répandus en grand
nombre dans toutes les contrées de l'Inde. Dans l'Hindoustan ils
forment la grosse masse des çivaïtes, et au Bengal la population
entière prend part à la grande fête de leur déesse, la Durgâpûjâ,
bien que les Hindous rigides réprouvent les indécences publiques qui
se commettent à cette occasion et qu'ils flétrissent cette coutume
comme appartenant aux pratiques de la main gauche.

A côté du çivaïsme que nous venons de parcourir et qui relève
plus ou moins directement des doctrines sânkhya, il y en a un autre
qui s'inspire de l'idéalisme du Vêdânta et maintient par conséquent
l'unité essentielle du monde, de l'âme et de Dieu. Les sectes les plus
anciennes qui le professent de nos jours, les *tridandins* (au propre
« les porteurs du triple bâton », au figuré « ceux qui exercent la
triple souveraineté sur leurs paroles, sur leurs pensées et sur leurs
actes » ; comme symbole de cette souveraineté, ils portent un bâton
à trois nœuds), et la plupart des *smârtas* (sectateurs de la Smriti,
de la tradition orthodoxe), prétendent se rattacher à Çankara. Les
premiers, qui se divisent en dix tribus, selon les contrées d'où ils
sont originaires et qui pour cela sont aussi appelés *daçanâmis* « ceux
des dix surnoms », sont ascètes et ont leur centre à Bénarès. Les
seconds, nombreux surtout dans le Dékhan, vivent en partie dans le
monde, en partie dans des couvents[1]. Beaucoup d'entre eux sont de

____

1. Leur guru suprême réside au couvent de Çringêri dans le Maïsour. Cf.
A. C. Burnell, *Vamçabrâhmana*, Pref., p. XIII.

purs védàntins et appartiennent à peine au çivaïsme. Les uns et les autres n'admettent dans leur ordre que des brâhmanes, et eux-mêmes ne font pas remonter leur tradition directe plus haut que le huitième siècle. Mais ici encore il convient de rappeler l'observation déjà faite à propos des systèmes vishnouites, qu'en fait de doctrine, les sectes historiques ont peu inventé. Bien avant le huitième siècle on trouve en effet dans la littérature non technique, le çivaïsme associé à des idées qui relèvent d'une toute autre doctrine que le Sânkhya. Le Çiva, par exemple, qu'on invoque au début du drame de Çakuntalà, qui est à la fois le dieu, le prêtre et l'offrande, et dont l'univers est le corps, est une conception védantique[1]. On semble parfois oublier ces témoignages quand on fait commencer tout le védantisme sectaire après Çankara.

Du neuvième au onzième siècle, cette branche de la théosophie çivaïte reçut sa forme définitive au Kashmîr, dans les écrits de l'école de Somànanda et d'Abhinavagupta[2]. Ce sont les traités techniques les plus anciens sur la matière qui nous soient parvenus, les plus anciens aussi auxquels Sâyana se réfère dans l'exposé qu'il a fait du système. Ce système est le pur idéalisme : Dieu est l'unique substance ; les objets sont ses concepts et, comme il est nous-mêmes, les objets sont en réalité en nous : ce que nous croyons voir au dehors, c'est en dedans que nous le voyons ; le moi individuel perçoit ou plutôt reperçoit en soi-même, comme en un miroir, les concepts du moi transcendant, et la connaissance n'est qu'une recognition. De là le nom du système, qui est celui de la *Pratyabhijnà* ou de la Recognition. Guidée par la vraie méthode de la contemplation intérieure, éclairée par la grâce qu'elle aura méritée par sa foi en Çiva, l'âme individuelle triomphe de la Màyà de qui procède toute diversité, et finit par se reconnaître elle-même en Dieu[3].

Des hauteurs du Timée, nous retombons au niveau des plus grossières superstitions, en passant de cette doctrine que nous ne connaissons que sous sa forme savante, à la secte des *lingàyits* qui ne nous est connue que comme religion populaire. En somme les lingàyits paraissent se rattacher au çivaïsme idéaliste, puisque les *jangamas* « les vagabonds », qui forment parmi eux l'ordre religieux et ascétique. reconnaissent pour principale autorité un commentaire çivaïte des Vêdànta-Sùtras. Mais il est difficile de dégager un credo quelconque de l'amas confus de légendes qui, avec des renseignements sur leur histoire, sur leur organisation et sur leur culte,

---

1. Cf. encore le début de Vikramorvaçî. La Çvêtàçvatara-Up., qui est certainement antérieure à Çankara, est une sorte de Bhagavad-Gîtâ çivaïte ; voir surtout les sections III et IV.

2. M. G. Bühler, qui a retrouvé récemment au Kashmîr une bonne partie des écrits de cette école, a fourni sur elle des renseignements précieux dans le Journ. of the Roy. As. Soc. Bombay. XII, extra number, p. 77 ss.

.3 Saradarçanasangraha, ch. VIII.

constituent à peu près tout ce que nous savons sur leur compte. Leur fondateur, Basava (forme dravidienne du sanscrit Vrishabha), un brâhmane, naquit dans le Dékhan occidental dans la première moitié du douzième siècle. Il combattit à la fois les orthodoxes, les vishnouites et les jainas, prêcha le çivaïsme, l'abolition du sacrifice et des distinctions de caste, et s'éleva rapidement à une grande puissance. Le roi qui dominait alors dans le Dékhan, le Kaluburigi Bijjala, qui était devenu son gendre, s'étant fait contre lui le défenseur des jainas, il le fit assassiner par ses disciples, mais fut réduit à se donner la mort pour échapper à la vengeance du successeur de ce prince. Son œuvre ne périt pas avec lui : aujourd'hui la secte ou plutôt les sectes qui se rattachent à Basava sont dominantes dans les états du Nizam et dans le Maïsour, très répandues dans l'extrême sud, et leurs ascètes itinérants, les jangamas, se rencontrent dans l'Inde entière. Leurs livres principaux sont des écrits intitulés Purànas, dans lesquels la biographie du fondateur est mêlée à une grande quantité de légendes relatives à Çiva et à ses diverses manifestations locales. Ils ont aussi des chants populaires qui sont parfois d'un caractère élevé. Presque toute cette littérature encore peu connue est en langue canarèse et tamoule. Les croyances paraissent être, comme dans la plupart de ces religions, un mélange de mysticisme védantique, de déisme et de grossière idolàtrie[1]. Ils adorent Çiva sous la forme du *linga*, du phallus, et ils en portent toujours sur eux une petite image en cuivre ou en argent ; d'où leur nom de lingàyits ou de « porteurs de phallus ». A côté d'eux il y a d'autres sectes çivaïtes plus anciennes qui observent la même coutume, mais qui n'ont pas rompu aussi ouvertement avec les vieilles traditions, sous le rapport de la caste et du rituel. La principale paraît être celle des *arâdhyas*, des « révérends », qui sont tous brâhmanes et qui, fort nombreux autrefois, sont aujourd'hui en déclin.

Infiniment plus pure est la forme sous laquelle le çivaïsme apparaît dans les poésies tamoules des *sittars* (en sanscrit *siddhas*), des « parfaits[2] ». On ne sait pas grand'chose de la secte de qui émanent ces chants : actuellement elle paraît éteinte ; mais les chants eux-mêmes sont restés populaires, malgré le démenti qu'ils infligent aux croyances les plus chères des masses. Ce sont des compositions en général peu anciennes, ne remontant pas à plus de deux ou trois siècles, bien qu'elles circulent sous les noms des saints fameux de l'antiquité, tels qu'Agastya, le civilisateur fabuleux du Dékhan, et ses non moins fabuleux disciples. Par leur élévation, elles rivalisent avec ce que Tiruvalluvar, Auveiyàr et les anciens poètes tamouls ont laissé de plus parfait. Mais, en même temps, par leur monothéisme sévère, par

1. Les communications les plus récentes sur la littérature et sur les croyances des Lingàyits sont dues à M. F. Kittel : *Ueber den Ursprung des Lingakultus*, p. 11 et 27 ; *Ind. Antiq.*, t. IV, 211 ; V, 183.

2. Pour cette secte, voir R. Caldwell, *A Comparative Grammar of the dravidian languages*, Introd., p. 127 ; 146, 2e éd., et E. Ch. Gover, *The folk-songs of southern India*, Madras, 1871.

leur mépris des Vêdas et des Çâstras, par leur horreur de toute pratique idolâtre, par leur négation surtout d'une doctrine aussi essentiellement hindoue que la métempsychose, elles accusent bien plus
nettement une influence étrangère. Des juges très compétents[1] ont cru
y reconnaître une inspiration chrétienne, et, en effet, les Eglises indigènes, qui croient à la haute antiquité de ces recueils, professent pour
eux la même estime que celles d'Occident ont eue pour les livres sibyllins. Mais peut-être y a-t-il là encore plus de soufisme que d'idées chrétiennes. Ce n'est pas en général le côté monothéiste dont les Hindous
sont le plus frappés dans le christianisme. Or, ces chants professent
un monothéisme rigide qui rappelle plutôt le Coran que les croyances
passablement altérées des chrétiens de Saint-Thomas. Pour l'alchimie
du moins, dont les sittars ont été de fervents adeptes, ils ont été les
disciples des Arabes. D'autres çivaïtes les avaient précédés du reste
dans la pratique du grand œuvre. Déjà Sàyana, dans son exposé des
diverses doctrines des çaivas, a cru devoir consacrer un chapitre
particulier au *Rasêçvara-darçana* ou « système du mercure[2], » un
étrange amalgame de vêdantisme et d'alchimie. On s'y propose pour
but de transmuer le corps en une substance incorruptible au moyen
du *rasapâna*, de l'absorption d'élixirs composés principalement de
mercure et de mica, c'est-à-dire des essences mêmes de Çiva et de
Gaurî, avec lesquels on arrive ainsi à s'identifier. Cette sorte de transsubstantiation constitue la *jîvanmukti*, l'état de délivrance dès cette
vie, la condition indispensable et unique du salut. Il est clair que les
formules dévotes du Vêdânta ne sont ici qu'une sorte de jargon sous
lequel se cache une doctrine radicalement impie, et il est non moins
clair que sous cette doctrine, qui dès le quatorzième siècle avait produit une littérature assez considérable[3], il y a une importation musulmane. On est d'ordinaire à l'affût des moindres traces d'une influence
chrétienne sur l'hindouisme ; mais peut-être ne tient-on pas assez
compte de celle qu'a pu exercer l'Islam. On semble n'apprécier cette
dernière qu'à travers les résultats en somme négatifs de la conquête,
qui a été en général l'œuvre de races lourdes et grossières, et on
oublie la présence ancienne, dans le Dékhan surtout, de l'élément
arabe. Les Arabes du khalifat étaient arrivés sur ces côtes en qualité
de voyageurs, de marchands ; ils y avaient établi des relations commerciales et des comptoirs bien avant que leurs coreligionnaires
afghans, turcs, mongols y fussent venus comme conquérants[4]. Or,
c'est précisément dans ces parages que, du neuvième au douzième
siècle, ont pris naissance ces grands mouvements religieux qui se

1. Notamment R. Caldwell.
2. Sarvadarçanasangraha, ch. IX.
3. Sàyana ne cite pas moins de huit noms d'auteurs ou titres d'ouvrages
différents.
4. Cf. Reinaud, *Relation des voyages faits par les Arabes et les Persans dans
l'Inde et à la Chine dans le neuvième siècle de l'ère chrétienne*, 1845. La plus
ancienne de ces relations est de 841. Le commerce arabe était alors florissant
sur la côte de Malabar.

rattachent aux noms de Çankara, de Râmânuja, d'Anandatîrtha, de Basava, d'où sont sorties la plupart des sectes historiques et dont l'Hindoustan n'a offert l'analogue que bien plus tard. On a noté que ces faits se sont passés dans le voisinage de vieilles communautés chrétiennes[1]. Mais à côté de celles-ci avaient apparu dès lors des sectateurs du Coran. Ni aux unes, ni aux autres nous ne sommes tentés d'attribuer une influence appréciable sur la théologie hindoue, qui nous paraît s'expliquer suffisamment par elle-même ; mais il est fort possible qu'indirectement et par une sorte d'action de présence, ils aient été pour quelque chose dans l'éclosion de ces grandes réformes religieuses qui, à défaut de doctrines bien nouvelles, ont introduit dans l'hindouisme une organisation et un esprit nouveaux, et qui ont eu toutes ce caractère commun de se développer très vite sous la direction d'un chef indiscutable et d'être fondées sur une sorte de prophétisme ou d'imamat. Or, pour exercer une action semblable, les marchands arabes des premiers siècles de l'hégire, qui avaient derrière eux le monde musulman, étaient peut-être mieux qualifiés que les Eglises pauvres et délaissées des côtes de Malabar et de Coromandel.

Avec les systèmes qui précèdent, nous avons à peu près épuisé la théologie spéculative du çivaïsme, et nous pouvons passer rapidement sur la foule de sectes ou d'associations plus obscures dans lesquelles il se fractionne. Ces divisions pénètrent fort peu dans le monde laïque, surtout dans le Nord, où le çivaïsme est resté plus archaïque. Il n'y a pas donné naissance à de grandes religions populaires organisées et compactes comme celle des lingâyits de Basava dans le Sud. Comparé au vishnouisme, on peut même dire qu'il n'y a pas produit à proprement parler de sectes modernes, et qu'il y représente plutôt un ensemble de cultes locaux qu'un ensemble de doctrines. Aussi les divisions dont il s'agit sont-elles formées principalement de dévots de profession, qui n'ont pas d'Eglise derrière eux. Ce sont, soit des ordres religieux plus ou moins réguliers, soit des associations sans lien fixe, à tendances ou du moins à prétentions ascétiques. Les plus respectables se rapprochent des tridandins et des jangamas, dont il a été précédemment parlé, et professent le védantisme. Mais, en général, ils se distinguent surtout par les pratiques et par les signes extérieurs. Leur dénomination commune est celle de *yogins*, « possesseurs ou praticiens du yoga, » terme qui dans l'usage répond à bien des nuances, depuis celle de saint homme jusqu'à celle de sorcier et de charlatan. Le plus répandu peut-être de ces ordres est celui des *kânphâtas*[2], « des Oreilles fendues, » ainsi appelés de l'opération qu'ils font subir à leurs novices. Comme la plupart des yogins, ils ne font aucune distinction de caste. On les rencontre vivant isolément de mendicité, plus souvent réunis en groupes cénobitiques (dans ce cas ils sont charitables et nourrissent

---

1. A. C. Burnell, *On some Pahlavi inscriptions in South India*, Mangalore, 1873, p. 14.
2. Cf. Ind. Antiq., VII, 47 ; 298.

les pauvres) dans le Dékhan septentrional, dans le Gujarât, au Penjâb, dans les provinces du Gange et au Népâl. Leurs traditions, extrêmement confuses, revendiquent leur fondateur Gorakhnâtha pour chacune de ces contrées. Mais comme elles s'accordent à faire de lui le fils ou le disciple plus ou moins immédiat de Matsyendranâtha, qui appartient au bouddhisme népâlais (on l'identifie avec le Bodhisattva Avalokitêçvara), il est probable que, de même que les *jatis* et les *savaràs*, ils se rattachent par leur origine à la religion de Çâkyamuni. On ne sait pas au juste à quelle époque a vécu Gorakhnâtha. Quant aux autres sectes ou variétés de yogins çivaïtes, *gosains* (il y a aussi des gosains vishnouites), *bhartharis*, *çivâçârins*, *brahmacârins*, *hansas*, *paramahansas*, *âkâçamukhins*, *ûrdhvabâhus*, *kâpâlikas*, *nâgas*, *bahikathâs*, *aghoris*, etc., etc., elles ont encore moins d'histoire[1]. Les noms, dans leur acception spéciale, sont rarement anciens. Cependant Hiouen-Thsang et, avant lui, Varâha-Mihira (sixième siècle)[2] ont connu les kâpâlikas, ainsi nommés parce qu'ils portent une tête de mort qui leur sert d'aiguière. Mais la tradition de ces sectes, c'est leur profession même, et celle-ci est immémoriale. Dès l'origine, et plus que toute autre religion hindoue, le çivaïsme a versé dans le fanatisme ascétique. Nulle autre n'a étalé autant de pratiques horribles ou répugnantes et n'a porté avec autant d'ostentation la livrée souvent bien étrange de la dévotion. Aussi Hiouen-Thsang, d'ordinaire si bien informé, semble-t-il, en fait de sectes brâhmaniques distinctes, n'avoir vu que des çaivas pendant les quinze années qu'il mit à parcourir les diverses contrées de l'Inde. De nos jours, les mortifications cruelles deviennent rares ; cependant. il y a encore des *âkâçamukhins*, des *ûrdhvâbâhus*, qui se tiennent immobiles, la face ou les bras levés au ciel, jusqu'à ce que leurs tendons racornis ne leur permettent plus de changer de posture ; des nàgas, des paramahansas, des avadhûtas et autres qui, en dépit des ordonnances anglaises, s'exposent aux intempéries dans un état de nudité absolue. Dans tout cela, il y a sans nul doute beaucoup de fanatisme sincère ; mais il y entre aussi beaucoup de ruse et de charlatanisme. Bien souvent la mendicité fait tout le fonds de ces prétendues mortifications, et c'est moins pour mériter le ciel que pour extorquer des aumônes par la terreur ou par le dégoût que les bahikathâs se déchirent le corps à coups de couteau et que les aghorîs se repaissent de charognes et d'excréments. Des yogins, les uns sont réunis dans des *mathas* auprès des lieux saints du çivaïsme, notamment à Bénarès. D'autres se font les gardiens de quelque chapelle isolée et vivent en solitaires. Mais le plus grand nombre mène une existence errante : ils tiennent le pays par bandes parfois nombreuses, allant de pèlerinage en pèlerinage et affluant par milliers aux *mélâs*, aux foires qui se tiennent à époque fixe dans le voisinage de tout sanctuaire célèbre. De ces derniers, beaucoup vendent des

---

1. Pour ces sectes et confréries, voir A. Sherring, *Hindu tribes and castes as represented in Benares*, 1872. p. 255 ss.

2. St. Julien, *Voyages des Pèlerins bouddhistes*, t. I, p. 222. — Varâha Mihira, *Brihat Samhitâ*, p. 432, éd. Kern.

charmes, font des conjurations et des exorcismes, sont diseurs de
bonne aventure, jongleurs et musiciens. Ils sont à la fois craints et
méprisés, les çâktas, qui sont nombreux parmi eux, encore plus que
les autres, et ils fournissent un gros appoint aux classes dangereuses.
Et ce n'est pas là un état de choses à mettre uniquement au compte
de la corruption moderne. Depuis l'époque de Patanjali (deuxième
siècle av. J.-C.), où la violence de ces fanatiques dévots était déjà
passée en proverbe [1], les témoignages ne manquent pas qui établissent
que de tout temps la maxime *omnia sancta sanctis* a été largement
pratiquée parmi eux [2]. Pour se représenter ce qu'ils ont pu être aux
époques troublées du passé, il suffit de se reporter à des récits qui ne
sont pas loin de nous. Encore à la fin du siècle dernier, ils formaient
le noyau de ces bandes qui parcouraient le Bengal au nombre parfois de plus d'un millier d'hommes armés jusqu'aux dents, avec des
éléphants et de l'artillerie, et qui osaient tenir la campagne contre
les détachements britanniques [3].

Actuellement, Çiva est probablement le dieu qui compte le
plus de sanctuaires. D'un bout à l'autre de l'Inde, on rencontre à chaque pas ses temples, ses chapelles, parfois de simples
niches ou des tertres où on l'adore principalement sous la forme
du linga. Mais le civaïsme proprement dit est loin d'être la religion dominante. Excepté au Kashmîr et au Népâl, où l'élément
hindou [4] est en très grande majorité composé de çaivas, et à
Bénarès, qui est comme sa cité sainte, il a perdu du terrain dans
l'Hindoustan. Tout le monde y adore Çiva; mais à l'exception des
dévots de profession, il s'y trouve relativement peu de çivaïtes, c'est-
à-dire de gens qui font de Çiva leur dieu principal, au *mantra* duquel
ils ont été spécialement initiés et en la foi duquel ils espèrent faire
leur salut. Et encore leur nombre serait-il fort diminué, s'il fallait en
retrancher les çâktas qui adressent leurs hommages à Dêvi bien plus
qu'à son époux. Dans tous les pays au nord du Vindhya, dont plusieurs comptent parmi les plus peuplés de la terre, partout où ne
dominent pas des cultes locaux d'origine aborigène, la majorité
appartient à des religions vishnouites. Dans le Dékhan, les proportions sont différentes : les çivaïtes forment de grosses masses, surtout dans la partie méridionale, et les deux religions s'y font probablement équilibre. Mais là encore le vishnouisme semble être en
progrès. Plus expansif et plus aimable, trop aimable même, comme
nous le verrons plus loin, il se prête mieux à la mise en commun du
culte et des sentiments religieux que le çivaïsme, dont les sombres
mystères, sous leur triple forme ascétique, magique et orgiaste, s'ac-

---

1. Mahâbhâshya, ap *Ind. Stud.*, III, p. 347.
2. Déjà dans la Mricchakatikâ, p. 35, l. 5, éd. Stenzler, *gosâviâ* « religieuse » est synonyme de veçyâ, courtisane. Cf. Muir, *Sanskrit Texts*, t. II,
p. 25, 2e éd.
3. W. Hunter, *Statistical account of Bengal*, t. II, p. 311; t. VII, p. 159.
4. C'est-à-dire non musulman dans le premier pays, non bouddhiste dans
le second.

commodent plutôt de l'isolement ou du demi-jour des petites congrégations. Il est paré d'ailleurs d'une fable plus riche, et il a trouvé son expression dans des œuvres littéraires plus éclatantes qui, traduites ou plutôt reproduites dans les principaux idiomes tant aryens que dravidiens, ont fourni un fonds inépuisable à la poésie populaire. Enfin, s'il offre moins d'aliments aux appétits superstitieux, d'un autre côté, par les perspectives que la doctrine des Avatàras ouvre en quelque sorte dans la nature divine, il s'allie plus aisément au mysticisme védantique, de tous les systèmes imaginés par l'Inde celui qui répond le mieux à ses aspirations. S'il était permis de se demander vers quel avenir religieux aurait marché ce peuple au cas où il fût resté livré à lui-même, on serait probablement conduit à supposer un jour où il aurait eu pour religion une forme quelconque du vishnouisme doublée de superstitions çivaïtes.

Toutes les sectes que nous venons de passer en revue, vaishnavas et çaivas, les plus estimables comme les plus abjectes, poursuivent ou du moins prétendent poursuivre un but unique, le salut. Elles ont des recettes pour l'acquisition des biens temporels; mais elles professent le mépris de ces biens. Comme moyen d'obtenir le salut, elles prescrivent toutes un culte plus ou moins chargé ou dégagé de pratiques, sur lequel nous aurons à revenir plus loin. Au-dessus de ce culte, d'accord en ceci avec toute l'ancienne théologie, elles mettent le *jnâna*, la science transcendante, la connaissance des mystères de Dieu[1]. Les légendes pieuses, les *purânas*, qui relatent les gestes et les manifestations des divinités, ne sont que l'enveloppe d'une vérité plus haute que le fidèle doit pénétrer. La fable épique fut remaniée à ce point de vue dans des ouvrages spéciaux tels que l'*Adhyâtma-Râmâyana*, « le Râmâyana spirituel, » où tous les faits de l'histoire de Râma sont reportés à l'ordre divin. Parallèlement à la doctrine abstraite, il se forma ainsi chez la plupart des sectes une doctrine figurée, une gnose ou interprétation mystique de leur légende, estimée bien supérieure à la simple philosophie. Chez les pàncarâtras par exemple, Krishna était l'*âtman* suprême ; son frère Balarâma était le *jîva*, l'âme individuelle ; son fils Pradyumna réprésentait le *manas*, le sentiment, et Aniruddha, son petit-fils, l'*ahamkâra*, la conscience. De même encore chez tous les vishnouites, les amours de Krishna et des Bergères devinrent l'expression allégorique des rapports de l'âme avec Dieu. En ceci les sectes ne faisaient qu'appliquer une méthode qui remonte au Vêda et dont les bouddhistes et les jainas se sont également beaucoup servi. Mais où elles se séparent et de l'ancienne théosophie, et de l'orthodoxie moderne telle qu'elle a été formulée par Çankara, et en général de la doctrine commune de tous les darçanas, c'est quand elles subordonnent cette science à un fait psychique d'une nature toute différente, la *bhakti* « la foi, l'absolue dévotion, l'amour de Dieu, » sans laquelle la science est ou vaine, ou impossible. C'est la bhakti qui illumine l'âme et qui seule peut rendre

1. Bhagavad-Gîtâ IV, 40-42 ; VII, 3.

fructueux les efforts de la contemplation et de l'ascétisme[1]. Ou plutôt
elle en dispense; car à celui qui la possède, tout le reste est donné par
surcroît[2]. Elle s'adresse non au Dieu des savants et des philosophes,
mais à la manifestation de Dieu la plus accessible, la plus rappro-
chée, chez les vishnouites par exemple, non à Vishnu ni au Paramâtman, mais à Krishna, au dieu fait homme, lequel y répond par sa
Grâce (*anugraha, prasâda*), ou qui plutôt y a répondu d'avance, quand,
daignant revêtir d'une forme sensible son ineffable et inconcevable
majesté, il a ainsi permis au plus humble de l'aimer et de se donner
à lui avant de le connaître[3]. C'était là une conception nouvelle. Le
Vêda avait connu la *çraddhâ*, la confiance de l'homme en ses
dieux et, dans quelques Upanishads (*Katha-U.*, *Mundaka-U.*[4]), se rencontre un vieux dicton impliquant très nettement la notion de la
Grâce. Mais toute l'antiquité avait ramené en définitive la religion à
un fait de connaissance, soit rationnelle, soit intuitive, soit révélée :
les sectes la ramenèrent à un fait de sentiment. Aussi la nouveauté
de cette doctrine y fit-elle soupçonner de bonne heure une influence
étrangère, un emprunt plus ou moins direct fait au christianisme[5].
Cette première hypothèse en suggéra d'autres. On rappela la légende
du Mahâbhârata, où il est dit que Nârada et avant lui d'autres personnages mythiques avaient visité le Çvêtadvîpa « l'Ile Blanche, « et y
avaient trouvé une race d'hommes parfaits en possession de la foi
excellente en l'unique Bhagavat, et on vit là le souvenir d'anciennes
relations des brâhmanes avec le christianisme alexandrin[6]. On observa
que dans l'épopée ces doctrines semblent se rattacher plus spécialement au vishnouisme, que la *Bhagavad-Gîtâ* où elles sont exposées
avec ampleur, les *Bhakti-Sûtras* où elles ont été formulées systématiquement, appartiennent à la religion de Krishna, qui, plus que toute
autre, a été une religion d'amour. On appuya sur le caractère monothéiste de cette religion, sur l'analogie qu'il y a entre la théorie des
Avatâras et celle de l'Incarnation[7], sur les curieuses ressemblances
que la légende de Jésus présente avec celle de Krishna, dans laquelle
se retrouvent plus ou moins nettement les scènes pastorales de la
Nativité, l'adoration des Bergers et des Mages, la Fuite en Egypte, le
Massacre des Innocents, les miracles de l'Enfance, la Tentation, la
Transfiguration, et tout cela chez un dieu dont le nom même offre
une certaine assonance avec Christos. On appela l'attention sur certaines cérémonies du krishnaïsme postérieur, sur sa fête de la Nativité, sur le culte de Krishna enfant, représenté au giron ou au sein

1. Bhagavad-Gîtâ XVII, 28.
2. Bhâgavata-Purâna XI. 20, 31-34.
3. Bhagavad-Gîtâ XII, 5-8.
4. Katha-Up. II, 23; Mundaka-Up. III, 2, 3.
5. H. H. Wilson, *Select Works*, t. I, 161, et *Vishnu-Pur.*, Préface, p. xiv,
éd. Hall.
6. A. Weber, *Ind. Stud.*, t. I, p. 400; II, p. 168. Cf. Lassen, *Ind. Alterthumsk.*, II, 1118, 2e éd.
7. A. Weber, *Ind. Stud.*, II, 169; 409.

de sa mère, dans un *gokula*, dans une étable. et on réunit ainsi un ensemble imposant de données tendant à établir : 1° que l'avènement dans l'Inde d'une religion de foi et d'amour est un fait d'origine purement chrétienne ; 2° que le christianisme a exercé une influence plus ou moins considérable sur le culte et sur le mythe de Krishna.

Nous croyons avoir résumé fidèlement les principaux arguments de cette théorie, qui, scientifiquement, appartient presqu'en entier à M. A. Weber, et que ce savant a développée à plusieurs reprises avec une érudition et une critique auxquelles on ne saurait assez rendre hommage[1]. Comme elle est de première importance, nous demandons qu'il nous soit permis de nous y arrêter quelques instants de plus et de dire aussi brièvement que possible, pourquoi elle ne nous a pas convaincu. La bhakti nous paraît être le complément nécessaire d'une religion parvenue à un certain degré de monothéisme. Elle sera d'autant plus vive, que ce monothéisme sera un produit moins direct de la spéculation et qu'il aura pour objet un Dieu d'une nature plus concrète et plus humaine. Elle se traduira soit par l'amour, soit par un enthousiasme sombre, selon que le dieu lui-même sera ou aimable ou terrible. Si plusieurs religions semblables sont en présence, elle sera ardente. Cela étant, nous n'avons qu'à nous demander si l'Inde a dû attendre jusqu'à l'avènement du christianisme pour, d'une part, arriver à des conceptions monothéistes, et, d'autre part, pour appliquer ces conceptions à des dieux populaires tels que Çiva et Krishna. Répondre non, et nous n'hésitons pas à le faire, c'est admettre que la bhakti peut s'expliquer comme un fait indigène, qui a pu se produire dans l'Inde comme il s'est produit ailleurs, dans les religions d'Osiris, d'Adonis, de Cybèle, de Bacchus, à son heure et indépendamment de toute influence chrétienne. Nous ne prétendons nullement faire de l'Inde ancienne un monde à part, sans communications avec le dehors, et, bien que la légende du Çvêtadvîpa, l'Albion de Wilford, Alexandrie ou l'Asie Mineure d'après M. Weber, nous paraisse un récit de pure fantaisie, nous admettons comme parfaitement possible que des brâhmanes aient visité jadis des Églises d'Orient. En tous cas, les bouddhistes allaient dans ces parages et pouvaient leur en apporter des nouvelles, car il n'y avait point alors entre bouddhistes et brâhmanes de barrières absolues. D'ailleurs dans l'Inde même, il y a eu certainement des chrétiens et probablement des Églises chrétiennes dès avant la clôture définitive de la rédaction du Mahâbhârata[2]. Ce n'est donc pas sur la possibilité d'un emprunt, mais sur l'emprunt même, tel qu'on l'affirme, que portent nos objections. Le dogme de la Foi ne s'importe pas comme une doctrine ordinaire ou une coutume ; il ne se laisse pas détacher d'une

---

1. De la façon la plus complète dans son savant mémoire *Ueber Die Krishnajanmâshtamî* (*Krishna's Gebursts fest*), Mémoires de l'Académie de Berlin, 1867, p. 217 ss.

2. Sur l'origine des églises dites de Saint-Thomas, cf. Lassen, *Ind. Alterthumsk.* II, p. 1119. 2° éd., A. C. Burnell et R. Collins, ap. Ind. Antiq., III, 308 ; IV, 153, 183, 311 ; V, 25.

religion et greffer à distance sur une autre; pratiquement, il se confond
avec la foi elle-même et, comme elle, il est inséparable du dieu qui
l'inspire. Or, M. Weber n'entend nullement que dans Krishna, chez qui
il n'y a pas trace ni du dogme de la Rédemption, ni des récits de la
Passion, la vraie source et substance de la foi chrétienne, l'Inde ait
jamais adoré Jésus. Il ne prétend pas faire du krishnaïsme un christianisme défiguré, quelque chose d'analogue à ce qu'a été de nos jours
à la Chine la religion des Taïpings[1]. Le dieu hindou n'aurait jamais
cessé d'être lui-même; on aurait seulement reporté sur lui, outre le
dogme de la foi, un certain nombre de données chrétiennes : en
d'autres termes, on aurait pris l'âme du christianisme sans prendre le
Christ. A notre avis, il y a là une sorte de contradiction. Mais, même
pour ces emprunts secondaires, nous ne pouvons accepter sans
réserve les conclusions de M. Weber. La théorie des Avatâras nous
paraît être purement indienne. Elle s'est probablement formulée à
propos de Krishna (et en ceci nous allons peut-être plus loin que
M. Weber); mais elle est en germe dans l'ancienne fable ; elle est en
harmonie avec la distinction peu nette établie par l'Inde entre Dieu
et l'homme, et elle devait comme d'elle-même sortir de la conception
védantique de l'immanence divine, dont elle n'est en quelque sorte
que l'application à des cas particuliers. Nous avons déjà indiqué
d'ailleurs l'analogie qu'elle présente avec la théorie des apparitions
successives du Buddha, et celle-ci paraît bien être antérieure à notre
ère, puisqu'elle figure déjà dans les bas-reliefs de Barahout. Nous ne
pouvons pas examiner ici une à une les autres ressemblances qu'on
a signalées entre les deux légendes. Elles sont certainement curieuses.
Plusieurs, telles que les prodiges de l'enfance et la transfiguration,
s'expliquent peut-être d'elles-mêmes dans la biographie d'un homme-
dieu. Mais le reste est d'un caractère si particulier, qu'on est bien
forcé d'admettre qu'il y a là en effet de part et d'autre un ensemble
de récits communs. Seulement nous ferons observer que ces récits
répondent aux éléments les plus manifestement légendaires de la vie
de Jésus ; qu'ils se retrouvent plus ou moins ailleurs, dans d'autres
biographies divines, chez les Hindous, par exemple, dans celle du
Buddha ; que les traditions relatives à Kansa, l'Hérode indien, sont
certainement antérieures à notre ère[2]; que les scènes pastorales de
l'enfance de Krishna et l'idée de lui donner pour berceau une étable
se rattachent par mille liens aux représentations les plus anciennes
du Vêda. En présence de ces rencontres multiples, on sent qu'on
touche à un vieux fond mythique devant lequel la question d'un emprunt direct se complique ou ne porte plus que sur d'insignifiants
détails. Peut-être la trace la plus manifeste d'un emprunt semblable
se trouve-t-elle dans certaines particularités signalées par M. Weber

1. M. F. Lorinser est allé jusque-là dans *Die Bhagavad-Gîtâ übersetzt und
erlaütert*, 1869. Il arrive à l'étrange conclusion que l'auteur du poème hindou
était fort versé dans les Évangiles et dans les Pères.

2. Cf. Bhandarkar, *Allusions to Krishna in Patanjali's Mahâbhâshya*, ap.
Ind. Antiq , III, p. 14.

pour la fête de la nativité de Krishna, notamment dans les images où Dêvakî est figurée allaitant son fils, et qui semblent imitées en effet des représentations analogues de l'iconographie chrétienne. Mais ici encore le mythe est ancien et, d'autre part, l'idée de célébrer la naissance du divin enfant et d'associer en cette occasion à son culte le culte de sa mère a dû se présenter si naturellement, que la probabilité de l'emprunt ne va pas au delà de la mise en scène. Dêvakî n'occupe pas une place bien marquante dans la religion de son fils (c'est ailleurs, dans la religion çivaïte de Skanda, que s'est développé surtout le rôle de la déesse mère) ; sa plus proche parente est la Mâyâ Dêvî, la mère du Buddha, et rien n'autorise à considérer les modestes et rares hommages qu'on lui rend, comme une reproduction hindoue du culte de la Vierge.

La discussion de la thèse inverse qui a longtemps régné sans partage, celle d'une influence profonde de l'Inde sur les doctrines et sur les religions de l'Occident, est en dehors des limites de ce travail. Il est bon toutefois de remarquer que là aussi il a fallu rabattre des premières suppositions. On ne fait plus venir indistinctement des bords du Gange les opinions des néo-platoniciens, des gnostiques, des manichéens, l'esprit d'ascétisme, les institutions monastiques. Malgré les aveux multipliés que le monde hellénistique nous a laissés de sa curiosité pour les mystères de l'extrême Orient, il parait y avoir cherché surtout la confirmation de ses propres tendances. L'Eglise a probablement emprunté à l'Inde par l'intermédiaire des bouddhistes un petit nombre de légendes et d'usages extérieurs, tels que ceux de la cloche aux offices et du chapelet (ces deux usages, communs à la plupart des religions et sectes hindoues, paraissent être d'origine, l'un bouddhique, l'autre çivaïte, peut-être brâhmanique) ; elle ne lui a été redevable ni des spéculations sur le Logos, ni du dogme de la Trinité, ni en général d'aucune de ces doctrines dont l'emprunt équivaudrait à une sorte de conversion. A plus forte raison pensons-nous qu'il a dû en être de même pour l'Inde, qui, en religion, ne s'est jamais avouée débitrice de l'Occident, et dont la profession d'ignorance à l'égard des choses étrangères, quelque suspecte qu'elle soit à bon droit, ne saurait être mise entièrement au compte de la dissimulation. En résumé, nous croyons que les traces d'une influence chrétienne sur le mythe et sur le culte de Krishna sont très problématiques, et qu'en tout cas cette influence a porté sur des points tellement secondaires, que l'origine chrétienne de la doctrine et du sentiment de la foi tels qu'ils se sont développés dans les religions sectaires, doit être écartée comme absolument improbable.

La bhakti, à laquelle nous revenons après cette longue digression, a toujours pour objet immédiat le dieu conçu ou plutôt imaginé sous la forme la plus précise, avec les attributs les plus particuliers. Elle s'adresse moins à Vishnu qu'à Krishna ou à Râma, moins à Çiva qu'à Bhairava ou à telle autre de ses manifestations. Elle a été ainsi une des causes les plus actives du fractionne-

ment des sectes. Déjà dans le Mahâbhârata il y a des allusions obscures à un faux Vâsudêva (Vâsudêva signifie fils de Vasudeva, c'est-à-
dire Krishna-Vishnu) appelé le Vâsudêva des Pundras, un peuple du
Bengal[1]. D'autre part, malgré ses visées spiritualistes, elle a poussé à
l'idolâtrie. A force de préciser le dieu, elle le confond parfois avec son
image et, de même qu'elle distingue entre les diverses formes de la
même divinité, il lui arrive de distinguer entre les diverses images de
la même forme. Elle a des préférences locales. Dans les chants populaires par exemple, on a souvent soin de préciser, en ajoutant le nom
du sanctuaire, de quel Hari ou de quel Hara on se reconnaît le *bhakta*,
le fidèle[2], et il est difficile de dire en ce cas si c'est le dieu ou bien
l'idole qui est l'objet de la dévotion.

Considérée d'abord comme un fait simple et qu'il suffit d'affirmer
sans autre explication, on ne tarda pas à l'analyser. On y découvrit
des degrés et des nuances. On distingua entre la *çânti*, la quié-
tude, la piété calme et contemplative, et le *dâsatva*, l'état d'esclave,
l'abandon fait à Dieu de toute volonté, et entre celui-ci et les divers
degrés du sentiment actif de l'amour, le *sâkhya* l'amitié, le *vâts-
alya* l'affection filiale, et le *mâdhurya* la tendresse extatique[3];
ces dernières nuances plutôt propres aux vishnouites, mais apparaissant aussi chez quelques sectes çivaïtes particulièrement spiritualistes, telles que les Sittars tamouls, qui disent dans un de
leurs recueils : « Les méchants pensent que Dieu et l'amour sont
différents, et nul ne voit qu'ils sont un. Si tous les hommes savaient
que Dieu et l'amour sont un, ils vivraient entre eux en paix, consi-
dérant l'amour comme Dieu même[4]. » Dans son sens le plus élevé elle
est synonyme de *yoga*, l'union mystique où l'âme sent que « elle est
en Dieu et que Dieu est en elle[5] ». En même temps on refait à un
point de vue nouveau une théorie bien vieille, celle des actes propres
à la développer et à la nourrir, tels que l'observance des pratiques et
du culte, les exercices spirituels, la contemplation, l'ascétisme ;
chaque secte appréciant à sa façon la valeur de ces actes, les unes,
telles que les râmânujas (vishnouites) et les smârtas (civaïtes), atta-
tachant un grand prix à la minutie des observances, les autres,
telles que râmânandis (vishnouites) et les lingâyits (çivaïtes), affec-
tant plus ou moins de les dédaigner ; les vaishnavas inclinant en général vers l'idéalisme et la contemplation, les çaivas s'attachant
davantage aux pratiques et aux mortifications. Mais ces actes ne sont
que des adjuvants de la bhakti : ils ne l'engendrent pas. Elle est un
fait primitif, antérieur à la connaissance : « Celui qui a la foi, est-il
dit dans la Bhagavad-Gîtâ, obtient la science[6]. » Elle est donc à l'ori-

---

1. Mahâbhârata I, 6992 ; II, 583, 1096, 1270.
2. Cf. F. Kittel, ap. *Ind. Antiq.*, II, 307 ; IV, 20.
3. H. H. Wilson, *Select Works*, t. I, p. 163.
4. R. Caldwell, *Comparative Grammar of the dravidian languages*, Introd.,
p. 147, 2e ed.
5. Bhagavad-Gîtâ IX, 29 ; Nârada-Pancarâtra I, 36.
6. IV, 39.

gine du moins, ou un acte *a priori* de la volonté, ou un don de Dieu.

Les sectes furent ainsi amenées à travailler la doctrine de la grâce, à laquelle elles étaient conduites d'autre part par les spéculations sur l'omnipotence ou sur l'universalité divines. Nous avons déjà vu les solutions opposées que cette doctrine a reçues dans la métaphysique çivaïte. La même divergence, avec plus de précision encore, se retrouve chez les vishnouites. Au fond tous les vaishnavas attribuent à Dieu l'initiative de la grâce. En s'incarnant, la divinité vient au-devant de la faiblesse humaine, et la théorie des Avatâras implique celle des grâces extérieures ou de la grâce prévenante. Mais, sur la question des grâces intérieures, ils se partagèrent, les uns n'y reconnaissant que l'action irrésistible et gratuite de Dieu, les autres admettant la coopération de l'homme à l'œuvre du salut. C'est surtout parmi les sectes issues de la réforme de Râmânuja, que cette controverse prit une grande importance. Conformément aux habitudes hindoues, on formula chaque opinion en un argument-image. D'un côté on tenait pour l'*argument du chat :* Dieu saisit l'âme et la sauve, comme le chat emporte ses petits loin du danger; de l'autre on en appelait à l'*argument du singe :* l'âme saisit Dieu et se fait sauver par lui, comme le petit du singe échappe au péril en s'attachant au flanc de sa mère. A ces questions s'en ajoutèrent bien d'autres; comment Dieu, s'il est juste et bon, peut-il se résoudre à choisir? Comment, s'il est tout-puissant, peut-il y avoir une action en dehors de la sienne? La foi et la grâce une fois obtenues, sont-elles amissibles? N'était ici le vernis de la couleur locale, on se croirait parfois transporté en plein Occident, au milieu des controverses entre arminiens et gomaristes. Mais on est bien vite ramené dans l'Inde, quand on voit que cette grâce est aussitôt personnifiée en Lakshmî ou en Râdhâ, et que les mêmes théologiens qui discutent ces thèses, ont souvent d'étroites affinités avec les çâktas.

A mesure que la doctrine de la bhakti se développe ainsi, elle s'exalte. De condition première et indispensable du salut, elle devient peu à peu la condition unique. Un seul acte de foi, une seule invocation sincère du nom du dieu, effacent toute une vie d'iniquités et de crimes. De là l'importance attachée, déjà dans la Bhagavad-Gîtâ [1], à la *pensée dernière*, et l'idée de se rendre maître de cette pensée en recourant au suicide, de se jeter dans le feu après s'être mis en état de grâce, ou de se noyer dans quelque rivière sacrée. De là encore cette maxime qui a été fatale à tant de sectes mystiques, que les actes du vrai fidèle, du bhakta, sont indifférents, et que l'homme qui a une fois éprouvé les effets de la grâce, quoi qu'il fasse, ne pèche plus. D'exagération en exagération, la bhakti en vint à se supprimer elle-même. A force d'attribuer les effets les plus surprenants à un minimum d'intention, on finit par ne plus exiger d'intention du tout. Dans les Purânas il suffit parfois, au moment de la mort, de prononcer par hasard des syllabes formant un des noms de Vishnu

____

1. VIII, 5; 6; 13.

ou de Çiva, pour être sauvé, fût-on le plus criminel des hommes.
Dans le *Nârada-Pancarâtra*, un des livres qui professent la doctrine
de la bhakti avec le plus d'exaltation, un brâhmane de peu de foi,
après avoir mangé sans s'en douter d'un reste de nourriture consacrée et en avoir donné à sa femme, est mangé lui-même par un
tigre ; la femme se brûle sur le bûcher de son mari, et, purifiés par
cette communion inconsciente, les trois participants, le brâhmane,
la brâhmanî et le tigre vont droit au *goloka* « au monde des vaches »,
le ciel suprême de Krishna[1].

A ces doctrines exaltées se rattache étroitement un autre trait
caractéristique de l'hindouisme et la nouveauté peut-être la plus
marquante des sectes historiques : la déification du *guru* fondateur,
laquelle a presque toujours pour conséquence l'obligation d'un
dévouement absolu à la personne des *gurus* actuels, les héritiers
de ses pouvoirs, soit par le sang, soit par la consécration. Dans le
vieux brâhmanisme on rend hommage aux saints des anciens
temps, aux fondateurs inspirés de l'école à laquelle on appartient,
et les préceptes deviennent surtout impératifs à l'égard du guru
immédiat, du précepteur spirituel. Celui-ci est plus qu'un père :
l'élève lui doit une obéissance parfaite (*çuçrûshâ*) pendant la durée
de son noviciat, et un pieux respect jusqu'à la fin de ses jours[2]. Mais
il ne lui doit pas au delà, et, l'apprentissage une fois terminé, il
n'attend plus rien de lui[3]. Dans les religions néo-brâhmaniques, ces
rapports paraissent être restés longtemps à peu près les mêmes : du
moins les anciennes sectes sont-elles toutes anonymes. A partir du
douzième siècle au contraire, le fondateur s'élève au rang du Buddha
ou du Jina : il devient ce que le Prophète ou les imans sont pour les
musulmans, un révélateur, un sauveur surnaturel. Il se confond avec
le dieu même, dont il est une incarnation : comme lui, il a droit à
la bhakti, et, si la secte comporte une hiérarchie traditionnelle, ses
successeurs participent plus ou moins à la même prérogative. Râmânuja, Râmânanda, Anandatîrtha, Basava, bien d'autres qui ont
fondé des subdivisions secondaires ou qui ont brillé comme saints
ou comme poètes, furent considérés de bonne heure comme des
avatâras de la divinité, soit de Vishnu, soit de Çiva. Caitanya, Vallabhâcârya, Nânak et la plupart des réformateurs plus récents furent
acceptés comme tels de leur vivant. Les vêdântins les plus orthodoxes finirent eux-mêmes par admettre quelque chose de semblable
pour Çankara, et, de nos jours encore, le chef des smârtas de Çrin-
geri dans le Maïsour, qui passe pour avoir succédé à sa *gaddî*, à son
siège, prend le titre de *jagadguru*, de « guru du monde », auquel est

1. Nârada-Pançarâtra II, 69-77.
2. Açvalây. Gr. S. III, 4, 4 ; Apastamba Dh. S. I, 1, 13-17 ; Manu II,
146, 148.
3. Apastamba Dh. S. I, 13, 5 ; 18-21. Le cas est cependant prévu où
l'élève préférerait rester toute sa vie auprès du guru, Gautauma III, 5.
Manu II, 243-244.

attaché l'infaillibilité[1]. Il s'établit ainsi dans quelques sectes une sorte de lamaïsme qui leur donna beaucoup de consistance et de stabilité. Mais pour d'autres moins bien organisées ou moins bien servies par les circonstances, le culte fanatique du guru fut autant un principe de division que de discipline. Les sécessions se multiplièrent, non plus sur des questions de doctrine, mais sur des questions de personnes : les honneurs divins s'accordèrent avec une facilité extrême ; et telles communautés issues de la même secte, se rattachant au même fondateur, en désaccord seulement sur le choix d'un chef immédiat déifié à son tour, furent aussi profondément divisées parfois que telles autres qui adoraient des dieux différents. Nous verrons plus loin à quelles extrémités cette superstition conduisit certaines branches de l'hindouisme. Ici nous ajouterons seulement qu'en présence de ces applications nouvelles de la bhakti, la théologie passa à l'arrière-plan, et se simplifia singulièrement. L'autorité, au lieu de reposer comme jadis sur l'accord plus ou moins fictif avec la tradition immémoriale, en vint à résider tout entière dans la parole même du guru. Aussi voit-on la plupart des sectes nouvelles mettre presque autant de soin à préciser leurs origines, que celles d'autrefois en avaient mis à déguiser les leurs. On ne renia pas toujours l'ancienne littérature sacrée, et les Vêdas, les Purànas, les épopées, etc., gardèrent en général leur auréole de sainteté. Mais les livres de la secte émanés directement ou indirectement du guru, ne relevèrent plus d'eux. Il arriva même qu'à défaut d'écrits semblables, on se passa de tout code sacré, et on vit ainsi chez quelques sectes, s'effacer complètement ce vieux caractère des religions de l'Inde, d'être des « religions du Livre ».

Enfin, c'est principalement sous l'influence de la bhakti que le vishnouisme perdit peu à peu de vue le côté héroïque de ses légendes; qu'il se rejeta de préférence sur les épisodes idylliques de l'histoire de Krishna et de Ràma ; qu'il fit parler de plus en plus à l'amour divin le langage de la passion humaine, et qu'il finit par devenir une religion érotique. La tendance est visible dans plusieurs Purànas. : elle fut exprimée avec un incomparable éclat dans le Bhàgavata, qui, traduit dans la plupart des dialectes de l'Inde tant aryens que dravidiens, contribua plus que tout autre écrit à la répandre, et elle éclate avec plus d'intensité encore dans les remaniements populaires de cet ouvrage, tels que le *Prêmsàgar* hindî[2] « l'Océan d'amour », dont le titre seul indique suffisamment l'esprit. L'idylle joyeuse et tendre des bosquets de Vrindàvane devint le roman mystique des rapports de l'âme avec Dieu et le principal aliment de la piété. Les transports de la foi et les largesses inépuisables de la grâce trouvèrent leur figure dans les ardeurs sensuelles des Gopîs et dans l'empressement du dieu à y

---

1. A. C. Burnell, *Vamçabràhmana*, Préf., p. XIII.
2. Edité plusieurs fois, entre autres par E. Eastwick, 1851.

répondre et à se donner tout entier à toutes à la fois. Ou bien dans
ces mêmes amours auxquels Krishna s'abandonne, mais qui ne
peuvent pas lui faire oublier Râdhâ, le véritable objet de ses affec-
tions, on peignit les égarements de l'âme (car Krishna est aussi
l'âme universelle), et l'ineffable bonheur qu'elle éprouve quand,
revenue à elle-même et cédant aux invitations de la grâce, elle se
jette entre les bras de Dieu. Ces descriptions qui n'avaient jamais été
bien chastes[1], devinrent bientôt lascives. Dans le drame lyrique du
poète bengalais Jayadeva (douzième siècle), intitulé *Gîtagovinda*[2]
« le chant du Pâtre » (*Govinda*, pâtre, est un nom de Krishna), qu'on
a souvent comparé au Cantique des cantiques et qui rappelle aussi
certaines productions du soufisme, le délire sensuel défie toute traduction, et on ne sait ce qui confond davantage, de la lubricité d'imagination ou de l'exaltation dévote qui ont inspiré ces strophes
brûlantes.

Ce mysticisme érotique a infecté à peu d'exceptions près toutes
les branches du vishnouisme,. les religions de Râma aussi bien que
celles de Krishna. Mais il s'est manifesté d'une façon particulièrement intense chez deux sectes nouvelles, qui se formèrent à
peu près en même temps, au commencement du seizième siècle,
dans l'Inde septentrionale. L'une, plus répandue dans les contrées
orientales, eut pour auteur un brâhmane de Nadiyâ au Bengal,
pauvre visionnaire extatique, connu sous le surnom de Caitanya, qui
se proclama lui-même une incarnation de Krishna et qui est révéré
comme tel par ses sectateurs. Ses principaux disciples, notamment
son frère Nityânand et un autre brâhmane qui paraît avoir eu un
rôle prépondérant dans la formation de la secte, Advaitânand,
passent également pour avoir été des manifestations de la divinité.
Leurs descendants qui tiennent le premier rang parmi les *gosains* ou
docteurs (*gosain*, en sanscrit *gosvâmin* « possesseur de vaches »,
qui, comme tous les mots signifiant pâtre, est aussi un nom de
Krishna, désigne en général un individu faisant profession de vie
religieuse ; il s'applique en outre d'une façon spéciale, tant chez les
vishnouites que chez les çivaïtes, aux membres de certaines confréries), ont hérité de ce caractère sacré, et sont restés jusqu'à ce
jour la principale autorité de la secte. Celle-ci est du reste fort peu
dogmatique, surtout au Bengal, où elle se recrute indistinctement
parmi les plus basses castes, fidèle en ceci à l'exemple de Caitanya, qui avait appelé à lui des gens de toute origine et jusqu'à
des musulmans. La bhakti de Krishna, de Râdhâ, de Caitanya,
et le respect superstitieux du guru, poussé jusqu'à l'adoration,
constituent à peu près tout le credo de ces communautés po-

---

1. Cf. Hauvette-Besnault, *Pañchâdhyâyî*, ou les cinq chapitres sur les
amours de Krichna avec les Gopîs, extrait du Bhâgavata-Purâna, livre X,
ap. Journal Asiatique, t. V, 5ᵉ sér., 1865.

2. Souvent édité, entre autres par Lassen, *Gitagovinda*, *Jayadevæ poetæ
indici drama lyricum*, avec traduction latine, 1836.

pulaires. Comme tous les vishnouites, ils ont une grande dévotion au sanctuaire de Jagannàtha en Orissa et à ceux de
Mathurà, le lieu de naissance de Krishna, où résident leurs principaux gosains.. Mais l'acte essentiel de leur culte propre est le *kîrtan*
« la glorification », qu'ils célèbrent en commun et où, par de longues litanies, par des chants mêlés de danses et suivis parfois d'une
sorte d'agapes, ils s'exaltent à l'envi en l'honneur du Berger de Vrin-
davane. Ces chants ou *padas*, en hindî et en vieux bengalî, dont plusieurs datent d'une époque antérieure à Caîtanya et qui, avec quelques biographies du fondateur, constituent leur véritable littérature,
sont tous érotiques et presque tous lascifs[1]. Aussi n'y a-t-il pas à s'é-
tonner que le niveau moral soit assez bas dans la secte. Ce qui doit
plutôt surprendre, c'est qu'elle n'ait pas versé davantage dans des
pratiques absolument corrompues. Les classes élevées la dédaignent,
du moins au Bengal[2] : dans les provinces supérieures, où elle est
mieux composée, elle jouit de plus d'estime et compte parmi ses
membres des personnes influentes et lettrées.

L'autre secte, fondée, comme celle de Caitanya, au commencement du seizième siècle, eut pour auteur Vallabhâcàrya, un
brâhmane né dans le district de Campàran sur la frontière du
Népàl, d'une famille d'origine méridionale. Après de longs voyages,
il fixa son siège à Gokula, sur la Jumnà, aux lieux mêmes où
s'était passée l'enfance de Krishna. Aussi la secte est-elle commu-
nément appelée du nom de ses chefs celle des *gokulasthas gosàins*,
des « Saints de Gokula. » Les quarante-huit disciples de Vallabhà-
càrya la propagèrent dans les diverses contrées de la Péninsule :
mais elle est surtout nombreuse en Hindoustan et dans la présidence de Bombay. Sans exclure les castes inférieures, elle se
recrute largement parmi les classes aisées : la moitié par exemple des
riches commerçants de Bombay en fait partie. Ses gosains ou docteurs, dont très peu vivent dans la retraite et dans le célibat, sont
souvent eux-mêmes banquiers ou marchands, et ils profitent d'une
existence itinérante qui les conduit de sanctuaire en sanctuaire d'un
bout de l'Inde à l'autre, pour joindre les poursuites du négoce à celles de la piété. Enfin les autorités suprêmes de la secte, les descendants directs de Vallabhâcàrya, qui forment à eux seuls une tribu
nombreuse (ils sont divisés en sept branches principales issues chacune d'un des sept petits-fils du fondateur), sont presque tous des
personnages influents même en dehors du cercle de leurs fidèles, qui
vivent dans l'opulence et à qui l'opinion ne conteste nullement leur
titre pompeux de Mahàràja. Vallabhâcàrya lui-même paraît avoir été
mieux qu'un mystique ordinaire. Il est une des autorités du Vêdànta,
sur lequel il a laissé plusieurs traités écrits dans le sens idéaliste de

---

1. M J. Beames a donné des spécimens de cette littérature, ap. *Ind. Antiq.*, I. 215 ; 323. II, 1 ; 37.

2. On trouvera d'intéressants détails sur l'état actuel des caitanyas du
Bengal et de l'Orissa, ap. W. Hunter, *Statistical account of Bengal, passim*,
principalement t. XIX, p. 50.

l'Advaita, et il fit preuve de vigueur d'esprit en osant répudier ouvertement les théories ascétiques dans un pays où les doctrines les plus sensuelles empruntent d'ordinaire le langage du renoncement. Il enseigna que c'était outrager Dieu que de se refuser le bien-être, et que le culte devait se célébrer dans la joie. Aujourd'hui ses sectateurs n'ont plus guère souci du Vêdânta et l'épicuréisme n'est que le moindre de leurs défauts: dans quelque mesure au juste qu'ils aient renchéri sur les leçons du maître, ils sont une des sectes les plus corrompues de l'Inde. Des écrits du fondateur, ils n'ont guère retenu que son commentaire sur le Bhâgavata-Purâna, dont le dixième chant, le plus érotique de tous, constitue avec le Prémsâgar à peu près toute leur littérature d'édification. De même que les caitanyas, ils adorent le berger de Vrindâvane, l'amant de Râdhâ et des Gopîs, et, par un raffinement de piété malsaine, ils le figurent sous les traits d'un enfant, comme *Bâla Gopâl, Bâla Lâl,* « le Petit Pâtre, le Petit Mignon ». Ils entourent ses images d'un culte minutieux, tant public que privé, de soins corporels, auquel les femmes surtout se livrent avec un empressement passionné. Non moins que les vaishnavas du Bengal, ils recherchent les occasions de s'exalter en commun ; mais ils le font d'une manière encore plus dépravée, et leurs *râsmandalis* qu'ils célèbrent éntre eux en imitation des jeux de Krishna et des Gopîs, sont d'une licence extrême. Nulle secte n'a poussé plus loin l'idolâtrie du guru. Tous les descendants de Vallabhâcârya, qu'on les estime ou non, sont adorés comme des incarnations de Krishna. La salive qu'ils rejettent en mâchant le bétel, l'eau qui a servi à laver leurs pieds, sont bues avidement par les fidèles. Ceux-ci leur doivent le triple *samarpana,* le triple abandon de *tan, man, dhan,* du corps, de l'esprit et de la fortune, et, pour les femmes de la secte, c'est la plus grande des bénédictions que d'être distinguées par eux et de servir à leurs plaisirs. Il y a une vingtaine d'années, la seule présidence de Bombay comptait environ soixante-dix de ces hommes-dieux, et un procès célèbre, débattu en 1861 devant la Haute Cour, a fourni la preuve qu'ils ne se font pas faute d'user de leurs droits[1].

Comme toutes les branches de l'hindouisme, ces sectes se sont subdivisées à leur tour. Même parmi les vallabhâcâryas, qui sont une des plus compactes, il y a des groupes qui ne sont pas en communion avec le reste de la communauté. De ces dissidents les uns procèdent d'un mouvement réformateur ; mais d'autres renchérissent encore sur les exagérations de la secte principale. Tels sont parmi les caitanyas, les *kartâbhâjs,* « les fidèles du Créateur, » fondés à la fin du siècle dernier, et qui ne reconnaissent d'autre dieu que le guru[2]. Tels encore sont les *râdhâvallabhîs,* qui datent de la fin du seizième siècle et qui adorent Krishna en tant qu'il est l'amant de Râdhâ, et les *sakhîbhâvas* (« ceux qui s'identifient avec l'Amie, » c'est-à-dire avec

1. Les débats de ce procès, précédés de l'histoire de la secte, sont consignés dans l'ouvrage anonyme *History of the sect of Mahârâjas or Vallabháchâryas in Western India,* 1865.

2. Sur cette secte, cf. Hunter, *Statistical account of Bengal,* I, 73 ; II, 53.

Râdhâ), qui adoptent le costume, les manières et les occupations des femmes. Ces deux dernières sectes sont en réalité des çâktas vishnouites, parmi lesquels il faut ranger également un grand nombre d'individus et même des communautés entières des caitanyas, des vallabhâcâryas et des râmânandis. Comme les çâktas civaïtes, ils ont des pratiques de la *main gauche*, qu'ils tiennent secrètes. Ils ont des tantras spéciaux encore peu connus : le *Brahmavaivarta-Purâna*, qui l'est davantage, appartient pour le fond à la même littérature.

On comprend quels ravages ont dû exercer à la longue ces impures croyances. Ce serait toutefois bien peu connaître les ressources infinies du sentiment religieux, que de croire que l'effet en a été forcément et universellement corrupteur. Le peuple trouve une certaine sauvegarde dans la grossièreté même de sa superstition, et, dans les rangs plus élevés, bien des âmes à la fois mystiques et chastes savent extraire le miel du pur amour de cet étrange amas de lubricités. C'est par exemple une touchante légende que celle de cette jeune reine d'Udayapura, une contemporaine d'Akbar (fin du seizième siècle), Mîrâ Bâî, qui renonça au trône et à son époux plutôt que d'abjurer Krishna et qui, pressée par ses persécuteurs, vint se jeter aux pieds de l'image de son dieu : « J'ai quitté mon amour, mes biens, ma royauté, mon époux. Mîrâ, ta servante, vient à toi, son refuge : prends-la auprès de toi! Si tu me sais pure de toute tache, accepte-moi. Excepté toi, nul autre n'aura compassion de moi. Aie donc pitié de moi ! Seigneur de Mîrâ, son bien-aimé, accepte-la et permets qu'elle ne soit plus séparée de toi à jamais ! » L'image s'entr'ouvrit et Mîrâ Bâî disparut dans ses flancs[1]. Son culte associé à celui de son dieu donna naissance à une nouvelle secte issue probablement des vallabhâcàryas, et qui subsiste encore sous son nom. Toutes ces religions d'ailleurs comptent des rigoristes qui, sans rompre avec leur secte, en répudient plus ou moins les doctrines et les pratiques, soit que retirés du monde ils mènent la vie dévote des *vairâgins* (« exempts de passions, » c'est la dénomination la plus commune des sannyâsins vishnouites), soit qu'avec leur famille, parfois avec quelques voisins, ils forment de petits groupes où l'on fait profession d'une piété plus éclairée et de tendances puritaines. Le cercle vient-il à s'élargir, il se transforme peu à peu en une communauté indépendante. Ainsi surgirent par exemple, chez les caitanyas, les *spashthadâyakas*, qui ne reconnaissent pas de guru et vivent dans des couvents, hommes et femmes réunis sous le même toit, observant le célibat et la chasteté; chez les vallabhâcâryas, les *carandâsîs*, fondés vers le milieu du siècle dernier par un marchand de Delhi, Carandàsa et par sa sœur Sahaji Bâî; chez les râmânandîs toute une série de petites sectes dont un assez grand nombre subsistent encore. Toutes ces communautés se distinguent moins par des nouveautés dogmatiques, que par une certaine tendance au piétisme et à l'austérité.

1. H. H. Wilson, *Select Works*, t. I, p. 138.

III. — SECTES RÉFORMATRICES

A côté de ces protestations timides, il ne cessa pas de s'en produire
de plus hardies, dont une du moins fit une grande fortune, mais qui
toutes, même celles qui n'eurent qu'un petit nombre d'adhérents
directs, exercèrent une influence salutaire dans ce milieu troublé.
Jointes à ce que l'ancienne tradition avait laissé de meilleur, elles
furent pour l'hindouisme comme un levain qui l'empêcha de croupir
et de se corrompre tout à fait. Le représentant peut-être le plus parfait
de ce mouvement réformateur fut Kabîr, ou, comme le surnomment
aussi ses disciples qui révèrent en lui une incarnation de la divinité,
Jnânin « celui qui a la science, le Voyant ». On sait si peu de chose de
positif sur le compte de cet homme remarquable, qu'on a été jusqu'à
douter de son existence[1]. Le plus probable est qu'il naquit à Bénarès
dans la caste des tisserands ; qu'il fut un vairâgin de la secte de
Râmânanda, peut-être, comme le veut la tradition, un disciple
immédiat de ce maître, et qu'il enseigna dans les commencements
du quinzième siècle (la légende le fait vivre trois cents ans, de 1149
à 1449). Kabîr n'a pas laissé d'écrits. Mais la secte possède d'assez
nombreux recueils en hindî, dont la composition est attribuée, avec
plus ou moins de fondement, à ses premiers disciples, et dans
lesquels sont conservés un grand nombre de *dits* du maître, formant
parfois des pièces versifiées d'une certaine étendue, ainsi que des
dialogues reproduisant des controverses en partie sûrement imagi-
naires, où il est le principal interlocuteur. Dans cet enseignement,
Kabîr s'attaque à tout l'ensemble des superstitions hindoues. Il rejette
et tourne en ridicule les Çâstras et les Purânas, il fustige l'arrogance
et l'hypocrisie des brâhmanes, il repousse toute distinction haineuse
de caste, de religion et de secte. Tous ceux qui aiment Dieu et font
le bien sont frères, qu'ils soient hindous ou musulmans. L'idolâtrie
et tout ce qui en approche ou qui pourrait la suggérer, est sévèrement condamné : le temple ne doit être qu'une maison de prière.
Il ne tolère chez ses disciples, ni les pratiques trop démonstratives,
ni les singularités dans le costume, ni aucune de ces marques extérieures qui sont les signes distinctifs des sectes hindoues et qui ne
servent qu'à diviser les hommes. Toutefois, pour ne pas scandaliser
le prochain, il leur enjoint de se conformer à l'usage dans les choses
indifférentes. Il recommande le renoncement et l'existence contemplative ; mais il exige par-dessus tout la pureté morale, sans l'attacher à un genre de vie particulier. Toute l'autorité en matière de

1. H. H. Wilson, *Select Works*, t. I, p. 69.

foi et·de mœurs appartient au guru : cependant l'obéissance à ses commandements ne doit pas être aveugle et les droits de la conscience du fidèle sont expressément réservés.

De ces traits, il n'en est guère qui ne se retrouvent plus ou moins ailleurs, dans le passé des religions sectaires ; mais l'ensemble en est nouveau, et rappelle singulièrement le quiétisme musulman. Cette ressemblance a été saisie dans l'Inde même : les mahométans réclament Kabîr comme un des leurs, et, parmi les Hindous, une tradition très répandue en fait un musulman converti. Il est certain que Kabîr s'est beaucoup préoccupé de l'Islam. Son but a été visiblement de fonder une religion unitaire qui aurait réuni dans la même foi les Hindous et les sectateurs du Prophète, et, pour cela, il attaque l'intolérance du Coran et le fanatisme des mollahs, avec non moins de vigueur que les préjugés de ses compatriotes. On ne saurait douter non plus que le spectacle de l'Islam avec son monothéisme triomphant, son culte sévèrement spiritualiste, sa large fraternité et sa morale d'une supériorité pratique incontestable, n'ait fait sur lui une impression très vive. Mais en même temps cette impression paraît n'avoir été que toute générale. Kabîr connaît mal la théologie musulmane : son Dieu n'est ni celui du Coran, ni même celui du soufisme, mais celui du Vêdânta : le mantra d'initiation avec lequel il reçoit ses disciples est au nom de Râma et, malgré la profession très nette qu'il fait du monothéisme, il semble avoir admis lui-même et, en tout cas, ses fidèles ont admis après lui, la plupart des personnifications de l'hindouisme. Les membres de cette secte, les *kabir-panthis* « ceux qui suivent la voie de Kabîr », forment aujourd'hui douze branches principales, restées en communion entre elles malgré quelques différences dans les doctrines et dans les pratiques. Leur centre est à Bénarès ; mais on les rencontre dans toute la présidence du Bengal, dans le Gujarât, dans l'Inde centrale, et jusque dans le Dékhan. Leur nombre, difficile à évaluer à cause du soin qu'ils mettent à se conformer aux usages du milieu dans lequel ils vivent, paraît être assez considérable. A la fin du siècle dernier, leur ordre religieux à lui seul fournit, dit-on, trente-cinq mille participants à une *mêlá* tenue à Bénarès ; et ils sont encore plus influents que nombreux. Kabîr lui-même est révéré comme un saint par la plapart des vishnouites : son autorité est directement reconnue par beaucoup de sectes réformatrices, et son action est sensible chez toutes.

C'est ainsi que les *dâdû-panthis*, fondés à la fin du seizième siècle par un blanchisseur du nom de Dâdû, et qui sont nombreux parmi les râjpoutes d'Ajmîr et de Jaypour ; les *bâbâ-lâlis* ou sectateurs de Bâbâ-Lâl, un râjpoute de Mâlva, qui compta parmi ses auditeurs le libéral et infortuné frère d'Aurangzeb, Dâra Shakôh (milieu du dix-septième siècle) ; les *sâdhus* « les purs », très répandus aux environs de Delhi, et dont le fondateur, Bîrbhân, vivait dans la deuxième moitié du dix-septième siècle ; les *satnâmis* « les adorateurs du vrai nom [1] », qui datent

1. Il s'est produit récemment une sorte de réveil dans cette secte sous

du milieu du siècle suivant et se rattachent à Jîvan Dâs, un homme
de caste militaire, natif d'Oude, sont en quelque sorte des branches
issues de la secte de Kabîr. Les *prân-nâthis*, ou sectateurs de Prân-
Nâtha, un kshatriya du Bândelkhând (fin du dix-septième siècle),
qui admettent indistinctement des Hindous et des musulmans,
laissant aux uns et aux autres leurs croyances et leurs usages particuliers, et n'exigeant d'autre profession de foi que celle de croire en
un seul Dieu ; les *çiva-nârâyanis*, fondés dans la première moitié du
dix-huitième siècle par un râjpoute de Ghâzipour, Çiva Nârânaya, qui
ne reconnaissent pas de gurus et professent également le déisme ;
bien d'autres encore se rattachent au même mouvement. Moins
directe, mais sensible encore, est l'influence des mêmes doctrines
dans l'œuvre de Svâmin Nârâyana, qui, dans le premier quart de ce
siècle, s'éleva dans le Gujarât contre l'idolâtrie et les superstitions
de ses compatriotes, en particulier contre les croyances impures des
gosains vallabhâcâryas. Il prêcha une morale austère, l'amour du
prochain sans distinction de caste et l'unité de Dieu, ajoutant que ce
Dieu, qui s'était incarné jadis en Krishna, et dont Vallabhâcârya
avait usurpé le nom, avait daigné reparaître ici-bas en sa personne.
L'évêque Heber, qui se rencontra avec lui dans le printemps
de 1825, nous a laissé de cette entrevue une curieuse relation qui
mériterait d'être reproduite ici *in extenso*[1]. Rien n'est plus propre que
ce récit à donner une idée de l'indescriptible mélange de vues
élevées et de superstitions grossières qui se rencontre à tous les
degrés de l'hindouisme, et à faire toucher, pour ainsi dire du doigt,
toutes les restrictions qu'il faut faire quand on vient à parler du
monothéisme des Hindous. Svâmin Nârâyana, qui se présenta à
cette entrevue à la tête de deux cents cavaliers armés jusqu'aux
dents, commandait alors en maître absolu à plus de cinquante mille
fidèles. Aujourd'hui, la secte en compte environ deux cent mille et,
conformément à la loi qui régit toutes ces communautés, elle commence à se scinder en deux groupes.

Mais la plus remarquable des nombreuses sectes se rattachant
plus ou moins directement à Kabîr est celle des *Sikhs*, des « Disciples, » qui, seule de toutes les branches de l'hindouisme, aboutit
à une religion nationale, ou plutôt qui engendra une nation[2].

l'influence d'un certain Ghâsi Dâs, mort en 1850, et qui avait groupé autour
de lui près d'un demi-million de fidèles. Max Müller, *Chips from a German
Workshop*, t. IV, p. 329.

1. Narrative of a Journey through the Upper provinces of India, ch. xxv.

2. Pour l'histoire générale des Sikhs, consulter : J. Malcolm, *Sketch of
the Sikhs*, ap. Asiatic Researches, t. XI ; H. T. Prinsep, *Origine et progrès
de la puissance des Sikhs dans le Penjab*, traduction française par X. Raymond,
1836 ; W. L. Mac Gregor, *History of the Sikhs*, 2 vol., 1846 ; J. D. Cunningham, *A History of the Sikhs*, 1849 ; Pour leur histoire religieuse :
H. H. Wilson, *Account of the civil and religious institutions of the Sikhs*, ap.
Journ. of the Roy. As. Soc., t. IX (1848), reproduit Select Works II,
p. 121, etc. ; E. Trumpp, *Nânak, der Stifter der Sikhreligion*, dans les
Mémoires de l'Académie de Munich, 1876, et surtout les *Introductory Essays*,
placés par le même en tête de sa traduction de l'Adi Granth, 1877.

Leur fondateur, Nânak, naquit en 1469 dans le Penjâb, à peu de distance de Lahore, dans la caste commerçante des Khatrîs. Une partie de son existence fut errante, et c'est probablement au cours de ces voyages qu'il entra en relation avec les disciples de Kabîr. De même que ce dernier, il se fit l'apôtre d'une religion unitaire fondée sur le monothéisme et sur la pureté morale. « Il n'y a ni Hindous, ni Musulmans » fut, dit-on, le thème d'une de ses premières prédications, et, comme Kabîr, il est resté en odeur de sainteté auprès des soufis, des fakîrs et, en général, des mahométans médiocrement orthodoxes. Mais, comme lui et plus que lui, il fut foncièrement hindou. Il rejeta les Vêdas, les Çàstras, les Purânas aussi bien que le Coran ; mais il retint la plupart des *sanskâras* ou cérémonies privées, qui ne furent supprimées que longtemps après lui, et il ne rompit pas même d'une façon absolue avec la caste, qu'il toléra comme institution civile et dont la secte, malgré des tentatives ultérieures d'abolition complète, a toujours conservé quelques vestiges. Elle n'a jamais cessé par exemple de témoigner beaucoup de respect aux brâhmanes, et, de presque tous les gurus, il est dit qu'ils en entretinrent auprès de leur personne en qualité de prêtres domestiques. De même pour les dôgmes, depuis que le *Granth*, la Bible des Sikhs, est publié[1], il ne saurait plus guère être question d'une influence profonde de l'Islam sur la pensée des fondateurs de cette religion. D'un bout à l'autre, et pour la forme, et pour le fond des idées, ce livre respire le panthéisme mystique du Vêdànta, renforcé des doctrines de la bhakti, de la grâce et du dévouement absolu au guru. Il se distingue bien de la littérature sectaire prise en masse par l'importance qu'il attache aux prescriptions morales, par la simplicité et le caractère spiritualiste d'un culte dépouillé de toute idolâtrie, par sa sobriété mythologique surtout, bien qu'on y trouve en assez grand nombre les personnifications de l'hindouisme et que même on y surprenne parfois comme un retour aux divinités hindoues. Mais il serait difficile de faire en tout cela la part précise de l'influence musulmane. Pratiquement, il est vrai, les Sikhs ont fini par adorer un Dieu personnel, et leur religion peut se définir comme un déisme plus ou moins assaisonné de superstitions. Mais c'était là une modification qu'elle devait subir forcément, le panthéisme, qui peut bien être la foi d'un petit cercle de mystiques, ne se concevant pas comme croyance positive d'une nombreuse communauté. Par contre il est incontestable que le contact avec les musulmans, qui n'a été nulle part plus intime que dans ces pays frontières, a puissamment agi sur l'esprit et sur les mœurs des Sikhs. C'est aux sectateurs du Prophète qu'ils ont emprunté notamment leur fanatisme militaire et le dogme de la guerre sainte, notion nullement hindoue, mais qui, sous la même influence, s'est développée également chez d'autres populations de l'Inde, par exemple chez les Marhattes et chez

1. *The Adi Granth or the Holy scriptures of the Sikhs*, translated from the original gurmukhî, with introductory Essays, by Dr. E. Trumpp, 1877. Publié par ordre du gouvernement anglais.

certaines tribus râjpoutes. L'*Adi-Granth* « le Livre fondamental » fut compilé par le cinquième successeur de Nânak, Guru Arjun (1581-1606). Il y recueillit les poésies laissées par le fondateur et par les trois gurus qui étaient venus après lui, et y ajouta ses propres compositions, ainsi qu'un grand nombre de sentences et de pièces de Râmânanda, de Kabîr, du poète marhatte Nâmdêv et d'autres saints personnages. Quelques additions y furent faites encore par le dixième et dernier guru, Govind (1675-1708), qui composa en outre un deuxième Granth, intitulé « le Granth du dixième règne. » Ces deux livres, volumineux l'un et l'autre, sont rédigés en une forme vieillie du Penjâbî appelée *Gurmukhî* « qui vient de la bouche du Guru. » Avec des biographies des gurus[1] et des saints et un certain nombre d'instructions rituelles et disciplinaires, ils forment la littérature sacrée de la secte.

Pendant près d'un siècle les Sikhs paraissent être restés une communauté purement religieuse d'inoffensifs puritains. Comme Nânak, sans en faire l'objet d'une défense formelle, avait déconseillé à ses disciples de renoncer à la vie active, la secte, à peu d'exceptions près, n'était composée que de pères de famille industrieux, laboureurs ou marchands. Comme en outre l'infanticide, une des pratiques sombres de l'hindouisme et fort en usage parmi les tribus de l'Ouest, Jâts et Râjpoutes, y était sévèrement interdit, et qu'elle se recrutait indifféremment parmi toutes les classes de la population tant musulmane qu'hindoue, elle ne tarda pas à devenir nombreuse sous l'autorité de ses gurus. Celle-ci était absolue. Le guru est le *médiateur* et le *sauveur* ; il est infaillible ; le fidèle lui doit une obéissance aveugle, et ses rivaux, les fauteurs d'hérésie, finirent par être voués au feu, eux et leur famille. Bien que Nânak, en bien des endroits, parle modestement de lui-même, on ne saurait douter qu'il ne se soit cru une mission divine, ce qui, traduit en langage hindou, revenait à dire qu'il était une incarnation de Hari (un nom de Krishna-Vishnu, la désignation la plus usitée dans le Granth de l'Être suprême). Pour lui et pour ses disciples, il était identique avec Dieu, et tous ses successeurs furent, comme lui, des manifestations de la divinité. Jusqu'au cinquième guru, l'autorité suprême se transmit par voie de consécration du titulaire mourant au plus digne d'entre les disciples (Nânak en avait donné lui-même l'exemple en désignant Angad de préférence à ses deux fils, dont les descendants, les *Nânak-potras*, forment encore aujourd'hui deux clans particulièrement honorés parmi les Sikhs) : Guru Arjun, le compilateur du Granth, la rendit héréditaire. Le premier, il s'entoura d'un appareil royal et profita de sa puissance pour jouer un rôle politique. Il *pria* pour Khusrô[2], le fils rebelle de l'empereur Jahângîr, et périt la même

---

1. Ces biographies ont été traduites en partie par E. Trumpp dans ses *Introductory Essays*, en tête de sa traduction de l'Adi Granth.

2. *Dabistân or School of Manners*, t. II, p. 272, trad. Shea et Troyer. L'auteur de cette curieuse Histoire des Religions, un musulman d'idées singulièrement larges, a fourni de précieux renseignements sur les Sikhs,

année à Lahore dans les prisons du padishah (1606). A partir de ce moment la communauté des Sikhs se transforma rapidement en une théocratie militaire, à laquelle la rude population des Jâts fournit de fanatiques soldats. Sous le règne du bigot Aurangzeb, la lutte avec le pouvoir impérial recommença pour ne plus finir. Le neuvième guru, Têg Bahâdur, fut décapité à Delhi (1675). Son fils Govind Singh, dont le pontificat ne fut qu'une longue suite de combats, acheva la transformation de la secte ou, comme elle s'appela désormais d'un nom emprunté à l'arabe, du Khâlsâ « la propriété, la part (de Dieu). » Il l'entoura d'un ensemble d'ordonnances qui en fit un peuple à part, voué au triomphe ou à l'extermination. Toute inégalité sociale fut abolie au sein du Khâlsâ, dont chaque membre reçut le surnom nobiliaire de Singh (en sanscrit *sinha*, lion). Le costume fut réglé d'une façon uniforme. A l'exception du respect témoigné aux vaches, tout ce qui rappelait les usages, pratiques et cérémonies de l'hindouisme fut rigoureusement proscrit, bien que, personnellement, Govind partageât quelques-unes des pires superstitions hindoues, au point qu'il immola un de ses disciples à Durgâ. Aucun rapport ne fut plus toléré avec l'infidèle, avec celui que cinq initiés n'avaient pas reçu membre du Khâlsâ en buvant avec lui le sorbet du *Pahul*. Un Sikh ne devait même pas rendre le salut à un Hindou. Quant au musulman, il était tenu de le tuer sans merci en quelque lieu qu'il le rencontrât. Aussitôt qu'initié, il était soldat. La guerre sainte devenait son occupation permanente ; il devait toujours être armé, ou du moins, comme signe de sa vocation, porter sur lui de l'acier, qui devint une sorte d'amulette. Dieu lui-même reçut le nom de *Sarba Lohanti* « le tout de fer », et par là quelques pratiques fétichistes s'introduisirent dans cette religion iconoclaste. Le soldat sikh adresse sa prière à son sabre ; de même le volume du Granth est devenu l'objet d'une sorte de culte.

Dans cette lutte inégale contre le formidable empire d'Aurangzeb, Guru Govind Singh devait finir par succomber. Traqués comme des bêtes fauves, après trente années de combats, ce qui restait de ses fidèles se dispersa dans les montagnes : lui-même accepta un commandement dans les armées impériales et tomba enfin sous les coups d'un assassin afghan près de Nandêr, dans les Etats du Nizam (1708[1]). Tous les Sikhs n'avaient pas adopté ses réformes, et il paraît avoir vu parfaitement qu'au point où en était arrivé la secte, la personnalité du guru serait désormais une cause de schisme plutôt que d'union. Aussi, sur son lit de mort, pressé de désigner son successeur, déclara-t-il que la dignité était abolie et que le Granth serait à l'avenir le guru des Sikhs.

Après lui la direction du Khâlsâ dans le Penjâb passa à un ascète du nom de Bandâ. A trois reprises, sous le commandement de ce chef féroce, les Sikhs sortirent de leurs repaires

qu'il connaissait fort bien (t. II, p. 246-288). Il avait entretenu des relations personnelles avec le huitième Guru, Hari Govind.

1. M. Elphinstone, *History of India*, t. II, p. 564.

de Sirhind, et chacune de ces irruptions fut accompagnée de
massacres comme l'Inde elle-même en a peu vu de semblables.
A la suite de la dernière, ils furent à peu près anéantis par les
généraux de l'empereur Farokshîr. Bandâ fut pris et envoyé à
Delhi. Après avoir assisté pendant sept jours consécutifs au sup-
plice de 740 de ses compagnons, dont aucun ne faiblit, après avoir
vu égorger sous ses yeux son fils, dont le bourreau lui jeta le cœur à
la figure, il expira le dernier, déchiré avec des tenailles ardentes,
louant Dieu de l'avoir choisi pour être l'exécuteur de ses vengeances
sur la race des méchants (1716[1]). Aux horreurs de cette guerre sans
merci, les Sikhs avaient mêlé les dissensions intestines. De même
que Guru Govind, Bandâ avait introduit des nouveautés, non dans le
dogme, mais dans les usages. Il avait touché au costume et, à l'interdiction du tabac, il avait ajouté celle des liqueurs spiritueuses et de
la viande (les Sikhs ne s'abstenaient que de la chair de vache). C'était
un retour aux maximes de la dévotion hindoue. Il avait rencontré une
résistance acharnée dans ce milieu fanatique où les moindres choses
prenaient des proportions énormes, et le sang avait coulé abondam-
ment dans le Khâlsâ. Comme il n'avait été qu'un chef et non une
autorité divine à la façon des gurus, ces innovations furent aisément
abrogées après sa mort. A partir de ce moment, la direction de la
secte passa à une milice de zélotes, les *Akâlis* « les fidèles de l'Éternel, » institués, dit-on, par Guru Govind, qui se firent les défenseurs
farouches de l'orthodoxie. Quand la décomposition de l'empire mogol
permit aux Sikhs de reprendre pied dans la plaine, les akâlis se
constituèrent les gardiens du sanctuaire d'Amritsar, où se conser-
vait l'exemplaire original du Granth de Guru Arjun. Dans les grandes
occasions, ils y convoquaient le *Gurmatâ*, « l'avis du guru », l'assemblée générale des chefs sikhs, en laquelle résidait pour le temporel
et pour le spirituel l'autorité suprême de la nation et qui, sans
assurer une unité parfaitement stable à ce singulier mélange d'oli-
garchie théocratique et de fédération militaire, y maintint cependant
une cohésion suffisante et empêcha la production de nouveaux
schismes dans le sein du Khâlsâ.

Ici finit l'histoire religieuse des Sikhs; la suite en est toute
politique. Quarante ans après leur dernier désastre, ils avaient
ramené à leur fédération la plupart des sirdars Jâts. En 1764, après
la retraite définitive des Afghans, ils s'emparèrent de Lahore et
devinrent les maîtres incontestés du Penjâb ; ils pouvaient alors
mettre sur pied 70,000 chevaux. Ranjit Singh (1797-1839) réussit
à leur imposer la forme monarchique. Mais leur fanatisme tur-
bulent, que le « Lion du Penjâb » avait su tenir en bride, se
réveilla sous ses faibles successeurs. A deux reprises, ils vinrent
se briser sur les baïonnettes britanniques. Enfin, au printemps
de 1848, le Penjâb fut annexé aux possessions de la Compagnie :
l'armée du Khâlsâ avait cessé d'exister. Aujourd'hui les Sikhs,

1. M. Elphinstone, *History of India*, t. II, p. 575.

bien que constitués d'éléments ethniques divers, forment une race
aussi nettement caractérisée qu'aucune autre de la Péninsule. Ils ont
conservé leurs aptitudes martiales et ils fournissent un contingent
d'élite à l'armée anglo-indienne. Mais leur fanatisme s'est assoupi.
Ils sont en dehors de l'hindouisme proprement dit, bien que quelques-unes de leurs subdivisions tendent à y rentrer. Au nombre
d'environ 1,200,000, ils ne forment une population agglomérée qu'au
Penjâb ; mais on les trouve répandus par petits groupes dans tout
l'Hindoustan et dans quelques parties du Dékhan. Au point de vue
religieux, ils sont restés assez compacts, bien qu'il se soit formé
parmi eux des ordres qui constituent des communautés distinctes.
Tels sont, outre les akâlis déjà mentionnés et qui n'ont plus la même
influence qu'autrefois, les *udâsîs* « les renonçants », qui rejettent le
Granth de Guru Govind et qui finissent leurs jours dans l'ascétisme
et dans le célibat ; les nânakpotras, les descendants de Nânak, font
partie des udâsîs ; les *divânê sâdhs* « les saints fous », dont une portion observe également le célibat et qui, comme les précédents, s'en
tiennent à l'Adi-Granth ; les *suthrês* « les purs » et les *nirmalê sâdhûs*
« les saints purs » ; ces derniers mènent une existence cénobitique ;
ils sont la plupart lettrés et tendent à se rapprocher de l'hindouisme,
dont ils ont repris beaucoup de pratiques. Quand aux suthrês,
ce sont des vagabonds adonnés à tous les vices, méprisables et méprisés, et que rien ne distingue des pires espèces de fakîrs et de
yogins. Le culte des Sikhs est simple et pur. A l'exception d'Amritsar,
qui est le centre religieux de la nation, et de quelques sanctuaires aux
endroits consacrés par la vie ou par la mort des gurus et des mar-
tyrs, ils n'ont pas de lieux saints. Leurs temples sont des maisons
de prière. On y récite des morceaux, on y chante des hymnes extraits du Granth et l'assemblée se sépare après que chaque fidèle a
reçu une portion du *karâh prasâd* de « l'oblation efficace », une sorte
de pâtisserie consacrée au nom du guru. Aussi tolérants qu'ils
étaient fanatiques naguère, ils ne refusent pas d'admettre à leurs
offices des étrangers, auxquels ils permettent même de participer à
leur communion. Il est vrai que sous cette tolérance il se cache
beaucoup de tiédeur, et que, de l'avis du meilleur juge en cette matière, du traducteur de l'Adi-Granth, le Dr Trumpp, le « sikhisme »
est une religion qui s'en va[1].

Nous arrêtons ici cette revue des sectes hindoues, bien que le
mouvement que nous avons essayé de suivre soit loin d'être
épuisé. Hari n'a pas cessé de descendre sur terre, et encore à
l'heure qu'il est, parmi le peuple, surtout dans les campagnes, de
nouveaux groupes religieux sont en train de se former çà et là
autour de nouvelles incarnations. Ces manifestations toujours renais-
santes, auxquelles d'ailleurs les classes supérieures et les brâhmanes
demeurent depuis longtemps étrangers, sont intéressantes à noter,
parce qu'elles témoignent de la soif obstinée d'une révélation

---

1. *Adi Granth*, Introduction, p. cxvi.i.

dont ce peuple est possédé plus qu'aucune autre race asiatique.
Mais la description n'en apprendrait rien de neuf sur le compte de
l'hindouisme. Même parmi les sectes du passé, nous n'avons choisi
que celles qui nous ont paru le mieux se prêter à l'exposé des doctrines essentielles, ou qui nous fournissaient quelque trait propre à
caractériser une des faces de cet étrange ensemble religieux. Des
communautés importantes ont été ainsi passées sous silence. Il n'a
été question, par exemple, ni des *nimbárkas*, une des plus anciennes branches survivantes du vishnouisme, qui prétendent se
rattacher à l'astronome Bhàskara (né en 1114[1]), ni des *vishnubhaktas*
du Dékhan, qui adorent Vishnu sous les noms de Pànduranga et de
Viththala, et qui sont fort nombreux parmi les vaishnavas des pays
mahrattes[2]. Mentionner ces sectes ainsi que bien d'autres, c'eût été,
dans les limites que comporte ce travail, ajouter des noms à d'autres
noms, soin après tout inutile, quand il s'agit d'un pays comme
l'Inde, où les variétés religieuses se comptent par milliers. Quelques
additions absolument indispensables trouveront d'ailleurs mieux leur
place dans l'examen qu'il nous reste à faire du culte et en quelque
sorte des dehors de l'hindouisme, sujet auquel il n'a été touché jusqu'ici que d'une manière incidente et dont il importe pourtant de
prendre un aperçu général.

IV. — CULTE.

Comme il est à peine besoin de le dire, les cultes de l'Inde
présentent une diversité encore plus grande que celle de ses
doctrines. Non seulement chaque personnage du panthéon a le
sien, mais d'ordinaire il en a plusieurs, autant parfois qu'il a
de noms et de sanctuaires principaux. Ce panthéon lui-même est
formé d'éléments hétérogènes, où tous les systèmes religieux qui ont
surgi à travers les âges, ont laissé leur apport. A côté des grandes
divinités sectaires et de leur entourage, de leurs femmes, de leurs
pères, de leurs mères, de leurs fils, de leurs frères, de leurs serviteurs,
on y retrouve les anciens dieux du bràhmanisme, Agni, Indra, Varuna, etc., puissances la plupart bien déchues, mais qui survivent
dans ce qui reste du vieux rituel, notamment dans les cérémonies
domestiques. Les héros de la légende épique, tels que Hanuman,
le singe allié de Ràma, ou les cinq fils de Pàndu et leur commune
épouse Draupadî, dont le culte est populaire d'un bout à l'autre de

1. H. H. Wilson, *Select Works*, I, 150.
2. Lassen, *Ind. Altherthumsk.* IV, 589. Le célèbre poète marhatte Tukâ-
ràma était un zélé dévot de ce dieu, dont le principal sanctuaire est à Pandharpour, cf. *Ind. Antiq.*, II, 272.

laPéninsule[1], s'y rencontrent avec des personnifications d'une origine bien différente, telles que la Gangâ (le Gange), le soleil, la lune, les planètes. Chaque contrée, surtout dans le Sud dravidien, a en outre ses dieux régionaux, identifiés d'ordinaire avec les types généraux de l'hindouisme, mais rarement au point de se confondre absolument avec eux. — Enfin, le personnel devient littéralement innombrable, quand on y ajoute, comme il le faut bien, une foule de puissances anonymes et subordonnées dans la littérature, mais qui tiennent une grande place dans les préoccupations du peuple, les Bhûtas ou démons, les Vêtâlas ou vampires, les Nâgas, sorte de génies moitié hommes, moitié serpents, et la multitude infinie des divinités locales. Point de montagne, de rivière, de rocher, de caverne, d'arbre remarquable qui n'ait son *genius loci* : point de village surtout qui n'ait sa *grâma-dêvatâ*, laquelle, même dans le cas où elle est une des figures du grand panthéon, n'en reste pas moins pour la conscience populaire, distincte de la même divinité adorée ailleurs.

Presque tous ces cultes sont plus ou moins indépendants les uns des autres. Il y a bien des dieux synèdres; mais ces associations sont loin d'être fixes : en tout cas il n'y a plus dans les religions modernes d'actes rituels comparables aux grandes cérémonies védiques, où toutes les puissances du ciel et de la terre participaient en commun à une série déterminée d'hommages. Ce qui subsiste de la sorte est, ou une survivance, ou une imitation du vieux brâhmanisme. Ils sont indépendants encore dans un autre sens. La spéculation qui s'est affirmée parfois si librement dans les doctrines, a eu bien moins de prise sur les pratiques. De ce côté elle s'est heurtée, et pas seulement chez les masses, à un fond d'habitudes et de croyances contre lesquelles l'enthousiasme sectaire lui-même a presque toujours fini à la longue par s'émousser. L'idée même si universellement admise, que toutes choses en définitive dépendent d'un Içvara, d'un souverain Seigneur, se traduit très imparfaitement dans le culte. Les dieux y sont petits ou grands selon la nature et l'étendue de leurs fonctions : dans la limite de ces fonctions, ils ne sont pas de simples lieutenants. Aussi, parmi tant de manières de s'assurer la faveur du ciel, tout hindou a-t-il des préférences; mais, à moins d'être très cultivé ou d'appartenir à une secte rigide, il n'est indifférent à aucune de celles qui sont à sa portée. En dépit de toutes ses aspirations, il faut donc dire que, prise en masse, l'Inde est restée pratiquement polythéiste[2], et on comprend qu'il ait fallu quelque temps aux musulmans et, après eux, aux Européens, pour s'apercevoir qu'au-dessus de toute la bigarrure

1. Dans le seul district de South Arkot, qui entoure Pondichéry, il n'y a pas moins de 500 temples ou chapelles consacrés aux Pândavas. *Ind. Antiq.*, VII, 127.

2. Gaudapâda, qui est probablement de la fin du septième siècle, mentionne encore un polythéisme dogmatique dans ses çlokas sur la Mândûkya-Upanishad (II, 21, p. 424, de l'éd. de la Bibl. Ind.). Il entendait sans doute désigner les anciens Mîmânsistes, qui n'admettaient pas d'Içvara.

de ces religions, il y avait chez ces *gentils* une théologie avouable et
des spéculations dignes de compter dans l'histoire de l'esprit humain.

Aujourd'hui, et bien qu'il y ait encore çà et là des populations
arriérées (nous ne parlons ici que de populations hindoues ou ayant
adopté plus ou moins les mœurs hindoues) dont toute la religion
consiste à se conformer à la coutume et à servir le fétiche du village,
ce polythéisme n'a plus guère d'autre centre que Çiva ou Vishnu.
Mais la prépondérance de ces deux divinités n'a pas toujours été
aussi universellement reconnue, et, dans le passé, d'autres cultes
ont parfois disputé aux leurs le premier rang. Notre connaissance de
ces dernières religions est très limitée. Elles n'ont pas laissé de
littérature, et hors le choix de leur dieu principal, nous ne savons
rien de leur théologie. Nous ignorons même si elles ont eu jamais un
corps de doctrines qui leur fût propre, si elles ont abouti à de véritables sectes, ou s'il ne faut pas plutôt y voir simplement, soit des
cultes populaires, soit des dévotions plus ou moins répandues, mais
ayant toujours gardé quelque chose de personnel. Il en est certainement ainsi de la plupart de celles que passe en revue l'auteur pseu-
donyme du *Çankaravijaya*, quand toutefois elles ont existé ailleurs
que dans sa fantaisie. Il n'y a aucune apparence par exemple que
des communautés se soient jamais formées aux noms d'Agni,
d'Indra, de Yama, de Varuna, de Kuvera (Plutus), de Manmatha
(Cupidon), du Gandharva Viçvâvasu[1], etc. De Vàc ou Sarasvatî[2],
l'épouse de Brahmâ et la déesse de l'éloquence, nous savons qu'elle
était la patronne du Kashmîr; mais le Kashmîr n'en était pas moins
çivaïte. Les religions de Garuda, l'oiseau solaire, de Çèsha, le roi des
serpents, des Bhûtas ou des démons[3], n'ont pu être que des croyances
populaires, comme il s'en observe encore chez bien des peuplades.
Celle de Hiranyagarbha ou Brahmâ[4], relevait au contraire de la tradition savante. Il est probable que, sans avoir jamais été bien répandue,
elle l'était plus autrefois que maintenant, où elle n'est plus professée
que par des brâhmanes particulièrement scrupuleux en fait d'orthodoxie. De même, il y a encore par ci par là des *gânapatyas*, qui ont
une dévotion toute spéciale pour Ganapati ou Ganêça, « le chef des
troupes (des suivants de Çiva), » le dieu à la tête d'éléphant, qui
écarte les obstacles et inspire les prudentes résolutions, que tout
Hindou du reste invoque avant de rien entreprendre et qui, en sa
qualité de patron des lettres et des arts, est mentionné en tête de
presque tous les livres. Le Çankaravijaya distingue jusqu'à six subdivisions des gânapatyas, qui auraient adoré chacune une forme particulière du dieu[5]. Mais, de toutes ces religions, la plus puissante, la
seule qui ait pu réellement rivaliser avec celles de Vishnu et de

1. Çankaravijaya, ch. xii, xxxiii, xxxiv, xxxv, xxxii, xxxi, l. éd. de la
Bibl. Ind.
2. Ibid., ch. xxi.
3. Ibid, ch. xlviii, li.
4. Ibid., ch. xi.
5. Ibid., ch. xv-xvii.

Çiva, la seule aussi dont nous ayons des témoignages nombreux et
positifs, est celle du Soleil. Depuis les temps védiques, le Soleil n'a
pas cessé de faire grande figure dans le panthéon ainsi que dans la
littérature poétique et religieuse de l'Inde. Une grande partie du
Bhavishya-Purâna lui est spécialement consacrée[1]. La trace de son
culte se trouve sur les monnaies des rois satrapes qui ont régné sur
le Gurjarât avant l'ère chrétienne[2]. Plus tard, dans la même région,
un au moins d'entre les rois de Valabhî est qualifié dans les inscriptions, d'*Adityabhakta*, d'adorateur du soleil[3]. Un peu plus, vers le
nord, à Multân dans le Penjâb, s'élevait le temple de ce dieu, le plus
célèbre de l'Inde, dont Hiouen-Thsang et les écrivains musulmans ont décrit les splendeurs[4], et qui n'a été définitivement détruit
que sous Aurangzeb. D'autres sanctuaires se trouvaient à Gwalior en
Râjastan[5], au Kashmîr[6], en Orissa[7]. Peut-être des influences ira-
niennes n'ont-elles pas été étrangères à l'organisation de ce culte pendant le moyen âge[8] : en tout cas l'onomastique à elle seule prouverait
combien il a été en faveur dans l'Inde entière. Enfin le soleil a été de
tout temps le dieu en quelque sorte professionnel et familial des
astronomes et des astrologues, qui manquent rarement de l'invoquer
au début de leurs écrits. De nos jours, il n'y a plus d'*âdityabhaktas*
ou de *sauras* que dans le Sud, et là même, ils sont peu nombreux.
Mais le soleil n'a pas cessé d'occuper une grande place dans les
prières des Hindous. Bien peu de brâhmanes surtout commencent
leur journée sans le saluer avec la vieille formule, maintenant peu
comprise, de la *Sâvitrî*, et, dans l'imagination de ces peuples, il
est resté comme le symbole même de la divinité. Quand l'évêque
Heber questionna Svâmin Nârâyana sur la nature de son dieu,
celui-ci répondit en exhibant une image du soleil[9]. On ne lui bâtit
plus de temples, mais on lui consacre encore des idoles et il a sa
place comme dieu synèdre dans beaucoup de sanctuaires du

1. Cf. les extraits de ce Purâna, ap. Aufrecht, *Catalogue de la Bodléienne*,
p. 31 ss.

2. Lassen, *Ind. Alterthumsk.*, II, 919, 2ᵉ éd.

3. Inscriptions de Dharasena II, ap. Journal of the As. Soc. of Bengal,
t. IV, p. 482, et Ind. Antiq. VI, 11; VII, 69, 71.

4. St. Julien, *Voyages des Pèlerins bouddhistes*, t. III, p. 173. Hiouen-
Thsang déclare que le temple et le culte sont très anciens. Pour les
témoignages musulmans, vid. A. Cunningham *Archæological Survey*, t. V,
p. 115.

5. Inscript. de Gwalior, ap. Journ. of the As. Soc. of Bengal, t. XXX,
275; texte rectifié ap. H. Kern, *Over eenige Tijdstippen der Indische Geschie-
denis,* Mémoires de l'Académie d'Amsterdam, 1873.

6. Râjataranginî, IV, 187.

7. Hunter, *A Statistical account of Bengal*, t. XIX, p. 85. — Parmi les
rois de Canoje, nous savons de trois au moins (du septième au dixième
siècle) qu'ils ont été des Adityabhaktas : Bâna ap. Hall, Préface de la *Vâsavadattâ*, p. 51, et l'inscription d'Udayapura ap. Hall, *Vestiges of three royal
lines of Kanyakubjâ*, Journ. of the As. Soc. of Bengal, t. XXXI.

8. Cf. Reinaud, *Mémoire géographique, historique et scientifique sur l'Inde*,
p. 102, 122; ainsi que la note de H. H. Wilson, ibid., p. 391 ss.

9. Narrative of a Journey, etc., ch. xxv.

vishnouisme, lequel du reste n'a jamais cessé lui-même d'être à beaucoup d'égards, une religion solaire.

Un système polythéiste même parvenu à un état avancé d'anthropomorphisme, s'il conserve l'unité de ses rites, peut, comme celui du Vêda et de l'Avesta, se passer longtemps d'images. Mais il ne le peut plus, dès que cette unité vient à se briser et qu'à la pluralité des dieux s'ajoute la pluralité des cultes. Aussi les religions néo-brâhmaniques ont-elles été de très bonne heure idolâtres. Dans les écrits les plus récents de la littérature védique, dans les Sûtras et même dans un morceau peu ancien, il est vrai, d'un Brâhmana[1], il y a des mentions expresses de temples et d'images des dieux, qui ne peuvent se rapporter qu'à ces religions, car il n'est jamais parlé ni des uns ni des autres dans les prescriptions que ces écrits donnent pour leur culte propre, qui est le vieux culte brâhmanique. Il y a de même des allusions à des représentations figurées dans Pânini, qu'on place d'ordinaire au quatrième siècle avant Jésus-Christ, et Patanjali, qui est du deuxième, et qui nous a conservé à cet égard quelques renseignements curieux, mentionne spécialement des idoles de Çiva, de Skanda, de Viçâkha (une forme de Skanda), de Kâçyapa (probablement un dieu solaire[2]). Ces images étaient en général petites, puisque le nom en était formé à l'aide d'un suffixe diminutif, et que, d'après une glose assez moderne, il est vrai, leurs possesseurs les promenaient parfois de maison en maison et les présentaient contre rétribution aux hommages des fidèles[3]. Ceux qui faisaient ce métier étaient appelés *dêvalas, dêvalakas* et, comme tous ceux qui vivaient de ces cultes populaires, ils étaient en butte aux mépris officiels des brâhmanes[4]. De même, les premiers temples étaient simplement des places consacrées par la présence à poste fixe d'une idole, tout au plus des édicules de la structure la plus primitive, tels qu'on en rencontre encore à chaque pas dans le pays : au premier rang, les Sûtras de Gautama citent les carrefours[5]. Et ces dimensions exiguës sont toujours restées un des caractères distinctifs du temple hindou. Il s'est accru par le dehors ; à l'intérieur il a peu changé. Même plus tard, quand les édifices religieux vinrent à couvrir d'énormes étendues de terrain, et à former parfois des villes

1. L'Adbhutabrâhmana, publié par M. A. Weber ap. *Zwei vedische Texte über Omina und Portenta.* Pour d'autres passages védiques où il est question d'idoles, cf. ibid., p. 337. On peut y ajouter Gautama IX, 12 ; 66. Apastamba I, 30, 20 ; 22.

2. A. Weber, *Ind. Stud.* XIII, 344. De la glose sur Pânini I, 2, 49, et du passage du Mabâbhârata signalé ibid., p. 346, rapprocher l'érection des « cinq Indras » dont il est question dans l'inscription du pilier de Kahaon, *Journal of the As. Soc. of Bengal*, t. VII, et A. Cunningham, *Arc æological Survey*, t I, p. 94, pl. xxx.

3. Goldstücker, *Pânini, his place in sanskrit Literature*, p. 229. On songe involontairement à RV. IV, 24, 10. — Pour l'âge de Kayata, l'auteur de la glose, cf. Kielhorn, *Kâtyâyana and Patanjali*, p. 12 ; et Bühler, ap. **Journ. of the Roy. As. Soc. Bombay**, t. XII, extra number, p. 71.

4. Gautama XV, 16 ; XX, I. Manu III, 151, 152, 180 ; IV, 205.

5. IX, 66.

entières, le sanctuaire proprement dit resta ce qu'il était d'abord,
une étroite et obscure cella, un *devalâyntana*, le gîte d'un dieu. Ce
n'est pas ici le lieu de classer ni de décrire les innombrables images
qui formèrent peu à peu le panthéon figuré de l'Inde, depuis la pierre
informe, barbouillée de vermillon qui se dresse aux abords des vil-
lages, jusqu'à l'idole faite d'or massif et toute revêtue de pierreries,
qui s'abrite, ou plutôt qui s'abritait[1] au fond des pagodes. Il n'est personne qui n'ait présentes à la mémoire quelques-unes de ces figures
souvent colossales, parfois obscènes, toujours monstrueuses, de divinités aux têtes, aux bras, aux jambes, aux attributs multiples, qui
résident dans l'ombre des grands sanctuaires, qui en peuplent les
portiques et les parvis, s'étageant parfois jusqu'au faîte de leurs hautes
pyramides, productions d'un art étrange, qui semble s'être proposé
de réaliser toutes les formes imaginables en dehors des limites du
possible et du beau.

Outre les images, il y a des symboles ; en première ligne celui
de Çiva, le phallus. Ce dieu est en effet figuré de bien des
façons ; mais ses véritables idoles sont les *lingas*. Les commencements du culte du linga sont obscurs. Creuzer en faisait, après
celui de la triade, la forme religieuse la plus ancienne de l'Inde[2], et il
se peut en effet que, comme pratique de fétichisme populaire, il remonte aux temps les plus reculés. Mais il n'a certainement pas pénétré
dans les grandes religions du Vêda, où il y a bien des idées et des
rites phalliques[3], mais point de culte du phallus. N'en trouvant pas
l'origine dans le Vêda, on la chercha sans raisons suffisantes, tantôt
chez les races dravidiennes[4], tantôt chez les nations occidentales, et
jusque chez les Grecs[5]. Le plus probable est que les Hindous, une fois
en quête de symboles figurés, auront trouvé celui-ci d'eux-mêmes ;
ce qui n'a pas dû être difficile à un peuple pour qui les noms de
« mâle » et de « taureau » étaient depuis longtemps des synonymes
de « dieu ». En tout cas, on le voit apparaître en même temps que le
çivaïsme. Déjà, dans le Mahâbhârata il est l'emblème de Mahâdêva,
et les Purânas en font l'objet des spéculations les plus bizarres[6]. Dans
les monuments du culte il a souvent pour support l'organe femelle,

---

1. Depuis Mahmoud le Ghaznévide, qui pilla Somnâth en 1024, les musulmans ont été de terribles destructeurs d'idoles dans l'Inde. Kutb-Uddin, le
conquérant de Delhi (1191), bâtit sa grande mosquée sur l'emplacement et
avec les matériaux de vingt-sept temples païens. A. Cunningham, *Archæological Survey*, I, p. 175.

2. *Symbolik*, t. I, p. 575, 2e éd.

3. Cf. Muir, *Sanskrit Texts*, t. IV, 406, 2e éd., t. V, 384. — A. Weber,
Indische Literaturgeschichte, p. 322, 2e éd., et *Ind. Stud.*, I, 183.

4. Stevenson, *On the ante-brahmanical religion of the Hindus*, ap. Journ.
of the Roy. As. Soc., t. VIII. Lassen, *Ind. Alterthumsk.*, t. I, p. 924 ; t. IV,
p. 265.

5. F. Kittel, *Ueber den Ursprung des Lingakultus in Indien*, p. 46. L'auteur
de ce petit écrit, plein de renseignements précieux sur les religions de
l'Inde du Sud, a parfaitement réfuté l'hypothèse de l'origine dravidienne du
culte du linga.

6. Cf. Muir, *Sanskrit Texts*, t. IV, p. 386.

la *yoni*, qui représente Dêvî. Ces figures n'ont du reste rien d'indécent dans la forme. Pour l'apparence, ce sont de purs symboles, nullement des images, comme on en a vu ailleurs, dans l'antiquité greco-italique par exemple. Le linga est un cône, la yoni un prisme triangulaire, et, de toutes les représentations de la divinité qu'a imaginées l'Inde, ce sont peut-être les moins choquantes pour le regard. Ce sont en tout cas les moins matérielles, et, si le vulgaire s'en fait des fétiches, il n'en est pas moins vrai que le choix de ces symboles abstraits à l'exclusion de toute autre image, a été de la part de certains fondateurs de sectes tels que Basava, une sorte de protestation contre l'idolâtrie.

Ce que sont pour Çiva et pour Dêvî le linga et la yoni, une ammonite pétrifiée, le *çâlagrâma* (ainsi nommée d'un endroit sur les bords de la Gandakî où on la trouve), et une plante de l'espèce des basilics, la *tulasî*, le sont pour Vishnu et pour Lakshmî. Ici encore nous avons des symboles quant à la forme ; mais en réalité, ces objets sont de véritables fétiches. Le çâlagrâma, par exemple, n'est pas simplement le signe de Vishnu ; le dieu y réside, il y est présent[1], comme Çiva l'est dans le linga. Ils diffèrent toutefois de ce dernier en ce qu'ils tiennent moins de place dans le culte des temples, et qu'ils sont restés plutôt du domaine de la dévotion privée. Çiva, Ganêça, Agni, le Soleil, la Lune, d'autres divinités encore ont de même leurs pierres, leurs herbes, leurs arbres sacrés. Les produits du règne végétal en particulier, n'ont jamais cessé d'être l'objet d'un culte dont la trace, pour quelques-uns du moins, peut se suivre à travers toute l'antiquité indienne jusqu'aux plus anciens mythes et aux plus anciens usages[2]. La plupart des espèces, notamment, qui servaient au sacrifice védique, ont gardé quelque chose de divin : seule, par une chance bizarre, la plus sainte de toutes, le soma, s'est si bien effacée du souvenir, qu'il n'est plus possible de l'identifier exactement. A côté de ses images des dieux, l'Inde a ainsi des dieux objets en nombre infini. Il n'est pas rare de voir le soldat rendre hommage à ses armes, l'artisan adresser une prière à ses outils, et tel est le caractère trouble et confus de toutes ces religions que, malgré la distance qu'il y a des plus hautes aux plus infimes, il est à peu près impossible de marquer la limite où finissent les unes et où commencent les autres.

Enfin, comme jadis l'Egypte, l'Inde a ses animaux sacrés. Déjà, dans l'ancienne religion, les vaches sont l'objet d'un culte[3]. Il est expressément recommandé de les traiter avec douceur, et les Smritis pres-

1. Cf. Çankara, commentaire de la Chândogya-Up., p. 530, éd. de la Bibl. Ind.

2. Pour les mythes de l'arbre, cf. A. Kuhn, *Die Herabkunft des Feuers*, passim ; Senart, *La légende du Buddha*, Journal Asiatique, 7e série, t. III, p. 280, 302, 325, 352. t. VI. 100, etc. ; J. Darmesteter, *Haurvatât et Ameretât*, p. 52, 64, 76. — Le culte des arbres existait aussi chez les jainas ; A. Weber, *Çatrunjaya Mâhâtmya*, p. 18, 19. On trouvera beaucoup de faits curieux, mais aussi bien des spéculations hasardées dans le splendide ouvrage de M. J. Fergusson, *Tree and serpent worship*, 2e éd., 1873.

3. AthV. XII, 4 ; 5.

crivent pour elles les mêmes égards que pour les images des dieux[1]. On ne tarda pas de se faire un scrupule de les immoler[2] : les tuer pour un usage profane, est un des plus grands crimes[3] : veiller sur elles, les soigner, les servir, compte au premier rang des bonnes œuvres et des expiations[4] : risquer sa vie pour sauver la leur rachète un brâhmanicide[5]. Leur contact purifie et, de même que dans le rituel parsi, leur fiente et leur urine ont la vertu de prévenir ou d'effacer les souillures matérielles et morales[6]. Ces usages subsistent encore en partie de nos jours. Les Hindous ne se font pas un scrupule de soumettre leur chétif bétail à un labeur souvent excessif ; mais il est rare qu'ils le maltraitent. Bien peu surtout consentent à se nourrir de sa chair, et le meurtre d'une vache excite plus d'horreur chez beaucoup d'entre eux, que celui d'un homme. Les rapports multiples qui rattachaient ces animaux à l'ancien culte, ne sont plus, il est vrai, la plupart que des souvenirs. Mais il s'en est établi d'autres dans le culte nouveau. C'est un acte des plus méritoires que de consacrer des taureaux à Çiva et de multiplier autour du dieu les vivantes effigies de Nandi, sa divine monture. Aussi ces animaux sont-ils nombreux auprès des sanctuaires, où ils vivent en parfaite liberté. A Bénarès notamment, ils encombrent les rues étroites de la cité sainte, sans que personne ne songe à se plaindre, ni à les gêner dans aucune de leurs fantaisies. Ce sont des idoles ambulantes, absolument inviolables, et ce serait s'exposer à être tué sur place, que de leur faire le moindre affront. Ce que les taureaux sont à Çiva, les singes le sont à Vishnu. Des légions de ces quadrumanes infectent le voisinage de ses temples, où ils sont entretenus et révérés comme représentants de Hanuman, le dieu singe allié de Râma. Il y a là, selon toute apparence, des restes d'une vieille religion populaire bien plus anciens que la légende épique sous le couvert de laquelle ils ont survécu. Le *Vrishâkapi*, par exemple, le « singe mâle » du Rig-Véda[7], pourrait bien être un ancêtre de Hanuman. En tous les cas, il faut admettre une origine semblable pour le caractère sacré qui s'attache à un autre animal, le serpent[8]. En beaucoup de lieux on leur fait des offrandes et, presque

---

1. Taitt. Br. III, 2, 3, 7; Apastamba Dh. S. I, 30, 20 ; 22; I, 31 ; 6-12; Gautama IX, 12; 23; 24; Manu IV, 39; Yâjnavalkya I, 133.

2. RV. VIII, 101, 15; Pâraskara Gr. S. I, 3, 27-28 ; Vâjas. S. XXX, 18. Pour des scrupules plus étranges, cf. Sâyana ad Taitt. S. I, 7, 2, 1-2.

3. Apastamba I, 26, 1; Gautama XXII, 18 ; Manu XI, 108; Yâjnav. III, 263.

4. Manu XI, 110-114.

5. Manu XI, 79; Yâjnav. III, 244.

6. Açvalây. Gr. S. I, 3, 1 ; Gobhila Gr. S. I, 1, 9; II, 9, 2; III, 7, 3. Manu III, 206; V, 105; 121; 124. XI, 78; 109; 202; 212; Yâjnav. I, 186; III, 315; Rigvidhâna I, 7, 4.

7. RV. X, 86.

8. AthV. VIII, 8, 15; 10, 29. IX, 2, 22. X, 4; Taitt. Samh. I, 5, 4. 1; Chândog. Up II, 21, 1. VII, 1, 2 ; Apastamba-sûtra ap. Taitt. Samh. Commentary, t. I, p. 957, éd. de la Bibl. Ind; Açvalay. Gr. S. II, 1, 9-14 ; et la note de Stenzler à II, 3, 1. D'après Taitt. Samh. III, 1, 1, 1, les serpents sont les premiers-nés de la création.

partout, le peuple montre de la répugnance à les tuer, malgré les ravages causés par leurs morsures[1].

Les pratiques d'une religion pareille sont naturellement aussi hétérogènes que les objets auxquels elles s'adressent. Mal connues dans le passé, elles échappent à la description dans leur état présent par leur extrême diversité. Elles varient avec le dieu, avec la race, avec le pays, avec la secte, avec la caste, avec la profession. Elles sont autres chez le campagnard que chez le citadin, chez l'habitant sédentaire que chez le nomade, chez le riche que chez le pauvre. Elles diffèrent parfois de village à village, de famille à famille. Aussi tout essai d'une description générale serait-il forcément fautif, et notre tâche devra-t-elle se borner à les classer. Nous distinguerons donc en premier lieu celles qui se rapportent à la vie domestique. Aujourd'hui comme jadis tous les actes de cette vie sont accompagnés d'observances et réglés par l'*âcâra*[2], par la coutume tantôt écrite, tantôt de simple tradition, et dont les diversités locales ont survécu presque partout aux influences sectaires aussi bien qu'à celles de l'orthodoxie. Violer ouvertement l'âcâra, c'est pour l'Hindou perdre sa caste, chose qu'il redoute par-dessus toute autre ; car, quelque humble qu'elle puisse être, sa caste est tout pour lui, dans un pays où, en dehors de ces barrières, il n'y a point de vie sociale, et où la loi purement civile n'est représentée que par des règlements d'administration générale émanés d'une autorité étrangère. Combien cette coutume contredit parfois les prescriptions orthodoxes, on peut en juger par le fait que, chez les Nairs du Malabar, qui sont considérés pourtant comme Hindous et de haute caste, elle sanctionne la polyandrie. Cet usage existe ailleurs encore dans le Dékhan et récemment on en a signalé des traces dans le Penjâb[4], où il avait été observé déjà par les Grecs[3], et où l'existence en est attestée également pour les temps anciens par le Mahâbhârata[5]. Plus haut, dans la montagne, on en trouve des exemples chez des râjpoutes et même chez des brâhmanes[6]. Cependant, malgré toutes les différences locales, ces coutumes, du moins en ce qui concerne les brâhmanes et les classes supérieures, n'en présentent pas moins un fond commun. La plupart des rites domestiques qu'elles prescrivent se rattachent directement à la vieille Smriti, et ce n'est guère que là que se sont conservés en

---

1. Au Bengal, d'après les chiffres officiels relevés par Hunter, *Statistical account of Bengal, passim*, les serpents feraient en moyenne quatre fois plus de victimes que tous les animaux féroces ensemble, le tigre compris. Mais la statistique est très incomplète pour cette sorte d'accidents, et la proportion est en réalité bien plus forte. J. Fayrer, *Thanatophidia of India*, évalue à 25,000 le nombre des individus qui périssent annuellement dans l'Inde par la morsure des serpents.

2. L'âcâra est le suprême dharma, *Vaçishthasamhitâ*, ch. vi, ap. Dharmaçâstrasangraha, t. II, p. 467.

3. *Ind. Antiq.*, VII, 86.

4. Lassen, *Ind. Alterthumsk.*, II, p. 154, 2º éd.

5. J. Muir, ap. *Ind. Antiq*, VI, p. 260, 315.

6. *Ind. Antiq.*, VII, p. 135. Au Tibet, c'est la coutume dominante.

partie l'usage de la vieille liturgie et le culte des dieux du Vêda[1].
Chez le reste de la population, la tradition s'est altérée davantage ;
mais il faut descendre bien bas, il faut sortir de l'hindouisme pour
ne pas en retrouver quelques vestiges. Nul Hindou, par exemple,
même parmi les plus pauvres, même parmi ceux qui appartiennent
à une secte soustraite pour tout le reste à l'autorité religieuse des
brâhmanes, ne se mariera, n'élèvera ses enfants, n'accomplira certains rites funèbres sans l'assistance de quelque membre de la caste
sacerdotale, et nous avons vu que les gurus sikhs eux-mêmes en
entretenaient auprès de leur personne en qualité de chapelains domestiques.

A ces usages remontant au vieux brâhmanisme se joignent des
pratiques sectaires. Il y a un culte privé du linga, de la plante
tulasî, du çâlagrâma, et quelques sectes vishnouites, telles que les
vallabhâcâryas, ont des idoles domestiques qu'ils entourent d'un
culte à domicile, calqué sur celui des temples. Comme dans l'ancienne religion, il y a des prières pour les principaux actes de la
journée et pour les occurrences variées de la vie, prières d'ordinaire
simples et courtes, parfois des formules de quelques syllabes à peine.
mais que savent rendre fort compliquées ceux qui raffinent dans
leurs dévotions. Une bonne partie du rituel des Tantras a pour objet
les diverses manières de les répéter, de les combiner, d'en modifier
l'effet en les accompagnant de gesticulations variées, de déterminer
le sens mystique des lettres qui les composent, de les disposer suivant certains diagrammes, d'y faire entrer pour ainsi dire par un
effort d'imagination des significations et une portée nouvelle[2]. A ces
formules s'ajoutent des litanies, celles-ci fort longues, consistant à
réciter les « mille noms » de Çiva et de Vishnu. Pour ne pas s'em-
brouiller dans ces exercices, on se sert de chapelets. Il va sans dire
que chaque secte a ses jeûnes, ses vœux[3], ses pénitences, ses expiations, ses règles de pureté et d'impureté. Les jours sont fastes ou
néfastes et l'astrologue trouve de la besogne jusque dans le moindre
village. Enfin une grande importance est attachée à certains détails
du costume et aux signes extérieurs par lesquels se distinguent ces

1. Comparer par exemple les cérémonies nuptiales chez Colebrooke, *Miscellaneous Essays*, t. I, p. 217, éd. Cowell, avec les cérémonies décrites
d'après les Sûtras, ap. *Ind. Stud.*, V, p. 267. Il faut observer toutefois que
l'étude de Colebrooke elle-même repose, non pas sur l'observation directe,
mais sur des documents littéraires dont les prescriptions sont plus ou moins
tombées en désuétude. Cf. encore les Acâras attribués à Çankara et qui font
autorité dans le Malabar, ap. *Ind. Antiq.*, IV, p. 255, et ce que dit M. Bühler
de l'âcâra des brâhmanes kashmîriens, ap. Journ. of the Roy. As. Soc. Bombay, t. XII, extra number, p. 21.
2. Cf. *Râmâtapanîya-Up.*, éd. A. Weber, p. 300 ss., et les extraits des
Tantras donnés par M. Aufrecht dans son Catalogue des MSS. de la Bodléienne, p. 88 ss.
3. Une des pratiques votives les plus répandues et les plus caractéristiques, et qui a été adoptée même par des musulmans, consiste à passer
pieds nus sur un lit de charbons ardents. *Ind. Antiq.*, II, 190 ; III, 6 ;
VII, 126.

innombrables communautés. La marque la plus générale de l'hindouisme est un héritage de l'ancienne religion, la *cûdâ*, une touffe de cheveux qu'on laisse sur le sommet du crâne quand on pratique la tonsure à l'enfant[1]. Excepté les ascètes, qui se rasent complètement la tête ou qui laissent pousser toute leur chevelure, quiconque ne porte pas la cûdâ n'est pas considéré comme Hindou. Aussi l'ensemble hétéroclite de croyances qui constitue la religion nationale, est-il quelquefois, par opposition avec celle des musulmans, des hors-caste et des aborigènes, désigné comme le *shendidharma*, la religion de la shendî (shendî est le nom marhattî de la cûdâ), et les missionnaires ont plus d'une fois agité la question s'ils devaient tolérer cet usage chez leurs ouailles[2]. Mais en même temps chaque secte, chaque fraction de secte a ses marques particulières, entre autres des lignes et des points de diverses couleurs tracés de diverses façons au-dessus de la racine du nez, « le signe de la Bête, » comme les appelle quelque part le révérend J. Wilson[3].

La distinction d'un culte privé et d'un culte public, à peine admissible pour l'ancien rituel tel qu'il nous a été transmis, s'applique au contraire très bien aux religions néo-brâhmaniques. Nous avons déjà vu que beaucoup de sectes se réunissaient pour prier et pour s'édifier en commun[4]. De même, dans le culte idolâtre, beaucoup de rites sont collectifs, et le lieu saint y est à l'usage de la communauté. Ce caractère semble même avoir attiré l'attention d'assez bonne heure : dans l'ancienne Smriti le *grâmayâjaka*, celui qui officie pour un village, pour une communauté est déclaré impur[5]. Afin d'introduire un peu d'ordre dans ces rites multiples, nous distinguerons d'abord ceux qui, dans les campagnes, s'adressent à des objets sacrés de diverse nature, principalement à des idoles isolées, débris parfois d'un autre âge et d'une autre religion qui continuent sous des noms nouveaux de recevoir les hommages du vulgaire. C'est ainsi que beaucoup de monuments figurés du bouddhisme sont devenus des fétiches hindous, et que les colonnes élevées jadis par Açoka pour perpétuer la mémoire de ses édits, se sont transformées en lingas[6]. Naturellement ces cultes, auxquels il faut joindre ceux de la plupart des *grâmadêvatâs*, des divinités ou idoles protectrices du village, relèvent de traditions purement locales et ne sont soumis à aucune règle fixe. Ils ont toutefois ce double caractère commun, d'abord d'être fréquemment sanglants, même quand la divinité que l'idole est censée représenter

---

1. Le *cûdâkarman*, la tonsure, est un des *sanskâras* ou consécrations que l'ancien rituel prescrit pour tout membre de la communauté ârya.

2. Cf. R. Caldwell, ap. Ind. Antiq., IV, p. 166.

3. Indian Caste, Bombay, 1877, t. I, p. 17.

4. Cf. encore l'intéressante description du culte vishnouite de Satya Nârâyana au Bengal, ap. Ind. Antiq., III, 83.

5. Manu IV, 205; Gautama XV, 16.

6. A. Cunningham, *Archæological Survey*, I, p. 67; 74; et *Corpus Inscript. Indicarum*, p 40, 41.

n'admet point d'ordinaire de victimes animales[1], et ensuite, de se passer presque toujours de l'intervention des brâhmanes. C'est seulement quand l'endroit, pour une raison ou pour une autre, est devenu un centre de pèlerinage, que des membres de la caste sainte, parfois aussi de simples sannyâsins, viennent s'y établir pour y vivre des aumônes des fidèles[2].

Plus pompeux et plus compliqués que ces rites sont ceux qui s'accomplissent dans les temples proprement dits. En règle générale, un temple hindou est desservi par des brâhmanes, dont l'entretien est prélevé d'une part sur les offrandes des fidèles, d'autre part sur le revenu des terres qui sont la propriété du temple. Il y a cependant à ceci des exceptions : dans beaucoup de sanctuaires çivaïtes du Dékhan, notamment dans tous ceux des lingâyits (et non, comme on l'a cru, dans tous les temples du linga), les *pûjâris* appartiennent très souvent à d'autres castes[3]. Autrefois, semble-t-il, ces fonctions étaient exercées aussi par des femmes, du moins dans le culte de certaines formes de Durgâ[4]. Ces prêtres, du reste, sont de simples desservants. Ils sont en général fort ignorants : hors la science du cérémonial, parfois très compliquée, il est vrai, et qu'ils se transmettent de père en fils, leur savoir est borné d'ordinaire aux légendes qui composent le *Mâhâtmya*, la chronique du temple. Ce n'est pas à eux qu'appartiennent l'autorité spirituelle de la secte, ni ce qu'on pourrait appeler les fonctions pastorales, mais aux membres de l'ordre religieux, qui résident parfois à côté du sanctuaire dans un matha ou collège, et qui eux-mêmes ne sont pas toujours fort lettrés. Il y a cinquante ans, quand H. H. Wilson écrivait son mémoire sur les sectes, un des principaux chefs des vallabhâcâryas l'était juste assez pour pouvoir signer son nom[5]. En général, les temples ne sont plus comme autrefois des centres de vie intellectuelle. On n'y vient plus, comme au moyen âge, entendre en brillante compagnie la récitation du Mahâbhârata[6], et, même à Bénarès, chaque jour voit diminuer le nombre de ces *pandits* qui, accroupis à l'ombre de quelque portique, passent leur vie à expliquer gratuitement les arcanes du Vêdânta et de l'ancienne théologie. Le culte qu'on y célèbre s'adresse peu à l'intelligence; mais, au témoignage de tous ceux qui ont pu l'observer, surtout dans les grands sanctuaires, il impressionne vivement les sens et l'imagination. La partie essentielle en est le service de l'idole et du temple qui est sa demeure. Il s'agit journellement de

---

1. Par exemple, à Baragaon dans le Bihâr, les villageois immolent des boucs à une ancienne image du Buddha transformée par eux en une figure de Rukminî, l'épouse de Krishna, dont le culte officiel n'est jamais sanglant. A. Cunningham, *Archæological Survey* I, p. 29. On trouvera la description d'une de ces solennités villageoises, Ind. Antiq., III, 6.

2. Cf. par exemple A. Cunningham, *Corpus Inscript. Indicarum*, p. 24.

3. F. Kittel, *Ueber den Ursprung des Lingakultus*, p. 10 ss.

4. Cf. par exemple la prêtresse de Câmundâ dans Mâlatî-Mâdhava.

5. Select Works, I, p. 136.

6. Cf. le témoignage de Bâna, ap. Ind. Antiq., I, 350, et celui de Hemacandra, ibid. IV, 110.

balayer le sanctuaire, d'entretenir les lampes qui y répandent un demi-jour mystérieux, de sonner la cloche à chaque nouvel hommage, de placer des fleurs devant le dieu, de le réveiller, de le vêtir, de le laver, de lui donner sa nourriture, de le coucher, de veiller sur son sommeil. Ces soins incombent aux pûjâris et, dans les grands sanctuaires, à un nombreux personnel de valets. Parfois de riches laïques tiennent à honneur de s'en acquitter : à Purî, par exemple, le descendant des anciens rois d'Orissa, le râja de Khurdhâ, compte parmi ses prérogatives le droit de balayer le sanctuaire de Jagannâtha (le maître du monde, Vishnu). A certains jours, le dieu, placé sur son char, change de résidence, et des centaines, des milliers de fidèles se disputent alors la faveur de traîner l'énorme véhicule. Des chanteuses et des danseuses, les *dévadâsîs*, les servantes du dieu, qui lui sont consacrées dès leur enfance, sont chargées de le divertir par leurs représentations. De même que leurs sœurs, les hiérodules de l'ancien Occident, elles joignent souvent à leur ministère sacré la prostitution.

Naturellement, ces cérémonies varient selon le dieu, selon la localité, selon l'importance du temple. Elles ne sont pas toutes en usage dans tous les sanctuaires. Dans ceux qui sont consacrés au linga, par exemple, le culte est relativement simple, parfois même austère, tandis qu'il atteint au maximum de la complication et du dévergondage dans ceux de Vishnu et de Durgâ. A ce culte les fidèles, hommes et femmes, s'associent, soit individuellement, soit collectivement, par des prières, par des actes d'hommage et d'adoration, par des ablutions dans l'étang sacré qui se trouve à côté de la plupart des temples, enfin par des dons et des offrandes. Si la série de ces actes est compliquée, et elle s'étend parfois sur plusieurs jours, ils les accomplissent sous la direction spéciale d'un prêtre. Les dons se font au dieu ou aux prêtres ; ils consistent en argent, en objets de prix, en joyaux (Runjit Singh, le mahârâja des Sikhs, donna son célèbre diamant le Koh-i-Nour à Jagannâtha), en terres. Les offrandes sont des fleurs, de l'huile et des parfums, des aliments de diverses sortes, des animaux auxquels on donne la liberté en les consacrant au dieu, ou qu'on lui immole comme victimes. En règle générale, les offrandes dans les cultes vishnouites, excepté au fond des campagnes, ne sont jamais sanglantes ; à Çiva, on sacrifie assez fréquemment des victimes, mais pas dans le temple même ; dans les cultes, au contraire, qui s'adressent aux diverses formes de Durgâ, l'immolation est de pratique constante et elle a lieu dans l'intérieur du sanctuaire. Les aliments présentés au dieu, *naivêdya*, *prasâda*, constituent un sacrement : les fidèles se les partagent et souvent les emportent au loin. En particulier, le *mahâprasâda*, le prasâda par excellence, celui qui a été consacré à Jagannâtha, l'idole célèbre de Purî, passe pour être doué des plus saintes vertus, et il a donné lieu à une coutume singulière : entre ceux qui en mangent ensemble, il crée, pour une durée qu'ils peuvent fixer à volonté, un lien plus fort que ceux du sang. Ils se doivent mutuellement, pendant tout le temps convenu, un appui sans réserve, allant au besoin jusqu'au parjure et au crime. Aussi ces associations, conclues souvent dans un but peu avouable, sont-elles parfois un obstacle des plus sérieux à l'action de la justice [1]. Toutes les religions sectaires pratiquent cette espèce de communion, dont l'origine remonte jusqu'au sacrifice védique. Chez quelques çivaïtes, qui estiment l'offrande faite au dieu même impropre à être mangée, et chez les sectes qui, comme les Sikhs, ne présentent pas d'aliments à la divinité, le prasàda est consacré au nom du guru.

La plupart des temples appartiennent à des sectes et, bien que l'Hindou pris en masse soit peu exclusif dans ses adorations, le culte qu'on y célèbre n'est d'ordinaire que celui d'une fraction. Il est cependant deux ordres de faits où ces différences s'effacent et où l'hindouisme manifeste plus qu'ailleurs le sentiment de son unité : les fêtes et les pèlerinages. Toute localité un peu remarquable, soit par son importance actuelle, soit par les souvenirs qui s'y rattachent, a sa fête, sa *mêlâ*. Ces solennités ne sauraient être mieux comparées qu'aux pardons de notre Bretagne, avec leur double caractère religieux et profane. Bien qu'elles aient toujours pour centre quelque sanctuaire et qu'elles soient en un étroit rapport avec un culte déterminé, les populations voisines y affluent et y prennent part sans distinction de secte. Il en est de même pour les grandes fêtes non locales qui sont échelonnées le long de l'année hindoue. Décrites en détail dans plusieurs Purànas, réglées d'une façon générale dans les traités de comput, elles sont marquées avec soin dans l'almanach de l'année[2]. Elles présentent des différences souvent considérables d'une province à une autre, et quelques-unes sont particulières à certaines contrées; mais là où elles sont en usage, elles sont d'observance plus ou moins générale. Le calendrier hindou est régional bien plus que sectaire. Ainsi la population entière prend part aux réjouissances du Holî, le carnaval de l'Inde (en mars; la fête est krishnaïte), et s'associe dans une certaine mesure aux jeûnes et aux abstinences en l'honneur des Mânes qui le précèdent et le suivent. Il en est de même de la fête du retour du soleil après le solstice d'hiver (en janvier), où l'on se donne, comme chez nous, les étrennes, et où le bétail, comme à Rome, est soumis à une sorte de lustration. Tout le Bengal est en liesse pendant les dix jours de la *Durgâpûjâ* (en septembre), où, après d'interminables processions entremêlées de bouffonneries et de représentations mimiques, les images de la déesse sont finalement jetées à l'eau au milieu d'un concours de peuple immense et au bruit de tout ce qu'on a pu réunir d'instruments de musique. Dans l'Hindoustan, cette solennité est remplacée par une autre d'une observance tout aussi générale en l'honneur de Râma et de Sitâ, dont l'histoire est figurée aux yeux de la multi-

---

1. Voir sur cette coutume, Ind. Antiq., VII, 113.
2. Quelques-unes de ces fêtes, celles du premier trimestre de l'année, ont été décrites pour le Bengal par H. H. Wilson, *The religious festivals of the Hindus*, Select Works, t. II, p. 151. On trouvera l'énumération des principales dans un ouvrage de vulgarisation très bien fait de M. Monier Williams, *Hinduism*, 1877, p. 181.

tude par une pantomime qui dure plusieurs jours[1]. Des fêtes même
d'un caractère aussi décidément sectaire que la nativité de Krishna
(en août), ou la *Çivarâtri* (en février), destinée à rappeler l'humiliation
infligée par Çiva sous la forme du phallus à Brahmà et à Vishnu, sont
chômées également par les çaivas et par les vaishnavas. Seulement
les deux partis y attachent des significations différentes. Ainsi la fête
des Lampes (en octobre), où d'innombrables luminaires flottants sont
abandonnés au courant des rivières, est célébrée plus spécialement
en l'honneur de Dèvî par les uns, en l'honneur de Lakshmî par les
autres. Il est un nombreux parti, il est vrai, qui s'abstient de ces
solennités; mais c'est celui des rigoristes de toute communion, qui,
au nom de la religion et de la morale, en condamnent les pompes
profanes et souvent peu décentes.

Entre ces grandes fêtes et les pèlerinages, il y a naturellement
un étroit rapport. On s'arrange autant que possible de façon à
les faire coïncider, et nulle part les premières ne sont célébrées
avec autant d'éclat qu'aux lieux qui sont le but de ces pieux
voyages. Encore inconnus, autant que nous sachions, à l'époque
védique, ceux-ci tiennent dès le temps du Mahâbhârata une grande
place dans la vie religieuse de l'Inde. Les *tîrthayâtrâs*, les visites
des tîrthas, des gués ou lieux d'accès des rivières sanctifiés par
les sacrifices des rishis[3] et par la présence des dieux, y sont
déclarées plus méritoires que les plus solennelles offrandes[4]. Manu
ne mentionne spécialement que le Kurukshêtra, (environs de Delhi)
et le Gange[5]. Mais le grand poème énumère et décrit un nombre
•considérable de ces places sacrées dans l'Hindoustan, dans le Dékhan,
et jusque dans l'extrême Nord, où la dévotion hindoue avait trouvé
dès lors, à travers les neiges de l'Himâlaya, le chemin des saints
lacs du Kailâsa[6]. Dans les Purânas apparaissent ensuite successivement les localités restées fameuses jusqu'à nos jours, avec leurs
sanctuaires et leurs rites particuliers. Presque tous ces ouvrages
contiennent, soit une esquisse générale de la géographie religieuse
de l'Inde[7], soit des descriptions complètes, topographiques et légendaires de l'une ou l'autre de ces localités. Ces chapitres, intitulés

---

1. Voir une description animée de cette fête par l'évêque Heber, *Narrative of a Journey*, etc., ch. XIII. L'accusation rapportée par Heber, que les
enfants qui représentent Râma et Sîtâ étaient autrefois empoisonnés par les
brâhmanes à la fin de la pièce, ne paraît pas fondée.

2. Voir A. Weber, *Ueber die Krishnajanmâshtami*.

3. L'ancien sacrifice exigeait le voisinage d'une rivière, pour y faire les
ablutions et y puiser l'eau nécessaire aux cérémonies. L'eau stagnante était
impropre aux rites. Taitt. Samh. VI, 4, 2, 2-3; VI, 1, 1, 2. — Les confluents
des rivières sont appelés *prayâga*, place sacrificiale.

4. Mahâbhârata III, 4059. Cf. Gautama XIX, 14.

5. Manu VIII, 92.

6. Il y a plusieurs tîrthayâtrâs dans le Mahâbhârata : une des plus développées remplit une bonne partie du IIIe livre, 3090-11450.

7. Voir par exemple *Agni-Purâna*, ch. CIX-CXVI, t. I, p. 371-II, p. 14,
de l'éd. de la Bibl. Ind.

Mâhâtmyas « Majestés, » sont de véritables Manuels du Pèlerin[1].

Le nombre de ces centres de pèlerinage est très considérable. Depuis le lac Mânasa au Tibet, jusqu'à Râmêçvaram, en face de Ceylan, et depuis Dvârakâ, dans la presqu'île de Gujarât, jusqu'aux dunes fiévreuses d'Orissa où trône Jagannâtha, le pays est comme recouvert d'un réseau de sanctuaires privilégiés. La première place dans cette géographie sacrée revient au Gange, déjà invoqué avec d'autres fleuves dans le Rigvêda et qui, dès l'époque macédonienne, était l'objet d'un des principaux cultes de l'Inde[2]. Depuis Gangotrî dans l'Himâlaya, où la rivière sainte est jadis descendue du ciel[3], jusqu'à l'île de Sâgar où elle atteint la mer, le cours en est bordé de lieux sacrés. Une classe particulière de brâhmanes, les gangâputras, les fils du Gange, vivent du service des innombrables *ghats* par lesquels on descend dans le fleuve. L'eau s'en expédie au loin, et des râjas, de riches particuliers entretiennent à grands frais des services spéciaux afin d'en être régulièrement approvisionnés. C'est le rêve de tout dévot hindou d'aller un jour se laver de ses fautes dans la « rivière des trois mondes[4], » de gagner le ciel à Badrînâth où elle se dégage des glaciers, à Hurdvâr où elle entre en plaine, à Prayâga[5] où elle reçoit sa sœur, la Jumnâ, sainte comme elle, et dont les bords ont vu jadis les jeux de Krishna ; à Bénarès surtout, le « lotus du monde, » la ville aux deux mille sanctuaires et aux cinq cent mille idoles, la Jérusalem de toutes les sectes de l'Inde ancienne et moderne[6]. Le nombre des pèlerins y descend rarement au-dessous de trente mille. Ils y affluent des provinces les plus reculées, de tous les pays où va le Bânian. Des bouddhistes y viennent du Népâl, du Tibet, de la Birmanie. Les vieillards, les moribonds, les malades s'y font porter de fort loin.

---

1. Tels sont le *Mathurâ-Mâh.* (Varâha-P.), le *Gayâ-Mâh.* (Vâyu et Agni-P.), le *Kâçi-Khanda,* l'*Utkala-Khanda,* le *Prabhâsa-Khanda* (descriptions, l'un de Bénarès ; l'autre des sanctuaires d'Orissa, notamment de celui de Jagannâtha ; le troisième de Girnar, Dvâraka et Somnâth, dans la presqu'île de Gujarât), qui passent pour des portions du Skanda-Purâna. La plupart de ces morceaux sont des interpolations. Il y a en outre un grand nombre de Mâhâtmyas qui forment des ouvrages à part. Chaque sanctuaire un peu important a le sien, et parfois tous ceux d'une province ont été fondus dans des compilations dont quelques-unes, telles que le Tîrthasangraha kashmîrien, paraissent avoir une véritable valeur pour la géographie historique. Cf. G. Bühler, ap. Journ. of the Roy. As. Soc. Bombay, t. XII, extra number, p. 58.

2. Strabo XV, c. LXIX.

3. Cette descente est le sujet du bel épisode de *Râmâyana* I, 45. Cf. *Mahâbhârata* III, 9933 ss.

4. Elle est censée couler au ciel, sur la terre et aux enfers.

5. Cf. la description de Prayâga (c'est-à-dire du confluent par excellence) faite au septième siècle par Hiouen-Thsang, St. Julien, *Voyages des Pèlerins bouddhistes*, t. II, p. 276. L'endroit est aussi appelé Trîvênî, la triple rivière, parce que la Sarasvatî est censée venir par dessous terre s'y réunir à la Gangâ et à la Yamunâ. Il a perdu toutefois de sa sainteté depuis qu'Akbar l'a profané en faisant construire, au point de jonction même des deux fleuves, le fort d'Allâhâbâd.

6. Pour Bénarès, voir l'intéressant ouvrage de A. Sherring, *The sacred city of the Hindus ; an account of Benares ancient and modern*, 1868.

Heureux ceux qui y meurent, dont le bûcher funèbre s'allume sur les bords du « Fleuve des dieux, » ou qui, hâtant l'heure dernière, trouvent leur tombeau dans ses eaux purifiantes[1]! Une sainteté presque égale s'attache à d'autres rivières, à la Narmadâ, à la Godâvarî et à ses affluents, à la Kâverî (toutes déjà dans la Mahâbhârata)[2], à la Krishnâ, à son rameau méridional surtout, la Tungabhadrâ, qui est appelée la Gangâ du Sud. Comme le Gange et la Jumnâ, elles ont leurs lieux saints où affluent journellement des troupes de dévots. Une autre au contraire, la Karmanâçâ, «la Destructrice des œuvres pies, » qui se jette dans le Gange près de Chausâ, est maudite, et il suffit du contact d'une seule goutte de son eau impure pour effacer les mérites accumulés pendant des années[3].

Nous n'essaierons pas ici de faire un choix qui n'aboutirait tout de même qu'à une sèche énumération, parmi les nombreux centres de pèlerinage qui, de l'Himâlaya au cap Comorin, attirent les hommages de la dévotion hindoue. On trouvera une liste méthodique des plus célèbres dans un ouvrage récent de M. Monier Williams, *Hinduism*, 1877, p. 177 ss [4]. Mais, pour fixer les idées au sujet de l'importance actuelle de ce culte des pèlerinages, nous donnerons quelques chiffres relatifs au plus fréquenté peut-être de tous ces

1. Le suicide religieux, surtout le suicide par submersion, paraît avoir été fréquent autrefois à ces tîrthas du Gange. Dans les inscriptions, on voit des rois et des ministres qui vont y mettre fin à leurs jours : un certain roi Dhânga était âgé de plus de cent ans quand il alla se noyer à Prayâga. Inscript. ap. *Journal of the As. Soc. of Bengal*, t. VIII, p. 174 et *Asiatic Researches*, t. XII, p. 361. Cf. Hiouen-Thsang, *Op. laud.*, t. II, p. 276. — On en faisait autant ailleurs dans d'autres rivières sacrées : cf. par exemple le suicide du Câlukya Someçvara dans la Tungabhadrâ, *Vikramânkacarita* IV, 59-60, éd. Bühler. Encore aujourd'hui, la coutume n'a pas entièrement disparu ; Heber, *Narrative of a Journey*, etc., ch. xi».

2. III, 4094 ; 8151 ; 8175-8177. 8164.

3. Le nom et, par conséquent, la superstition remontent au moins jusqu'à l'époque macédonienne, Lassen, *Ind. Alterhumsk.* I, p. 161, 2e éd.

4. Cf. des remarques très intéressantes du même, surtout en ce qui concerne les sanctuaires du Dékhan, dans l'*Annual Report* de la Royal Asiatic Society pour 1877, p. lxxvii. — Pour Mathurâ et les lieux saints qui l'entourent, le Bethléhem et le Nazareth du krishnaïsme, voir F. S. Growse, *Sketches of Mathurâ*, ap. Ind. Antiq. I, 65. — Pour Gayâ, qui doit peut-être sa première célébrité au bouddhisme, voir Monier Williams. *Çrâddha ceremonies at Gayâ*, ibid. V, 200 ; A. Cunningham, *Archæological Survey* III, 107 ; W. Hunter, *Statistical account of Bengal*, t. XII, p. 44. Gayâ est aujourd'hui encore, comme au sixième siècle, du temps de Varâha Mihira (*Yognyâtrâ* IV, 47, ap. Ind. Stud. XIV, 318), un pèlerinage funèbre, et environ 100,000 visiteurs par an viennent y prier pour leurs morts. — Au point de vue topographique et archéologique, on trouvera d'abondants renseignements : sur les sanctuaires de l'Hindoustan, dans les Rapports de l'*Archæological Survey of India* du général A. Cunningham : sur ceux de l'Inde occidentale, dans les Rapports de l'*Archæological Survey of western India* de M. J. Burgess ; sur ceux de l'Inde en général, dans J Fergusson, *History of Indian and Eastern Architecture*, 1876. — On consultera aussi avec intérêt, à cause surtout de la belle exécution des gravures, les publications de MM. le contre-amiral Paris, G. Lejean, A. Grandidier et L. Rousselet, parues dans le *Tour du Monde*, t. XVI, XVIII-XX, XXII-XXVII.

lieux saints après Bénarès, le célèbre sanctuaire de Vishnu-Jagan-
nâtha, à Purî en Orissa[1].

Jagannâth n'est pas, comme Bénarès, une grande ville remplie
de temples : c'est un temple entouré d'autres temples et qui a
donné naissance à une ville. Le revenu net annuel des immeubles
constituant le domaine du dieu, est d'environ 800,000 fr., auxquels il faut ajouter les dons des fidèles pour une somme impossible à déterminer exactement. On l'a estimée à 1,800,000 fr.,
chiffre probablement trop fort, bien que le gouvernement musulman ait retiré autrefois, dit-on, jusqu'à deux millions et
demi par an de la ferme des taxes perçues sur les pèlerins. Or,
depuis 1840, le gouvernement anglais ne perçoit plus de taxe, et,
d'autre part, on peut compter que toute roupie apportée à Jagannâth, y reste. M. Hunter, auteur d'un savant ouvrage sur l'Orissa, et
directeur général de la statistique de l'Inde britannique, estime en
moyenne à environ 950,000 fr. le montant annuel de ces dons, soit
ensemble un revenu total de 1,700,000 fr. au bas mot, et cela dans
un pays où la journée d'un laboureur vaut 0,25 c., celle d'un artisan, 0,60 c. Le personnel du temple se divise en trente-six ordres et
quatre-vingt-dix-sept classes : prêtres officiants de diverses sortes
ayant chacune ses fonctions spéciales, boulangers, cuisiniers, gardes,
musiciens, danseuses, chanteuses, porte-torches, valets de chevaux
et d'éléphants, artisans de différents métiers, etc. A ces serviteurs
immédiats du dieu, il faut ajouter les religieux des mathas qui
dépendent du sanctuaire, leurs domestiques et leurs tenanciers,
enfin un grand nombre d'agents, environ trois mille, que la fabrique
du temple envoie dans toutes les provinces de l'Inde pour y recruter
les pèlerins, organisation qui se retrouve ailleurs encore qu'à Purî, et
qui ne date pas d'hier, mais qui s'est bien perfectionnée depuis que
les chemins de fer sont au service de Jagannâth. En tout, on estime
à vingt mille hommes, femmes et enfants, le personnel qui, directement ou indirectement, vit du sanctuaire. Dans les meilleures
années, le nombre des pèlerins, ou plutôt des pèlerines, car les cinq
sixièmes au moins sont des femmes, monte à trois cent mille. Dans
les plus mauvaises, il ne tombe jamais au-dessous de cinquante mille.
A la *Rathayâtrâ*, « la sortie du char, » la principale des vingt-quatre
grandes fêtes entre lesquelles se partage l'année religieuse à Jagannâth,
on en compte d'ordinaire de quatre-vingt-dix mille à cent quarante
mille présents à la fois. On comprend quelles doivent être les conditions hygiéniques de ces multitudes épuisées par une longue route.
Quatre-vingt-quinze sur cent sont venus à pied, parfois des extrémités
de l'Inde, traînant avec eux des malades, des enfants, ou chargés de
vases remplis d'eau du Gange, marchant le jour, campant la nuit, en

---

1. Ces chiffres sont empruntés à la notice sur Jagannâth dans le t. XIX
du *Statistical account of Bengal* de M. W. Hunter, notice qui est elle-même
un abrégé de la description donnée par le même auteur dans son *Orissa,
or the vicissitudes of an Indian province under native and british rule*, t. I,
ch. III et IV.

pleine saison pluvieuse (la fête tombe en juin ou en juillet), alors que
des chaleurs accablantes sont rendues plus perfides par l'humidité et
par de brusques changements de température. Arrivés à destination,
à cette « porte du ciel, » ils trouvent des conditions pires, s'il se
peut. C'est le moment de l'année où les fièvres putrides et le choléra,
endémiques sur cette côte désolée, y sont dans toute leur force. Mal
nourris[1], serrés les uns sur les autres ou privés de tout abri[2], excités
sans cesse jusqu'au transport par les pompes du culte, s'entassant
plusieurs fois par jour dans des étangs fétides, ils passent là une ou
deux semaines plus meurtrières parfois qu'une grande bataille. Puis,
quand la dernière pièce de monnaie est partie, ils reprennent, comme
ils peuvent, le chemin du retour, souvent emportant la contagion,
avec eux et, comme les caravanes de la Mecque, semant les routes de
leurs morts. D'après les médecins anglais, les pèlerins pauvres laissent un huitième, parfois un cinquième des leurs derrière eux.
M. Hunter est tenté d'admettre un chiffre plus modéré; mais, même
dans les meilleures conditions, quand il ne survient aucune épi-
démie, et en défalquant les chances normales de la mortalité, il est
d'avis qu'on ne saurait estimer à moins de dix mille par an le
nombre des victimes du pèlerinage de Jagannâth.

Et ce qui se passe à Purî, se répète, toute proportion gardée, en cent
autres lieux. Mathurâ et Vrindâvan, Gayâ dans le Bihâr, Gokarna sur la
côte de Malabar, les grandes pagodes de la présidence de Madras telles
que Conjevaram et Tricinâpalli, Râmeçvaram surtout, dans le golfe
de Manar, qui est comme le Bénarès du Sud, voient à certains jours
affluer des multitudes presque aussi nombreuses[3]. Ce n'est qu'en présence de ces foules ardentes qu'on sent tout ce qu'il y a encore de
force de résistance dans ces religions en ruine. En tout cas, on ne
saurait surfaire l'influence exercée par ces pérégrinations sur le tem-
pérament religieux de la nation, et ce n'est pas exagérer que d'y voir
pour ainsi dire la fonction vitale de l'hindouisme. Dans la vie de tous
les jours, l'Hindou s'isole dans sa secte et ne s'élève pas au-dessus
d'une dévotion machinale; pendant ces grands jours, il s'exalte pour
des années et se retrouve membre d'une communauté immense.
Vishnouites et çivaïtes y confondent leurs rangs. A Bénarès par
exemple, le pèlerin ne visite pas seulement les sanctuaires de sa
propre croyance, mais les lieux saints en général. A Jagannâth,
chaque secte est représentée, chaque divinité a sa chapelle, son
idole et ses rites; Durgâ elle-même y a son autel, où on lui
immole des victimes, malgré la règle qui veut que nul être

1. La nourriture, du riz bouilli, est fournie à bas prix par les cuisines du
temple. Mais, comme elle a été consacrée au dieu, il ne doit rien s'en perdre.
On en conserve donc les restes d'un jour à l'autre, et on ne les consomme
que dans un état déjà avancé de fermentation.
2. La ville de Purî (23,000 h.) ne compte guère que 5,000 maisons ou cases
recevant des pèlerins.
3. A Pandharpour, dans le Dékhan marhatte, on compte à certains jours
150,000 pèlerins. Ind. Antiq. II, 272.

vivant ne meure dans l'enceinte sacrée. Chacun de ces grands
pèlerinages est donc ainsi une sorte de *colluvio religionum* : ailleurs, l'hindouisme se subdivise et s'émiette ; ici, il se retrempe et
reprend le sentiment de son unité.

Quelles sont les limites de cette unité ? Dans quelles conditions,
à quel degré de l'échelle sociale cesse-t-on d'être hindou ? A cette
question, il n'y a pas de réponse satisfaisante. L'ancienne religion excluait le çûdra : il était défendu de lui révéler le Vèda
et de sacrifier pour lui. Les religions néo-brâhmaniques n'ont
point de ces interdictions précises. La plupart elles prétendent
prendre en main la cause des déshérités. Le Mahâbhârata et les
Purânas doivent avoir été composés expressément pour les femmes
et pour les çûdras, les exclus du Vèda[1]. Il n'y a pas de prescription
nette et uniforme qui écarte absolument du culte telle catégorie de la
population, et aux nombreuses sorties contre les classes impures que
contient la littérature des diverses époques on pourrait opposer un
nombre presque égal de déclamations égalitaires. Enfin nous avons vu
que la plupart des sectes allaient très loin dans leurs protestations
contre les distinctions de caste, et que quelques-unes même les
avaient déclarées formellement abolies. En réalité elles les ont multipliées, chaque secte ne manquant pas, au bout de très peu de temps,
de donner naissance à un certain nombre de castes nouvelles. La population de l'Inde est arrivée ainsi à se fractionner en quelques milliers
de subdivisions qui ne s'entremarient pas, ne mangent pas ensemble,
n'acceptent pas, des unes aux autres, tels objets, telle sorte d'aliments,
et ne laissent entre elles de place à aucun sentiment de charité. Les
brâhmanes à eux seuls forment plusieurs centaines de classes parfois séparées par les barrières les plus rigoureuses, et cet esprit
d'exclusivisme a profondément pénétré jusque chez les musulmans
et chez les chrétiens indigènes[2]. Mais en dehors ou au-dessous de la
moyenne de ces castes, il en est un certain nombre que cette
moyenne, pour une raison ou pour une autre, repousse avec une
aversion si énergique, que la communion religieuse même de l'espèce la plus simple, devient presque toujours impossible. Il n'y a
pas de critérium général qui permette de distinguer ces classes
abjectes, pour lesquelles l'Europe a depuis longtemps adopté la dénomination commune de parias, et l'exclusion dont elles sont frappées est dans chaque province affaire de tradition et de coutume
locale. Plusieurs sectes telles que les lingâyits du Dékhan, les
çâktas, les caitanyas du Bengal ont débuté par un prosélytisme sans
réserve, et autrefois, paraît-il, le sanctuaire de Purî s'ouvrait aux

1. Bhâgavata-Purâna I, 4, 25.
2. Des distinctions de caste se sont introduites parmi les musulmans du
Dékhan, du Gujarât, de plusieurs districts du Bengal, Ind. Antiq. III, 190 ;
V, 171, 354. Hunter, *Statistical account of Bengal*, IX, 289 ; XI, 52, 255, etc.
— Pour les chrétiens, tant ceux des anciennes communautés que ceux des
missions, voir dans la Correspondance de l'évêque Heber la lettre du 21 mars
1826 à Williams Wynn.

classes les plus méprisées[1]. Mais presque toujours le préjugé a fini à
la longue par reprendre le dessus. Aujourd'hui quinze castes, non
compris les chrétiens et les musulmans, sont exclues de l'enceinte
sacrée de Jagannàth ; deux autres, les blanchisseurs et les potiers,
peuvent y pénétrer, mais pas plus loin que la première cour[2].

De même que l'ancienne religion, l'hindouisme a donc ses races
maudites. Mais, à côté de celles qui sont ainsi repoussées par lui, il en
est qui le repoussent à leur tour ; nous voulons parler des peuplades plus ou moins sauvages représentants, la plupart du moins,
des premiers occupants du sol avant l'arrivée des Aryas. Dans l'Hindoustan et dans le Dékhan septentrional, une grande masse de ces
populations s'est intimement fondue avec la race victorieuse. Dans
le Sud, elles ont également adopté la culture et les religions aryennes,
tout en conservant cependant leurs langues, les divers idiomes dravidiens radicalement distincts du sanscrit. C'est une question qui
n'est pas encore mûre que celle de savoir ce qu'elles ont pu à leur
tour passer d'idées et de coutumes à leurs dominateurs. Il est probable toutefois que quelques-unes du moins des déesses à culte sanglant et homicide des religions hindoues, sont d'origine dravidienne.
Mais cette assimilation ne s'est pas faite partout. Sur toute la frontière du nord et de l'est, au centre dans les monts Vindhyas et dans
les parties les plus inhospitalières du plateau du Dékhan, plus au sud,
dans les replis des Ghats et dans les Nilgiris, on trouve des tribus se
rattachant, celles du nord et du centre, aux races tibétaines ou trans-
gangétiques, celles du centre et du midi, aux races dravidiennes, qui
sont restées plus ou moins pures et qui ont conservé leurs coutumes
et leurs religions nationales. Nous n'entrerons point dans l'examen
de ces dernières : de même que les peuplades qui les professent, elles
n'ont point d'histoire, et leur classification ethnographique est loin
d'être complète et définitive. Les plus intéressantes et les mieux connues sont celles des aborigènes de race dravidienne. Elles ont pour
caractère commun l'adoration de divinités élémentaires, telluriques,
en majorité femelles et méchantes, le culte des revenants et d'autres
génies malfaisants qu'on cherche à apaiser par des sacrifices sanglants
et par des pratiques orgiastes qui rappellent le schamanisme des
peuples de l'Asie septentrionale[3]. Le prêtre ou le sorcier, le *devil
dancer* des Anglais, se livre à une danse frénétique jusqu'à ce qu'il
tombe en convulsion : il est alors possédé, et les paroles incohérentes
qui sortent de sa bouche, expriment la volonté de l'esprit dont il s'agit
de désarmer le courroux. Beaucoup de ces pratiques ont laissé des tra-

---

1. En principe, toute distinction de caste cesse à l'intérieur des frontières
du Purushottamakshetra. Cf. Mahâbhârata III, 8026, où toutes les castes
deviennent brâhmanes dès que, pour aller à l'ermitage de Vaçishtha, elles ont
franchi la Gomatî.

2. Hunter, *Statistical account of Bengal*, t. XIX, 62.

3. Sur ces religions, leurs divinités et leurs pratiques, cf. F. Kittel, *Ind.
Antiq.* II, 168, et *Ursprung des Lingakultus*, p. 44. — R. Caldwell, *Comparative Grammar of the dravidian family of languages*, p. 579 ss., 2e éd.

ces chez toutes les populations dravidiennes, même chez celles qui sont le plus complètement assimilées. L'hindouisme fait du reste des progrès constants parmi ces tribus : les modes, les cultes, les divinités de la plaine envahissent rapidement leurs montagnes. Mais celles qui sont restées pures rendent la plupart à l'Hindou, surtout au brâhmane, aversion pour aversion, mépris pour mépris. Pendant la famine de 1874 par exemple, des Santâls se sont laissés mourir de faim à la porte des fourneaux de charité plutôt que d'accepter des aliments de la main des brâhamanes[1].

Et maintenant que nous voici arrivé au terme de notre longue tâche, faut-il nous résumer en un jugement final? Tout ce qui précède n'est lui-même qu'un long résumé, et notre plus grande crainte est de n'avoir pas fait saisir assez le caractère complexe, multiple, monstrueusement confus de ces religions. Avant peut-être qu'il y eût des poésies homériques, elles avaient dépassé Parménide, et aujourd'hui, après des siècles de contact avec le monde occidental, elles étalent, jusque dans les centres les plus éclairés, un fétichisme qui n'a de pendant que chez les nègres de la Guinée. Leur histoire est-elle celle d'une longue décadence, et, comme on semble parfois le croire, n'ont-elles fait, depuis le Vêda, qu'amasser autour d'elles des ténèbres plus épaisses, ou faut-il admettre un progrès dans cette longue suite d'efforts ? Depuis trente siècles au moins que nous pouvons les suivre, elles changent sans cesse, et sans cesse elles se répètent, si bien qu'on cherche les notions dont on puisse affirmer sans restrictions, à un moment donné, qu'elles sont neuves ou tombées en oubli. Nul autre, parmi les peuples indo-européens, n'a eu sitôt que celui-ci l'idée d'une loi absolue, universellement obligatoire, et pourtant c'est une question de savoir jusqu'à quel point dans la pratique il a jamais eu une législation. En combien de cas peut-on dire : voici ce que l'Inde croit ou ne croit pas, voici ce qu'elle approuve ou ce qu'elle condamne? Bien avant notre ère déjà elle contestait théoriquement la caste et en avouait la vanité[2] ; elle ne l'en a pas moins conservée jusqu'à ce jour ; mieux que cela, elle l'a exagérée et elle a fini par en faire quelque chose à la fois de si odieux et de si chimérique, qu'on ne sait plus comment l'expliquer. Et quelles contradictions, si on examine la morale de ces religions ! Non seulement elles ont donné naissance au bouddhisme et produit pour leur propre compte un code de préceptes qui ne le cède à aucun autre ; mais dans la poésie qu'elles ont inspirée, il y a parfois une délicatesse et une fleur de moralité que l'Occident n'a connues que par le christianisme. Nulle part ailleurs peut-être on ne trouve une égale richesse de belles sentences. Un des hommes qui ont le plus fait pour la connaissance des religions hindoues, M. J. Muir, a réuni un certain

----

1. Hunter, *Statistical account of Bengal*, t. XIV, p. 313. — Chez les Holiyars du Dékhan, certaines coutumes ont gardé la trace d'une hostilité semblable.
2. Bhagavad-Gîtâ, V, 18.

nombre de ces maximes et de ces pensées dans une anthologie exquise[1] qui a dû gagner bien des amis à l'Inde. Et pourtant quelle absence de tout élément moral dans la plupart de ces cultes, que de côtés sombres dans ces pratiques et dans ces doctrines! L'étonnante conservation de l'hindouisme est à elle seule un problème. Il est certain que depuis longtemps le peuple hindou vaut mieux que ses religions, et que celles-ci, de bien des côtés, menacent ruine. Elle subsistent pourtant, et ni l'Evangile, ni le Coran n'ont eu jusqu'ici sérieusement prise sur elles. Plusieurs siècles de domination musulmane les ont à peine entamées. Elles ont réagi pour le moins autant sur l'Islam, que celui-ci a agi sur elles[2], et actuellement il semblerait que, dans certaines provinces du moins, elles le fassent reculer[3]. Quant au christianisme, c'est aujourd'hui, quand il dispose d'incomparables ressources et qu'il a pour lui toutes les causes d'ascendant et tous les prestiges, qu'il obtint le moins de succès. Malgré le grand nombre d'hommes distingués, quelques-uns d'un mérite tout à fait hors ligne, qu'elles comptent dans leur sein, aucune des missions protestantes anglaises, américaines ou allemandes qui travaillent actuellement dans l'Inde (excepté toutefois celles qui opèrent parmi les aborigènes, surtout parmi ceux de Chota Nàgpour et des Provinces centrales), n'a lieu d'être satisfaite de ses résultats. Aucune jusqu'ici n'a réussi à fonder rien qui puisse être comparé ni à l'œuvre des apôtres inconnus qui dans les premiers siècles établirent les Eglises dites de Saint-Thomas, ni même à celle de Saint François-Xavier et des premiers missionnaires jésuites. Cela tient peut-être à ce que le missionnaire protestant arrive entouré d'une famille avec laquelle il vit dans un confortable bourgeois, tandis que l'indigène n'est sensible qu'à la pompe où à l'ascétisme. Mais cela tient surtout à ce qu'il raisonne beaucoup. Or la controverse, que l'Hindou adore et à laquelle il excelle, n'a aucune prise sur sa religion, qui n'a pour ainsi dire pas de dogmes définis. Les arguments s'enfoncent dans cette masse molle et s'y perdent, comme un coup porté par le fer à un de ces organismes inférieurs sans centre de vie déterminé. Le missionnaire est aimé et respecté ; on approuve et on admire la morale de son enseignement, et il est incontestable que sous ce rapport seul sa présence fait déjà beaucoup de bien ; mais on ne se convertit pas. Il est donc plus que douteux que l'hindouisme doive, dans un avenir même éloigné, faire place à une autre religion. Et

---

1. *Religious and moral sentiments from sanskrit writers,* 1875 ; l'auteur prépare un nouveau choix plus considérable.

2. Cf. Garcin de Tassy, *Mémoire sur les particularités de la religion musulmane dans l'Inde,* 2° éd., 1869 ; Colebrooke, *On the peculiar tenet of certain Muhammadan sects,* ap. Miscellaneous Essays, t. II, p. 202 ; Hunter, *Statistical account of Bengal,* t. IX, 289, et *passim.* Cette influence a surtout agi énergiquement dans l'Ouest, où elle a produit de véritables sectes mixtes, telles que les sangârs et les khojâs du Gujarât et du Sindh Ind. Antiq., V, 171, 173.

3. Au Bengal, excepté dans le district de Gayâ, les musulmans sont ou stationnaires ou en déclin, Hunter, *passim.*

pourtant il s'affaisse et se détériore à vue d'œil. Dès maintenant, il est bien près de n'être plus qu'un paganisme au sens étymologique du mot. La science, l'industrie, l'administration, la police, l'hygiène, toutes les conquêtes et toutes les exigences de la vie moderne lui font froidement une guerre bien autrement efficace que l'œuvre des missions. Trouvera-t-il en lui-même assez de ressources pour s'accommoder à ces conditions nouvelles qui le débordent avec une rapidité croissante? L'expérience du passé est faite pour inspirer à cet égard presque autant de craintes que d'espérances. Toute l'histoire de l'hindouisme est en effet celle d'une perpétuelle réforme, et il est impossible de n'être pas frappé de cette persistance dans l'effort. Mais, en même temps, on est obligé de constater combien chacune de ces tentatives a été jusqu'ici éphémère et prompte à se corrompre. En sera-t-il de même de celle qui se continue de notre temps et pour ainsi dire sous nos yeux, de l'essai de réforme déiste poursuivie par le *Brahma-Samâj* (l'Eglise de Dieu)? Nous n'avons pas, à dessein, parlé jusqu'ici de ce mouvement qui procède de l'influence directe et avouée de l'Europe, bien que, depuis l'origine, il soit conduit à un point de vue exclusivement hindou et par des Hindous [1]. Celui qui en fut le fondateur dans les premières années du siècle, le brâhmane Râm Mohun Roy (né en 1772 à Burdvan, dans le bas Bengal, mort en Angleterre, à Bristol, en 1833), une des figures les plus nobles que présente l'histoire religieuse d'aucun peuple, était en effet plus versé dans la théologie chrétienne (il avait appris dans ce but, outre l'anglais, le latin, le grec et l'hébreu) que dans les Vêdas, bien qu'il en sût tout ce qu'il était possible d'en savoir alors. Il crut que ces vieux livres, en particulier les Upanishads, convenablement interprétés, contenaient le pur déisme, et il entreprit d'arracher ses compatriotes à l'idolâtrie, en s'appuyant sur la tradition. Il publia et traduisit dans ce but un certain nombre de ces textes, et exposa en même temps ses vues de réforme dans des traités originaux. Bientôt en butte à la fois aux attaques des siens et à celles de quelques missionnaires, il y répondit par des écrits où la science du théologien s'allie à une pensée d'une rare élévation, et dont quelques-uns sont restés comme des modèles de controverse [2]. Dès l'origine le Brahma-Samâj eut ainsi recours aux moyens de propagande usités en Europe, et il y est resté fidèle depuis. Par le but, c'est une secte hindoue; par son organisation, par ses moyens d'action et par toutes ses allures, c'est une association analogue à nos partis théologiques. Il a ses locaux de réunion et de prière, ses comités, ses écoles, ses conférences, ses journaux et ses revues. L'autorité révélée, que le fon-

---

1. Le Brahma-Samâj a déjà produit une littérature considérable. On trouvera des indications à ce sujet, ainsi qu'une appréciation générale de ce mouvement, ap. Max Müller, *Chips from a german workshop*, t. IV, p. 271-275; 283-290.

2. Voir notamment son traité *The Precepts of Jesus, the guide to peace and happiness*, ainsi que ses *First, second and final appeal to the christian public in reply to the observations of Dr. Marshman*, plusieurs fois réimprimés.

dateur avait cru devoir maintenir au Vêda, a été peu à peu aban-
donnée, surtout depuis qu'une association semblable, le *Dharma-Samâj*
(l'Eglise de la Loi), a été fondée pour la défense de la vieille orthodoxie. Depuis une douzaine d'années la secte s'est divisée en un parti
conservateur, l'*Adi-Brahma-Samâj* (l'ancien Br. S.), et un parti avancé,
qui s'est formé sous la direction de Keshub Cunder Sen, le *Brahma-
Samâj of India*, l'un plus respectueux des vieux usages, l'autre poussant
à une réforme plus radicale. Il y a infiniment de droiture, de dévouement, de grandes et belles aspirations dans cette œuvre. On ne
saurait assez estimer ces hommes de bien qui travaillent avec tant
de zèle à relever le niveau intellectuel, religieux et moral de leurs
compatriotes, et le bien qu'ils font est incontestable. Mais voici plus
de soixante ans que le Brahma-Samâj est fondé, et combien compte-
t-il d'adhérents? Au Bengal, son berceau, sur une population de
soixante-sept millions d'habitants, quelques milliers, tous dans les
grandes villes : dans les campagnes (et l'Inde est un pays essentiellement rural), il est à peine connu. Sans doute il n'est pas exposé,
comme les autres sectes, à se corrompre et à retomber sous le joug
des superstitions. Mais grandira-t-il assez vite pour en devenir l'héritier? Et à quelle époque sera-t-il assez fort pour exercer une action
bien efficace sur deux cent millions d'hommes? Il y a donc dans les
conditions actuelles où se trouve l'hindouisme, les éléments d'un
redoutable problème, problème qui se pose en même temps, il est
vrai, dans tout le reste de l'Asie, mais nulle part avec plus de net-
teté qu'ici. La civilisation matérielle aux mains d'une poignée d'é-
trangers redoutés pour leur puissance, parfois estimés pour leur
supériorité morale, mais nullement aimés, l'envahit avec la rapidité
de la vapeur et de l'électricité, tandis que la civilisation morale reste
en souffrance. Depuis une dizaine d'années surtout, le gouvernement
colonial fait beaucoup pour la multiplication des écoles de tous les
degrés. Mais l'Inde est un pays pauvre, ses budgets sont en déficit,
et les ressources de l'Etat sont peu de chose en présence de l'énor-
mité des besoins à satisfaire. Celui-ci est obligé d'ailleurs de n'user
de son initiative qu'avec prudence, pour ne pas éveiller dans ces
milieux facilement excitables des défiances qu'il aurait ensuite de la
peine à calmer. Mais qu'on suppose un système d'écoles aussi prospère qu'on voudra, on ne supprimera pas pour cela une question
qui s'impose et à laquelle nous n'entrevoyons pas de réponse : Quelle
sera la foi de l'Inde le jour où ses vieilles religions, condamnées à
périr, mais qui s'obstinent à vivre, se seront définitivement ef-
fondrées ?

FIN

TABLE DES MATIÈRES